最前線に立つ
プロが教える

セキュリティ
の基礎

著 せきや まもる

日経BP

はじめに

　セキュリティ対策は、ほとんどの対策が十分であっても、どこか1カ所に不備があれば、そこが狙われ実被害をもたらします。このため、セキュリティ対策には穴を作らないよう、広範囲の知識とスキルが求められます。しかしながら、セキュリティ関連のコンテンツは情報処理分野で研究領域になっていることもあり、特に最新の攻撃手法の分析・対策を中心に研究者あるいは専門ライターが手がけることが多くなっています。必然的に新しい情報は常にアップデートされる傾向にあるものの、セキュリティの現場では最新動向を押さえるだけではなく、それが自社にとってどのような脅威があるのか、その脅威は企業にとってどの程度の影響があるのか、どのように対策していくのか、といった最新の脅威を運用に落とし込む必要があります。

　企業や組織のネットワークやサーバが攻撃される際は日時や場所に関係がなく、特に公開しているWebアプリケーションに関しては、常に何らかの脅威にさらされていると言っても過言ではありません。最新の攻撃手法を追いかけることが求められる一方で、古いサイバー攻撃手法での攻撃も頻発しており、そのような手口への対策がおろそかにしてしまい、使い古されたサイバー攻撃手法によって深刻なセキュリティ事故を起こしてしまう企業システムも存在しています。

　本書では、長くセキュリティの現場に立った経験を持ち、今もとある金融機関のネットワーク、システムへのサイバー攻撃に立ち向かっている私から、情報システム部門のセキュリティ担当者になったばかりの人、その立場を目指す人に向けて、現場目線で必要なセキュリティの基礎知識を共有できればと思います。

　そういう意味で本書が、これからセキュリティの現場に立つ人にとって役立

つ、「システムを守るために何が必要か」、そして不幸にも「何らかのサイバー攻撃を許してしまった場合に何をしなければならないか」を身に付けることができる教科書や参考書になればと思っています。

　サイバー攻撃が進化するのに伴い、ソフトウェア技術者にとってもセキュリティ対策は大いに関係が強くなってきました。構築したシステムや開発したプログラムに脆弱性があり、そこを突かれてサイバー攻撃の被害に遭うケースが多発しているのが実情です。このような事例は、個人情報やクレジットカード番号など、特に広範囲の被害をもたらすインシデントに発展しがちで、ソフトウェアエンジニアにはこれまで以上にセキュリティのスキルが求められ、セキュリティ上の責任も増えていると思います。また、セキュリティに関しては思わぬ穴を作らないために、ソフトウェア技術者であっても広範囲の知識が必要となります。本書はソフトウェア技術者向けに執筆したわけではありませんが、セキュリティの基礎を学びたいソフトウェア技術者にも有用になるよう気を配って書いたつもりです。情報システム部門として、アプリケーション開発時にセキュリティ要件を示すようなときにも役立てていただけると自負しています。

　本書は基礎知識として穴のないよう広範囲のセキュリティ対策技術や攻撃手法をカバーして取り上げます。また、現場での経験を踏まえ、運用に着目した内容も加えています。それによりシステムの運用・管理の現場、ソフトウェア開発の"現場で役立つ基礎知識"を提供していきます。皆さんの実務に役立つ基礎になれば、それ以上にうれしいことはありません。

2023年11月

せきや　まもる

Contents

第1章

セキュリティの現状　　　　　　　　　　13

第2章

セキュリティガイドライン　　　　　　　　25

第5章

攻撃を未然に防ぐセキュリティ対策 197

第6章

社内情報を守る 223

第9章

攻撃の芽を摘む　　　　　　　　　　　287

セキュリティの現状

ここ数年で、情報漏洩事故やサイバー攻撃の被害に関するニュースを多く見るようになりました。20年ほど前はセキュリティに関するニュースはあまり報道されておらず、世界中での大規模なマルウェア感染発生のニュースが取り上げられるくらいだったと思います。しかし、今では1企業におけるランサムウェア感染被害や、日本の組織をターゲットにしたDDoS攻撃といったニュースも見るようになりました。

　これに伴い、国内の関係機関も頻繁に注意喚起を行っています。

図1-1　注意喚起の例。これは情報処理推進機構（IPA）による「ネットワーク貫通型攻撃への注意喚起」（https://www.ipa.go.jp/security/security-alert/2023/alert20230801.html）

図1-2　警察庁と内閣サイバーセキュリティセンターによる「中国を背景とするサイバー攻撃グループ BlackTech によるサイバー攻撃について」（https://www.npa.go.jp/bureau/cyber/koho/caution/caution20230927.html）

こういったサイバー攻撃による被害は、数億円にも達するものもあります。

サイバー攻撃は進化を続けて、年々巧妙化しているため、未然にサイバー攻撃を防ぐことはかなり困難な状況となっています。最近では「ゼロトラスト」といった、防ぐことに力を注ぐよりもサイバー攻撃を早急に検知し、被害を極小化するような考え方も提唱されています。ゼロトラストとは、「誰も信じるな」というコンセプトのもと、全てのログを監視し、「攻撃はあるもの」という前提でログからサイバー攻撃を検知しようとする考え方です。

そのような考え方に基づいたセキュリティ対策を実施しつつ、従来の防止を重視するセキュリティ対策も実施することが企業には求められており、情報システム部門は今まで以上にセキュリティ対策を充実させることが要求されるようになりました。

情報システム部門の皆さんは、セキュリティ対策を強化する必要性は理解していることと思います。しかしながら日々の業務もあるため、セキュリティ対策にばかり時間を割くこと難しい環境であることも多いでしょう。また、セキュリティ対策の強化と言っても、具体的に何をどう強化していけば良いのかわからないこともあると思います。セキュリティ対策はガイドラインを参照して実施している企業も多いと思いますが、かといってガイドラインの通りにそのまま実施することも実際には難しいと感じている人もいらっしゃるでしょう。

本書では、私が実際に企業システムを守る業務に携わってきた経験を土台に、セキュリティ対策の企画、提案、導入から、セキュリティに関して必要とされる技術や導入するセキュリティ対策について幅広く説明します。それに加え、現場でのセキュリティ対策の運用経験も踏まえながら、セキュリティに関する技術や仕組み、対策から、実践的な運用の観点からの注意点なども踏まえてわかりやすく説明します。

また、攻撃技術からシステムを守るという観点で、攻撃者の技術も知っておく必要があると思っています。本書では、攻撃技術の仕組みとそれを防ぐための対策についても幅広く取り上げました。攻撃を想定したセキュリティ対策の導入時や、セキュリティを強く意識したアプリケーション開発を推進するといったとき本書を少しでも参考にしていただければと思います。

そこでまず本章では、ニュースに取り上げられるほど大きく取り上げられるような影響が出た"事件"を中心に、ここまで世の中のセキュリティに関する状況がどのように変わっていったのかを明らかにしようと思います。今後のセキュリティを取り巻く変化について行くためにも、"これまで"のことをぜひ知っていただければと思います。

●コンピュータウイルスの登場

コンピュータの歴史としてははるか昔、コンピュータウイルスが世の中に登場する以前のこと、プログラムやソフトウェアは自己増殖するようなことが可能か、という議論がありました。そうした議論の中、ジョン・フォン・ノイマン氏（1903-1957）が自己増殖オートマトンという自己増殖の理論を生み出しました。これが、広い意味ではコンピュータウイルスの祖と言えます。

▶ 愉快犯によるコンピュータウイルスの拡散

自己増殖オートマトンの登場からかなりの時間が経過し、世の中にコンピュータウイルスが実際に登場したのは、1970年代と言われています。当時、コンピュータウイルスを作る目的は、自身の技術誇示であったり、愉快犯によるもであったり、何か具体的な被害を及ぼすというよりは、何か人を驚かせるようなものがほとんどで、予期せぬ動作をするといった「迷惑をかける」プログラムでした。この時期に登場したコンピュータウイルスには次のようなものがありました。

● ブートセクタウイルス

ハードディスクのブート領域（コンピュータの立ち上げ時に最初に読み込むシステム領域）に感染するコンピュータウイルスです。MBR感染型と呼ばれています。感染すると、別のハードディスクやフロッピーなどのブート領域にコンピュータウイルスをコピーして感染を広げていきます。

● Brain.A

「ブレイン・エー」と読みます。OS（MS-DOS）のブートセクタに感染し、ウイルス製作者の名前などのメッセージを表示するコンピュータウイルスです。

● カスケード

IBM PC/AT互換機のDOS上で動作するプログラムで、拡張子が.COMの実行ファイルに感染し、以後システムに常駐します。そしてシステムの日付が

1988年10月〜12月になると起動し、画面上の文字が滝のように崩れ落ち、画面底部に文字が積み重なる状態になります。

●マクロウイルス

MicrosoftのWordやExcelの文書ファイルに埋め込まれたマクロ（簡易プログラム）を悪用したコンピュータウイルスです。ビジネスに不可欠のアプリケーションソフトをベースにしたウイルスのため、ユーザ間のファイルの受け渡しに従って拡大していきました。

▶ メールワーム、インターネットワーム、ウイルス大拡散時代

2000年代に入り、コンピュータウイルスは急速に進化を遂げ始めます。コンピュータウイルスを作成し、拡散する目的が変わってきたのもこのころです。従来のように愉快犯や技術を誇示したい人もコンピュータウイルスを作成していましたが、徐々に何かを攻撃したり、破壊活動に出たりと、ビジネスに影響を与えるようなマルウェアが増えてきました。社内ネットワークがダウンしたり、社内で使っているサーバやパソコンが使用不能になったりといった形で、大規模に影響を受ける事例も多発しました。

こうした時代を代表するマルウェアには次のようなものがありました。

● I love you メール

このコンピュータウイルスは、知り合いから送信されたように装って「I LOVE YOU」という件名のメールを送ります。本文には添付ファイルを読むようにと記載されています。受信した人がその指示に従って添付ファイルを開くと、メールソフトの連絡先一つひとつに同じメールを送信します。当時は拡散するコンピュータウイルスに無警戒だったこともあり、数日のうちに世界中の5000万台以上のコンピュータが感染したと言われています。FBIの試算では、このウイルスとその亜種が及ぼした損害は、全世界で80億〜100億ドルに上ると算出されました。

●Blaster

2003年8月、Microsoft Windowsの既知の脆弱性を利用して感染を広め

るワーム、その名もBlaster（ブラスター）が登場、広く被害を及ぼしました。このワームに感染すると、そのコンピュータの管理者権限が奪われるだけでなく、2003年8月16日以降、Microsoftのwindowsupdate.comに対して感染端末がDoS攻撃を行なうようになります。これにより、Blasterが利用する脆弱性を解消した修正パッチを配布させないことを目論んだわけです。

●コンフィッカー

USBメモリを通じてコンピュータに感染し、ボットネットを形成するコンピュータウイルスです。2000年代中で最も被害をもたらしたマルウェアの一つであり、2009年が活動のピークで1500万台のコンピュータがコンフィッカーに感染したと推定されています。感染したコンピュータは乗っ取られ、遠隔操作されてしまう恐れがあります。

▶ 標的型攻撃への移行

2000年代を通じてコンピュータの破壊やネットワークのマヒを目的にしたコンピュータウイルスが猛威を振るい、セキュリティ関連のニュースとして世の中を騒がせていました。ところが2010年代に入り、この状況が大きく変わります。標的型攻撃の登場です。それ以前の攻撃がより多くの企業やユーザを対象としていたのに対し、標的型攻撃では特定の企業や政府に所属する人をターゲットに定めて、内部で保有する機密情報を抜き出すことを目的にしています。標的型攻撃で利用されるマルウェアは、世の中に広く出回るものではないため、ウイルス対策ソフトで防ぐことが難しくなり、今までのセキュリティ対策の根底を揺るがす事態となりました。

システムの破壊やマヒが目的ではなく、機密情報や個人情報を入手し、そこから何らかの形で利益を得ようというのが目的になってきました。

標的型攻撃でインパクトを与えた代表的な事例には、次のようなものがありました。

● 2011年の大手重工社の情報漏洩事故

2011年、国内でも有数のメーカーに対するサイバー攻撃が発生しました。防衛装備品や原子力プラントを製造している企業のコンピュータがマルウェアに感染し、情報が抜き取られた痕跡があると報道されました。この事件は、国内で初めて標的型攻撃により情報が流出した可能性を指摘された事案とされており、国内のセキュリティ対策を大きく覆すきっかけとなったと思います。

● 2015年の政府系機構の情報漏洩事故

政府系機構の情報漏洩は、政府系機構の職員宛てに送られた標的型攻撃メールにより起こりました。ヤフーのフリーアドレスから送られたこのメールは、「厚生年金制度見直しについて（試案）に関する意見」といった件名で送信されており、不審なメールであると疑わせないような工夫が施されています。受信した人がメールを開封し、添付ファイルを実行することで端末がマルウェアに感染します。この不審メールによる標的型攻撃は複数回に渡って行われました。この攻撃が発覚した2015年5月8日以降「不審なメールに注意」との注意喚起が行われましたが、具体的なメール内容については周知されなかったため、その後の度重なる標的型攻撃メールによる感染拡大を止められませんでした。その結果、125万件にも上る大規模な情報が漏洩したことが確認されています。

▶ サイバー戦争の勃発

2010年代後半に入ってくると標的型攻撃が更に激化していきます。機密情報を窃取するところから、SF作品にも通じるサイバー戦争に発展していきました。国家間の対立に関連するものもあると考えられており、大々的に報道されていない事象もあるかと思います。ここではそうした大規模で有名な事象を紹介します。

● Stuxnet

Stuxnet（スタックスネット）は米国とイスラエルが共同で開発したマルウェ

アで、イランの核施設にある遠心分離器を制御するシステムを攻撃する機能を持っていました。Stuxnetは非常に高度なマルウェアであり、これを使ったコンピュータウイルス計画は「Olympic Games」と呼ばれていたそうです。

　Stuxnetの主な目的は、核施設内でウラン濃縮に利用される遠心分離機の制御を奪取し、イランの核実験・核開発を無効化することでした。StuxnetはWindowsの脆弱性や独Siemens社のシステム制御ソフトの脆弱性を突くなど、動作条件はかなり限定的でしたが、感染後に自立して動作するといった特徴がありました。Stuxnetは以下のような機能を保持していました。

- USB経由でコンピュータに接続された時点で、コンピュータにゼロデイ脆弱性がないか自動でチェックする
- Stuxnetに感染後、ネットワーク上のコンピュータに、遠心分離機を制御するPLC（産業用の自動制御装置）を自動探査する
- 遠心分離機の設定を不正に操作し、回転機器を故障させることで、濃縮ウランの産出量を激減させる
- 圧力、回転、振動などのセンサーデータを改ざんして、施設の技術者に異常を察知されないようにする
- 標的となった装置の警告信号を止める

● Notpetya

　NotPetya（ノットペトヤ）は、2017年のロシアによるウクライナの標的にしたサイバー攻撃において使用されたマルウェアです。NotPetyaがPetyaランサムウェアの亜種であったため、Kaspersky社がこのように命名したのが一般化しました。

　NotPetyaは標的となるコンピュータに侵入後、ハードディスクドライブ内のあらゆるファイルを暗号化し、身代金を要求するメッセージをディスプレイに表示します。一見ランサムウェアのように見えますが、実際には身代金を支払うことは不可能であり、暗号化されたファイルを復号させることはできませ

ん。

　NotPetyaはウクライナに対して使用されましたが、自己増殖機能を持つ
ために、ウクライナ以外の国へも拡散し、特に各国の港湾施設を中心に大き
な被害を与えました。

●不特定多数へのサイバー攻撃の拡大

そして、2010年の終わりから2020年代に入るころ、標的型攻撃がさらに発展し、あらゆる企業を標的にするよう変わっていきます。多数の攻撃グループが確認されており、攻撃グループ間で連携して複数の企業に対してサイバー攻撃を仕掛けるような時代となってきました。特にランサムウェアによる被害やDDoS攻撃によるシステムダウンなどはニュースでも大きく報じられ、記憶に新しい人も多いと思います。規模が大きくない企業でもインターネット上にWebサービスを公開していれば、攻撃者の攻撃対象となってしまう、そんな時代を迎えています。特に話題となったサイバー攻撃には次のようなものがあります。

● WannaCry

WannaCry（ワナクライ）は2017年5月ごろから急速に被害を拡大させ、世界150か国以上、23万台以上のパソコンが感染したと言われています。日本でも大手企業だけでなく中小企業もWannaCryに感染してしまい、一般ユーザにも被害が及ぶなど、社会問題化しました。

WannaCryの被害が拡大した背景には、WindowsのSMB v1における脆弱性があります。被害拡大前の2017年3月、Microsoftはこの脆弱性に対する修正パッチを提供していました。しかし、アップデートされていないコンピュータでWannaCryの感染が拡大し、世界中を混乱に陥れました。その影響と被害は甚大で、Microsoftはすでにサポートを終了していたWindows XPに対しても、緊急パッチを提供しています。

● Emotet

Emotet（エモテット）は、攻撃者によって送られる不正なメールから感染を拡大していくマルウェアです。2019年11月末ごろにメディアで取り上げられ、広く知られることになりました。2021年1月、欧州刑事警察機構（Europol）による大規模なEmotet対策が成功したことによりEmotetの脅威は去ったかと思われましたが、2021年11月には再度感染が拡大している

ことが確認され、以降、日本国内でのEmotet感染が増加しています。

　Emotetの配布は主にメールを経路としています。基本的な攻撃手法は、不正なメールに添付されたファイル（主にWordやExcelファイル）にEmotetを仕込むというものです。添付ファイルには、マクロの実行を促す文面が記載されており、受信者がそれに気づかず「コンテンツの有効化」をクリックすることでマクロが起動し、Emotetに感染します。日本では、Emotetに感染したパソコンによりメールが大量に送付される「ばらまき攻撃」が確認されました。また、正規のメールに紛れるように送付されるため、受信者は不正なメールであることに気づかないまま感染へと誘導されるケースも多発しました。

●KillnetによるDDoS攻撃

　Killnet（キルネット）は2022年初頭からハクティビストとして活動しており、米国をはじめロシア侵攻に反対する国の政府や民間企業を標的にしている攻撃グループです。2022年9月にはKillnetが日本国内のサイトを名指しし、攻撃を仕掛けてくるといったこともありました。この時、攻撃を示唆する内容をTelegramに投稿しており、Telegramが有名になったきっかけにもなったと思っています。

　2022年にはほぼ同時に政府機関を含む国内の複数のサイトにおいて広く閲覧障害が発生するといった事象がありました。この事象がKillnetによる攻撃かは明らかになっていません。しかしながら、2022年9月8日にKillnetがTelegramに日本国内の複数のサイトに対して攻撃することを示唆する内容の投稿をしていたことは確認されています。

　日本以外では2022年5月にはイタリアの複数の機関のWebサイトがKillnetによるものと見られる攻撃によりアクセス不能に陥ったとされています。

　現在、Killnetによる攻撃は、確認されているもののほとんどがいわゆる「DDoS攻撃」と呼ばれるもので、攻撃対象のWebサイトにアクセスできなくなるというものです。攻撃グループによるDDoS対策は容易ではありませんが、攻撃先や攻撃手法などの情報を収集することで被害を最小にできる可能性があるかもしれません。

第 **2** 章

セキュリティ
ガイドライン

あらゆるサイバー攻撃から企業を守るために、企業は様々なセキュリティ対策を実装する必要があります。

　多くの企業の情報システム部門では、セキュリティ対策製品・サービスを導入することが、サイバー攻撃やセキュリティインシデントを未然に防ぐことに役立つということは理解されていると思います。ただ、サイバー攻撃は多岐に渡り、結果的に何が防げるのか効果が見えにくいため、サイバー攻撃を防ぐために「どの製品・サービスを導入すればいいのか」「守るべき資産は何なのか」「セキュリティ対策製品はいくつか導入したが、さらに何かを導入しなければならないのか」といったことに頭を悩ませている人も多いと思います。

　このような状況で、導入すべきセキュリティ対策の指針・方針を決める助けとなるのが「ガイドライン」です。

　本章では、セキュリティ対策に関する代表的なガイドラインについて紹介します。どのようなものを参考に企業のセキュリティ対策が作られているかを知り、企業の現在のセキュリティ対策レベルを正しく認識する参考にしていただければと思います。

　なお、本章では、以下のように言葉を定義しています。

●アラート
　…… セキュリティ対策機器が検知した際に発報するアラート
●セキュリティイベント
　…… アラート情報からマルウェア検知を確認したが、危険性は低かったり、既に対処が完了したりしているもの
●セキュリティインシデント／サイバー攻撃
　…… セキュリティイベントの分析により、大規模な被害が生じるようなインシデント

●ガイドラインを参考にする

プログラミングでもコーディングに関するガイドラインがあるように、企業におけるセキュリティ対策にもガイドラインがあり、関係する公的機関により公開されています。いずれもWebサイトで閲覧・入手可能です。セキュリティについてこれから対策を考える、あるいは現行のセキュリティ体制を見直すといった場合は、まずこのようなガイドラインを参考にしながら、企業におけるセキュリティ対策を検討し、実装していくといいでしょう。

図2-1　経済産業省が「セキュリティサイバーセキュリティ経営ガイドラインと支援ツール」を提供している（https://www.meti.go.jp/policy/netsecurity/mng_guide.html）ほか、総務省からはテレワーク時のセキュリティガイドラインが提供されている（https://www.soumu.go.jp/main_sosiki/cybersecurity/telework/index.html）

セキュリティに関して公開されているガイドラインは、セキュリティの専門家が企業における理想のセキュリティ対策とは何なのか、ということを考え抜いて資料にしたものです。このガイドラインを参考にすることで、どのようなセキュリティ対策を実施することが理想なのか、セキュリティ対策の目標を確認することができます。

なお、最近のセキュリティ対策に関するガイドラインには、企業規模や企業

が保持する情報に応じて対応すべきセキュリティ対策に優先度についても踏み込んで記述されています。このため、企業の規模や保持する個人情報に関わらず、多くの企業にとって参考になると言えるでしょう。

　セキュリティのガイドラインには様々なものがありますが、本章ではその中でも参考にすべきお薦めのものとして「ISMSおよびJIS Q 27001」「NISTサイバーセキュリティフレームワーク」「CIS Controls」を取り上げ、ガイドラインがどういうものかご紹介します。

▶ ISMS・JIS Q 27001

　ISMSとは、「Information Security Management System」の略で、日本語では「情報セキュリティマネジメントシステム」と呼ばれ、企業におけるセキュリティリスクを管理する仕組みのことを指します。企業内の情報資産やセキュリティリスクを適切に把握し管理することで、情報資産の「機密性」「完全性」「可用性」を維持し、外部に対して企業の信頼性を担保することがISMSの役割になっています。

　ここで、セキュリティに関する「機密性」「完全性」「可用性」は、それぞれ次のような意味と受け取ってください。

- 機密性 …… 認められた人だけが情報にアクセスできること、漏えい防止も含まれる
- 完全性 …… 情報が改ざんされていないこと、改ざん検知やデジタル署名が含まれる
- 可用性 …… 情報を利用できること、バックアップや二重化が含まれる

　ISMSの話になるとほぼセットで出てくるJIS Q 27001 (ISO/IEC 27001)は、ISMSに関する規格のことです。ISMSのセキュリティに関する3要素（機密性、完全性、可用性）が管理され、お客様に信頼を与えるための枠組みが示されています。

　ISMSとISO/IEC 27001の関係では、ISO/IEC 27001は、ISMSを構築・

運用・改善するための国際的なルールブック、ガイドラインと考えてください。

　最近は、ISMSの認証を取得しているかが仕事を発注するか／受注できるかの基準の一つにもなってきました。このような背景もあり、ISMS認証の取得が企業の間で進んでおり、企業活動にとっては当たり前になりつつあります。

　ISMSの認証取得にあたっては、以下のような実施事項があります。

● スケジュールの決定
ISMSの認証取得に向けたToDoリスト、進捗確認表を作成する

● 規格内容の理解
ISMS認証を取得する際に実施する必要がある「要求事項」を理解する

ISMSを構築して自社のセキュリティリスクを管理するために実施することが推奨される「管理策」を理解する

● 役割の決定
ISMSを運用するための役割（トップマネジメント、情報セキュリティ管理者、情報セキュリティ担当者、システム管理者、内部監査員）を決める

● 情報セキュリティ目標の設定
情報セキュリティに関する目標（セキュリティに関するルールを文書化する等）を設定する

● 認証取得範囲の決定
ISMSの認証取得範囲（事業所やオフィス、部署単位等）を決める

● 審査機関の決定
ISMSの認証取得を判定してもらう機関を決める

● 情報セキュリティ方針の作成
企業がセキュリティに関して目指すものを文書化する

● 情報資産の洗い出し
企業がどのような情報・資産を保持しているのか洗い出す

● リスクアセスメント
ISMSの取得範囲内でどのようなセキュリティリスクが存在するのかを洗い出し、リスク一つ一つについて評価する

● **法令の特定**

「個人情報保護法」、「マイナンバー法」、「不正アクセス禁止法」など、企業に関連する法令を特定しておく

● **各種文書の作成**

情報資産管理台帳や委託先の管理台帳、内部監査時の資料など、文書化して記録に残す

● **委託先の管理**

委託先を洗い出し、情報漏洩対策が適切に行われているのかを把握する。場合によっては委託先に対してセキュリティ教育を実施する

● **従業員への情報セキュリティ教育**

従業員に対して適切なセキュリティ教育を実施し、セキュリティインシデントの発生を防止するような行動を促す

● **情報セキュリティ継続**

事業継続に影響する事象をまとめ、継続するための対策を文書化し、訓練を実施する

● **内部監査**

内部監査用のチェックリストを作成し、ISMS取得範囲に対して監査を実施し報告書を作成する。そして報告書から改善項目を洗い出し、セキュリティ対策を改善していく

● **マネジメントレビュー**

企業のISMSが機能しているかの確認を目的としており、内部監査の結果をトップマネジメントが確認し、どう改善していくかをトップマネジメントがコメントし、一連の内容を文書に残す

● **第1段階審査**

文書化した資料をベースとしてISMSの認証取得審査を行う

● **第2段階審査**

ISMS取得審査員が従業員にヒアリングし、ISMSが機能しているかを審査する

●**次年度のスケジュール決定**

ISMSの認証取得が完了したら、次年度の審査スケジュールを決める

▶ **NIST サイバーセキュリティフレームワーク（CSF）**

NIST CSFは、米国政府機関であるNIST（National Institute of Standards and Technology、ニスト）が2014年に発行した、重要インフラのサイバーセキュリティ対策レベルを向上させるためのフレームワークです。ISMSと共に世界基準のセキュリティ管理フレームワークとして広く普及しています。

図2-2　米商務省の機関であるNISTが発行したサイバーセキュリティフレームワーク（Cyber Security Framework）。https://www.nist.gov/cyberframeworkで参照できる

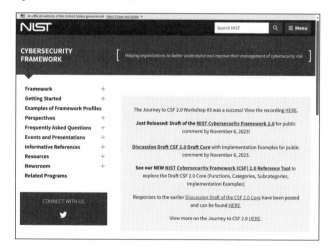

日本ではISMSの普及率が高い一方、海外ではNIST CSFを採用する企業が増加しているように見受けられます。これは、サイバー攻撃による被害が増えてきていることが背景にあると考えられます。

NIST CSFは、「コア（Core）」「ティア（Tier）」「プロファイル（Profile）」という3要素で構成されています。NIST CSFに準拠することにより、企業はサイ

バーセキュリティ対策状況の現状と目標のギャップを把握し、次に何を実施すべきかを見つけやすくなります。

コア、ティア、プロファイルは具体的には次のものを指します。

- コア … 一定の分類で定められたサイバーセキュリティ対策の一覧
- ティア … セキュリティ対策状況を数値化するために4段階で評価する成熟度の基準
- プロファイル … 組織・企業のサイバーセキュリティ対策の「AsIs（現在）」と「ToBe（目標）」

コアは、サイバーセキュリティ対策で実装すべき機能のことです。コアには5つの機能があり、「特定（Identify）」「防御（Protect）」「検知（Detect）」「対応（Respond）」「復旧（Recover）」という5つの機能で構成されています。

ティアとは、コアで定められている機能に対して、セキュリティ対策状況を数値化するための基準であり、4段階で成熟度評価基準を採用しています。ティアでの評価基準は以下となります。

- ティア1 … 未対応もしくは部分的にセキュリティ対策を実施している
- ティア2 … 外部から得た脅威情報を活用している、セキュリティ対策を実施している
- ティア3 … セキュリティ対策を定期的に見直している
- ティア4 … セキュリティ対策を定期的かつ必要に応じて対策を見直している

このティアでの評価により、企業はNIST CSFに対してどの程度セキュリティ対策を実現できているか、内外から確認することができます。

プロファイルとは、NIST CSFを使ってサイバーセキュリティ対策状況の評価を行い、現状を踏まえながら、企業・組織の目指すレベルを決めることです。この際、必ずしもティアのレベル4を目指すことが目的ではなく、近い将来でのあるべき姿を定め、組織内で検討を重ねて合意形成を図り、目標を設定していく

ことが推奨されています。

　最も対策が進んだティア4を目指すのではなく、マイルストーンとして自社で目指すべき姿を目標にすることで、段階的にサイバーセキュリティ対策を実現していくという点が、NIST CSFの大きな特徴です。

　NIST CSFとISMSとの違いの一つは、NIST CSFはサイバー攻撃対策に特化しており、具体的なセキュリティ対策まで定義されていることがあります。これより、サイバー攻撃を受ける危険が高い企業は、具体的な対策まで記載されているNIST CSFを参考にすると、セキュリティ対策を早く策定できるのではないかと思います。

▶ CIS Controls

　CIS Controlsは、米国のセキュリティ関連の第三者機関であるCIS（Center for Internet Security）が発行しているガイドラインです。あらゆる規模の組織が活用できるサイバーセキュリティ対策を具体的に示したものです。

　CIS Controlsは、IT環境の変化やサイバー攻撃の高度化に伴い改版を繰り返しており、クラウドコンピューティングやモビリティ、サプライチェーン、テレワーク環境なども考慮したバージョン8が、2021年5月18日にリリースされました。これが現在の最新版です。

図2-3　米国のセキュリティ関連組織であるCISが発行するガイドラインがCIS Cotrols。現在、バージョン8が配布されている（https://www.cisecurity.org/controls）

　CIS ControlsもNIST CSFと同じく米国の機関により作成されたガイドラインで、サイバー攻撃に焦点を当てているものです。

　CISはCIS Benchmarksというドキュメントを公開しており、代表的なセキュリティ対策製品やサービスごとに、CIS Controlsに記載している要件を満たすための設定例が記載されています。実際に、CIS Controlに従って設定しているという話はよく耳にします。

　また、セキュリティインシデントが発生した際のセキュリティ対策の改善施策として「CIS Controls v8に沿ったセキュリティ対策を実施する」ことを公表する企業も出てきています。

　このような状況にあるため、情報システム部門やCSIRT/SOCといった企業内のセキュリティ関連部署だけではなく、企業に対してシステムを構築し、納品するベンダにもCIS ControlsやCIS Benchmarksの知識が求められています。今後も重要度は上がっていくでしょう。

　CIS Controlsの特徴としては、次の2点が挙げられます。

まず、サイバーセキュリティ対策のための守るべきとされた18のポイントです。この18項目は、「最初に最低限行わなければならない」ことを主眼に選別されたもので、とてもシンプルにまとめられています。そのため、まず取り組むべき対策としてわかりやすいのが特徴です。

ここではその項目をざっと見ていただきます。

Control 01　組織の資産のインベントリと管理

Control 02　ソフトウェア資産のインベントリと管理

Control 03　データ保護

Control 04　組織の資産とソフトウェアの安全な構成

Control 05　アカウント管理

Control 06　アクセス制御管理

Control 07　継続的な脆弱性管理

Control 08　監査ログ管理

Control 09　電子メールとWebブラウザの保護

Control 10　マルウェアの防御

Control 11　データ復旧

Control 12　ネットワークインフラストラクチャ管理

Control 13　ネットワークの監視と防御

Control 14　セキュリティ意識向上とスキルのトレーニング

Control 15　サービスプロバイダーの管理

Control 16　アプリケーションソフトウェアセキュリティ

Control 17　インシデントレスポンスと管理

Control 18　ペネトレーションテスト

もう一つの特徴は、企業の規模や企業が保持している情報によって、対応すべき内容が分かれている点です。企業をIG1、IG2、IG3に分けており、前述の18項目のうち、それぞれの分類でどこまで実装すべきかを明示しています。

ではIG1、IG2、IG3がどのような分類か、見てみましょう。

第2章　セキュリティガイドライン

●IG1

- IT資産や人員を保護するためのITおよびサイバーセキュリティの専門知識が限られている中小企業

●IG2（IG1に加えて）

- ITインフラストラクチャの管理・保護責任者を雇用している
- 顧客や組織の機密情報を保管・処理している
- 短時間のサービス中断であれば耐えることができる
- サイバー攻撃による侵害が発生した場合、社会的信用が低下してしまう

●IG3（IG2に加えて）

- リスク管理、ペネトレーションテスト、アプリケーションセキュリティなど、サイバーセキュリティの様々な対策を専門とするセキュリティ専門スタッフを雇用している
- 資産や保持情報には、規制やコンプライアンスの監視対象となる機密情報や機能が含まれている
- サービス可用性、および機密データの機密性と完全性を守る必要があり、サイバー攻撃が成功すると、公共の福祉に重大な損害を与える可能性がある

　自社にセキュリティ対策を積極的に推進する余裕はないが、何かしらセキュリティ対策は必要だと考えている企業は特に中小企業では少なくないと思います。そういう場合は、CIS Controlsを一度参照してみることをお薦めします。

　なお、CISがどういう機関かも紹介しておきましょう。米国国家安全保障局（NSA：National Security Agency）、米国国防情報システム局（DISA：Defense Information Systems Agency）、米国立標準技術研究所（NIST：National Institute of Standards and Technology）などの米国政府機関や、企業、学術機関などの協力のもと、インターネットセキュリティの標準化に取り組む団体です。CISはボランティアによる非営利団体であるため、特定の企業や製品を推奨することはなく、あらゆる組織にとって公平な立場で情報発

信を行っています。

第 3 章

セキュリティを 支える技術

●暗号と認証

　サイバー攻撃から企業を守るためには、様々なセキュリティ対策製品を導入する必要があります。それらのセキュリティ対策製品には、製品を支えるセキュリティ技術がいくつも組み合わさって実現されています。セキュリティエンジニアとして、セキュリティ対策製品にくわしくなることも必要ですが、そういった製品の基礎となる技術を知っておくと、製品比較やセキュリティ対策製品で何が実現できるのか、また何が実現できないのか、そしてベンダなどが提案する内容も素早く理解することにつながります。

　本章では、セキュリティ製品を支えるセキュリティ技術について述べていきます。

認証と認可

認証とは、アクセスを試みた相手が誰であるのかを確認・特定することです。一方、認可とは、あらかじめ決められた条件にしたがって、対象（サービスやデバイスなど）を利用可能にする権限を与えることです。

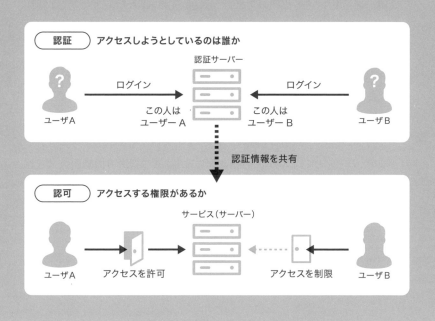

認証と認可を区別することは、アクセス制御を考える上で重要です。アクセス制御は、「正規に承認されている人を認証し、それ以外の人にはアクセスさせない機能」のことです。承認されていない外部からのアクセスを制御するために導入されるものであり、セキュリティレベルを保つための基本的な機能となります。アクセスしようとしている人が誰かを特定することが認証で、その人に対してアクセスを許可することが認可です。

たとえばユーザが何らかのサービスにログインする際の処理で考えてみましょう。そのサービスを利用するには、まずIDなどのユーザ情報をもとに、サービス側がそのユーザが誰かを確認します。これが認証です。

　「誰かを確認する」ことにより、その後にサービスを利用していいユーザなのかを判断できるようになります。そこでサービス側は認証されたユーザにそれぞれ適切なアクセス権限を与えます。これが認可です。

　企業におけるシステム環境などでは一般に、管理職にしかアクセスを許さない文書があったり、ある部門の文書については他の部門のユーザに対して閲覧を制限したりといったように、個々のサービスごとに権限が異なります。それぞれのサービスでの利用条件に従って、ユーザごとにそれぞれ異なる権限を付与します。認証と認可を組み合わせることにより、システムを利用できる端末とユーザを限定し、それぞれに正しい権限が付与され、正しい操作ができるようシステムが構築されています。

　こうした認証および認可の仕組みをシステムで実現することをアクセス制御と呼びます。ほとんどのシステムやサービスにはアクセス制御の機能が実装されています。アクセス制御のためのID管理専用の製品も用意されています。

パスワード

パスワードとは、システムやサービスで本人かどうかを認証する際に利用する、自分だけが知っている文字列です。IDとパスワードの正しい組み合わせを示すことにより、コンピュータやサービスのログイン時に、ユーザは自分が正規の利用者であることを証明します。それにより認証を得て、システムやサービスの機能を利用することができるようになります。

　本書の読者でパスワードが何かを知らない人はいないと思います。しかしながら、ほとんどの認証技術が「パスワードよりも安全な認証を実現する」ことを目指していることもあり、他の技術と比較する基準となるため、ここであらためて取り上げておきましょう。

　「どのようなパスワードなら安全か」という議論を目にした人も多いのではないでしょうか。パスワードに対してはブルートフォース攻撃や辞書攻撃[*1]という手法がすでに編み出されており、容易に想像できるパスワードは簡単に突破されてしまいます。また、ログインの突破に関しては、パスワードの桁数が低いほど危険が高まります。

　安全性の高いパスワードの要件として「15文字以上であること」、「アルファベットの大文字と小文字、数字、記号を混在させること」などが挙げられていたり、「3〜6カ月ごとにパスワードを変更すること」、「パスワードを使い回さない」という運用を定めたりする企業も多いでしょう。

　ただ、多くのシステムを抱える企業にとって、パスワードのルール変更については、かなりの運用負荷が伴います。今まで稼働していたシステムを止めたり、ドキュメントを変更したり、運用メンバーへのレクチャーも必要となります。また、運用ルールの変更によりヘルプデスクにはパスワードに関する問い合わせ

---

*1　攻撃手法の詳細については第4章でくわしく説明します。

が増加し、日々の運用負荷が増大する場合もあります。実際の運用では、システムの特性を考慮しながら負担が急激に増大しないよう、柔軟にルールを適用していくことを考えるのがいいでしょう。

　例えば、インターネットに公開するサービスや、社内用でもたくさんのユーザが広くアクセスするサービスなどではパスワード運用はより強固なものにする、逆にインターネットに非公開であったり、利用者がごく少数で限られていたりする場合には、運用を鑑みてパスワード運用を必要なものにする、といったような運用ルールを定めるのも選択肢になります。

暗号化と復号

　暗号とは、データを特定の人しか読めないようにするため、一定の手順で変換したデータのことをいいます。暗号技術は、データを送信したり保存したりする際に、データを暗号化し、第三者からの盗聴やデータの改ざんを防止するための技術です。

　なお、データを暗号に変換することを「暗号化」と呼び、暗号化されたデータを元に戻すことを「復号」と呼びます。細かいことになりますが、「復号」であって「復号化」ではないので、暗号に関する話をする際には注意が必要です。

　また、データを暗号化や復号する際には、暗号鍵というデータが必要です。この暗号鍵を使って元のデータを暗号化します。暗号化したデータを復号する際にも暗号鍵を使います。暗号化と復号のそれぞれで、どのような暗号鍵をどのように使うかにより、暗号方式やアルゴリズムが変わってきます。暗号化する側、復号する側で、同じ方式、同じアルゴリズムを使わないと、双方で同じデータを扱えません。

　暗号技術には、多くの暗号方式、アルゴリズムが存在していますが、本書では暗号方式の基本となる「共通鍵暗号方式」と「公開鍵暗号方式」が広く使われていることから、この2種類を取り上げます。

共通鍵暗号方式

共通鍵暗号方式では、データの暗号化と復号に共通鍵という同じ鍵を使用します。暗号化する側（送信側）が使用した鍵を、復号する側（受信側）も使用します。共通鍵暗号方式で使用する有名な暗号アルゴリズムにはRC4、DES、3DES、AESなどがあります。

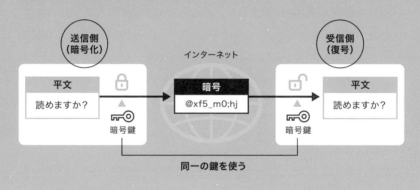

共通鍵暗号方式は、同一の暗号鍵でデータを暗号化し、復号する暗号技術です。ポイントは、受信側と送信側で同じ暗号鍵を使うため、何らかの形で受信側と送信側とで暗号鍵を共有する必要がある点と、暗号化／復号する際の暗号アルゴリズムに何を採用するかという点です。

共通鍵暗号方式で用いられる主なアルゴリズムをそれぞれ簡単に紹介しましょう。

▶ RC4（アールシーフォー）

様々な暗号の開発者として著名なRonald Rivest氏によって開発された暗号方式です。暗号鍵を元に1ビットずつ疑似乱数を生成し、平文とともにXOR演算を行うことで暗号化および復号を行います。暗号アルゴリズムとしては比

較的単純なメカニズムです。

▶ DES（デス、ディーイーエス）

　Data Encryption Standardの略で、米国の旧国家暗号規格として1976年に誕生し、1981年には民間の標準規格となった暗号技術です。64ビット単位で平文のデータを区切り、その区切りごとに平文を暗号化します。

▶ 3DES（トリプルデス、トリプルディーイーエス）

　前述のDESからさらに安全性を高めるために考案された暗号技術です。DESを「暗号」「復号」「暗号」の順で3回実行することで暗号強度を高めます。実装が比較的容易で、DESよりも暗号強度を高めたアルゴリズムであることから、3DESはクレジットカードの暗号化など、金融関連で幅広く利用されてきました。

▶ AES（エーイーエス）

　Advanced Encryption Standardの略で、現在、通信データの暗号化で広く使われる暗号技術です。AESが採用する暗号化アルゴリズムRijndaelには以下のような特徴があり、極めて高い暗号化強度や処理負荷の低さ、計算の速さを実現しています。

- ・平文を先頭から順にブロックと呼ばれる単位に区切って暗号化する「ブロック暗号」（ブロック長は128ビット＝16バイトで固定）
- ・鍵長（暗号鍵のデータ量）は128ビット（128-AES）、192ビット（192-AES）、256ビット（256-AES）から選択する
- ・1ブロックごとに暗号化する処理を「ラウンド」とし、鍵長によって特定回数のラウンドを繰り返すことで暗号化強度を高める

　現在、共通鍵暗号方式で用いられるアルゴリズムはAESが主流となっています。共通鍵暗号方式では通信したい接続先ごとに共通鍵を生成する必要が

あるため、共通鍵の交換が多数発生してしまいます。このため、鍵交換時に暗号鍵を盗聴されないよう注意する必要があります。

公開鍵暗号方式

　公開鍵暗号方式とは、暗号化と復号とで異なる鍵を使うことにより、暗号鍵を盗聴されるリスクを低減した暗号方式です。暗号化の鍵を公開することからこのように呼ばれます。公開鍵暗号方式では、送信者と受信者が異なる暗号鍵を保持していることが特徴で、送信側は受信者の公開鍵でデータを暗号化して送信し、データを受け取った受信側は受信者の秘密鍵で復号します。公開鍵で暗号化しても復号するには秘密鍵が必要なため、公開鍵が流出しても暗号化したデータを守ることができます。

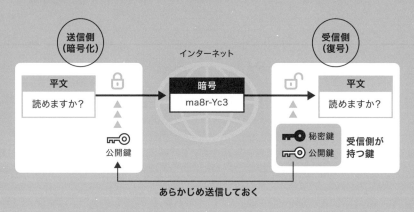

　公開鍵暗号方式の代表例がRSA暗号です。RSA暗号の最大の特徴が、素因数分解の難しさを利用したことです。これにより高い安全性を担保しています。

　公開鍵暗号方式は、共通鍵暗号方式の課題であった鍵管理において、鍵の配送および盗聴のリスクに対策する必要がありません。暗号を用いたデータ通信において、共通鍵暗号方式の課題を解決した方式といえます。

　公開鍵暗号方式によって相手にメッセージを送信する手順は、大まかに次

のようになります。

① メッセージ受信者が秘密鍵と公開鍵を作成し、公開鍵を展開する
② メッセージ送信者が受信者の公開鍵を取得し、公開鍵を使って通信内容を
　暗号化する
③ 暗号化された文書をメッセージ受信者が受け取る
④ メッセージ受信者が秘密鍵を用いて復号し、メッセージの内容を確認する

第3章　セキュリティを支える技術

ハッシュ値

ハッシュ値は、あるデータからハッシュ関数（ハッシュアルゴリズム）を用いて生成した固有の値のことです。ファイルなどのデータから固定長の値を導出するため、「メッセージダイジェスト（Message Digest）」とも呼ばれます。

ハッシュ値を算出するアルゴリズムをハッシュ関数と呼びます。任意のデータから固定長の値を得るための関数で、得られたハッシュ値は固有の値となります。このハッシュ値には以下の特徴があります。

▶ 元のデータを復元することが不可能

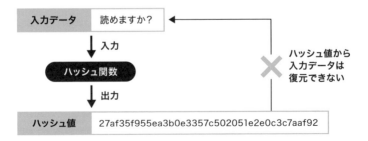

▶ ファイルごとにハッシュ値が異なる

入力データ		ハッシュ値
せきやです	----▶	14591cd7c7f20ee50e34908045723b812c9dd8f0
届きましたか？	----▶	27af35f955ea3b0e3357c502051e2e0c3c7aaf92
読めますか？	----▶	8dd8fc240e245234767411f07805da5e3614b5b9

　こうした特徴により、ハッシュ値を用いることで、デジタル署名、パスワードなどの認証、データの同一性の比較や、データ改ざんの検知、セキュリティツールで用いられるインジケータ情報の生成など、さまざまなセキュリティ技術への応用が可能となっています。

第3章　セキュリティを支える技術

電子署名①（仕組み）

電子署名とは、送信されてきたデータが間違いなく送信者本人のものであることを証明する技術です。電子署名により、データが送信経路上で改ざんされていないことを確認することができます。電子署名は公開鍵暗号方式やハッシュなどを応用することで成り立っています。元データのハッシュ値と、そのハッシュ値を暗号化したデータを組み合わせることで、改ざんの有無を判断できます。

● 電子署名の手順

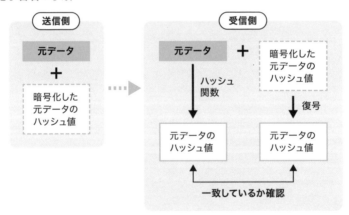

改ざんを防ぐ技術である電子署名では、元データのハッシュ値を暗号化し、暗号化後のハッシュ値と元データを必ずセットにして送る点が重要です。ハッシュおよび公開鍵暗号方式を組み合わせています。

全体の流れをくわしく見てみましょう。まず、公開鍵は受信側に受け渡されていることを前提とします。

送信側では、元データのハッシュ値を算出します。秘密鍵を使って、このハッ

シュ値を暗号化します。元データと暗号化したハッシュ値をセットにして、送信します。ここまでの手順を整理します。

① メッセージ送信者がメッセージ受信者に送付するデータを作成する
② メッセージ送信者が作成したデータをもとに、ハッシュ関数を使用してハッシュ値を算出する
③ メッセージ送信者が、ハッシュ値に対して秘密鍵を使用して暗号化し、「署名」とする
④ ①で作成したデータに③で作成した署名を付けて、メッセージを送信する

● **送信側のデータ作成手順**

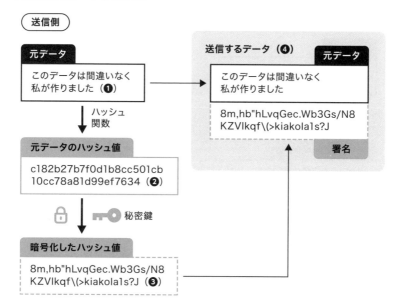

受信者側は、署名付きのデータを受け取ったら、元データ、署名からそれぞれハッシュ値を求めます。つまり、元データからハッシュ関数でハッシュ値を算出する一方で、署名から公開鍵で復号することでハッシュ値を取り出します。こうして取り出したハッシュ値が一致していれば、元データは改ざんされていない

ことがわかります。

　受信側では受け取った元データと署名をそれぞれ以下の手順で検証します。

⑤ メッセージ受信者は、元データに対してメッセージ送信者側と同じハッシュ
　関数を使用し、ハッシュ値を算出する

⑥ メッセージ受信者はメッセージ送信者から展開された公開鍵を使用して、
　暗号化されたハッシュ値を復号する

⑦ ⑤で復号したハッシュ値と、⑥で算出したハッシュ値を比較し、一致すれば
　メッセージに改ざんはなく、正しいデータを受信できたと判断できる

● 受信側の検証手順

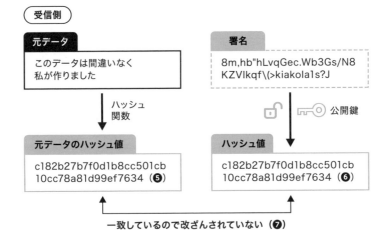

電子署名②（役割）

電子署名とは、端的に言うと紙媒体の書面で行っている署名もしくは捺印を電子的に行うことです。広い意味では、インターネットやメールを介してデータ上で、電子的な契約書に署名捺印することを指すこともあります。ここでは、第三者による本人認証や暗号技術を必要とするものを電子署名、単に電子的な署名・捺印のことを電子サインとして区別します。

電子サイン

第三者認証や暗号化までは必要としない、電子的な署名。導入が容易で、データ回覧の確認や承認などのプロセスで幅広く利用される

電子署名

データの確認や承認をする際に、第三者機関による本人認証や暗号技術を要件とする電子的な署名。正しく本人が署名していることや、元となるデータが不正に改ざんされていないことを示す必要がある場合に利用される。

　電子署名と似ている印象を与えるものとして、「電子印鑑」があります。電子印鑑とは、電子化された印鑑のことです。実際の印鑑の印影をデータ化したものや、本人識別情報などを含めた印鑑データもあります。これに対して電子署名は、電子文書に署名を付与することであり、本人が署名したことを証明する効力があります。

　また、電子印鑑以外にも、電子署名と似た印象を与えるものに「電子サイン」があります。電子サインとは、電子を用いた本人確認のための方法のことです。例えば、飲食店などでクレジットカードを利用したときや保険の契約でサインが必要となったときなどに、タブレット端末の画面上にサインを求められること

があります。これが電子サインの代表例です。

電子署名と電子サインとの違いは、第三者認証機関の認証が必要かどうかです。電子署名では、法律の下で第三者認証機関が設置されていて、そうした第三者認証機関により発行された電子証明書を使うことで電子署名が正しく、信用できるものであることを証明しています。一方で電子サインは、第三者による認証ではなく、契約当事者がサインする仕組みを取ることで、本人と確認します。

▶ 第三者による認証

電子署名を利用する際は、まず、第三者認証機関に対して、電子署名の利用を申し込み、電子証明書と公開鍵・秘密鍵の交付を受けます。公開鍵は、電子証明書とともに第三者認証機関が契約相手方から照会を受けた際に公開され、秘密鍵は自社だけで保有しておきます。

他社と交わす契約を例に、電子署名の利用方法を見てみましょう。電子署名しようとする契約文書のデータを、契約書送付者（自社）の秘密鍵を用いて暗号化します。暗号化後のデータを自社の電子証明書とともに相手方に送付します。

受領した相手方は、まず送付された電子証明書を確認します。具体的には、その電子証明書を発行した第三者機関に照会して、契約書送付者（自社）が登録した証明書かどうかを確認します。照会先は、具体的には証明書を認証するためのサーバです。これを「認証局」と言います。

証明書の確認が取れたら、相手方は契約書送付者（自社）の公開鍵を使って文書データを復号します。公開鍵で復号できるということは、相手から間違いなく送付された文書データであることが確認できたということになります。この手順の詳細は、次の「電子証明書、認証局」も参照してください。

電子署名を導入するメリットとしては以下の2点があります。

・**承認業務の効率化**

紙媒体の契約書の場合、自社内での決済で関係部署を回ったり、契約相手方との署名捺印のために訪問したり郵送したりなど、物理的な書類のやり取り

が必要でした。しかし、電子署名を用いれば、これらの手続きはすべてオンライン上で行えます。これより、時間や手間を大幅に減らすことができ、移動工数も省くことが可能になるため、業務効率化につながります。

・改ざん検知

　電子署名では、公開鍵と秘密鍵を使って暗号化されており、双方の鍵で保管されているデータが違えば検出することが可能です。つまり、第三者がデータ改ざんを検知することができます。

電子証明書、認証局

電子署名では、データを送信する側が自分の秘密鍵で署名を作成（暗号化）し、相手に渡します。受信した側は、送信側の公開鍵を入手する必要があり、なおかつその公開鍵が正しく送信側のものであることを確認しなければなりません。そのための仕組みが電子証明書です。送信側を認証し、電子証明書を配布するサーバのことを認証局と言います。

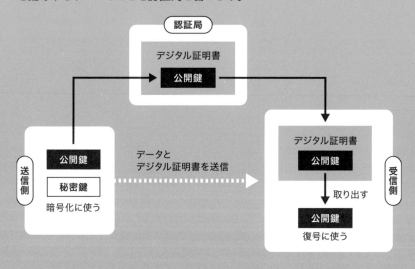

電子署名を検証する際に電子証明書を入手することで、データの改ざんを検知できるだけでなく、公開鍵が正しいものであると確認でき、さらに認証局を通してデータの作成者の真正性を証明することができます。

認証局とは、電子証明書を発行する機関のことを言います。例えば、米VeriSignは商用の認証局を提供しています。商用の認証局から電子証明書の交付を受けるためには時間と費用がかかるため、自社組織内で認証局を構築して証明書を発行する場合もあります。

送信側は発行された電子証明書と暗号化したデータを送信します。

　データを受信する側は、送信側から送られた電子証明書と、認証局から取り寄せた送信側の電子証明書を照合し、一致することを確認します。これにより、送信側が正しく認証できます。

　送られたデータ（電子署名や文書など）は送信側の秘密鍵で暗号化されています。これを復号するために必要な公開鍵は、電子証明書から取り出します。すでに電子証明書が正しいことは検証済みなので、そこから取り出した公開鍵も信頼することができます。このような手順で、送信側がなりすましでなく正しい送信側であることと、その送信側から提供された公開鍵が信頼できることを検証します。

　この仕組みでは、認証局自体の信頼性も検証する必要があります。例えば、多くのWebブラウザには主要な認証局の電子証明書をあらかじめインストールされており、認証局の信頼性は検証済みの状態で利用できるようになっています。

生体認証

生体認証は、個人によって異なる身体的特徴を利用して、本人確認を行う認証方式です。指紋や静脈、顔などの生体情報のデータをシステムに事前に登録し、認証を行う際に事前に登録していたデータと照合して、本人であるかどうかを判断します。

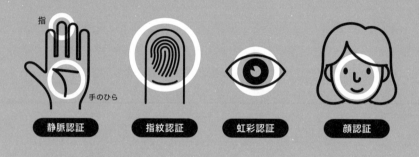

<table>
<tr><td>指</td><td></td><td></td><td></td></tr>
<tr><td>手のひら</td><td></td><td></td><td></td></tr>
<tr><td>静脈認証</td><td>指紋認証</td><td>虹彩認証</td><td>顔認証</td></tr>
</table>

　生体認証はパスワードやICカードとは異なり、ユーザが何らかの文字列や数値を覚えることや、認証用のデバイスを携帯する必要がありません。また、身体的特徴を利用するため、なりすましが困難であり、利便性と安全性が高い認証方式と言えます。

　最近では、金融機関のATMや、スマートデバイス本体のロック解除、スマートデバイス上で利用するサービスへのログインをはじめ、身近なアプリでも利用が広がっています。今後も様々なアプリやサービスで生体認証機能が実装されると予想され、生体認証機能を利用することがますます一般的になりつつあります。

　生体認証技術として利用される代表的な認証の種類は以下があります。

▶ 静脈認証

　静脈認証センサーに指や手のひらをかざし、赤外線などを照射することで静脈の形状をパターン化して読み取り、事前に登録したデータと照合して認証を行う方法です。

▶ 指紋認証

　指紋の特徴によってロック解除やログイン・決済などを行う認証方法です。

▶ 虹彩認証

　個人の目の虹彩の高解像度の画像にパターン認識技術を応用して認証する技術です。

▶ 顔認証

　顔の目、鼻、口などの特徴点の位置や、顔領域の位置、大きさをもとに照合する認証方法です。

第3章　セキュリティを支える技術

FIDO（ファイド）

FIDOとは、Fast IDentity Online（素早いオンライン認証）の略で、「ファイド」と読みます。従来のパスワードに代わる技術として、今後の利用が期待されている認証技術の一つです。端末側で秘密鍵および公開鍵を作成し、サーバ側に公開鍵を渡します。これが、サーバがユーザを認証するための情報になります。本人確認方法としては、接続をリクエストされたサーバは「チャレンジ」と呼ばれる認証要求を端末に送信します。これに対して端末は署名を返します。このとき端末は秘密鍵で署名を生成し、サーバは端末の公開鍵で署名を検証することにより端末を認証します。

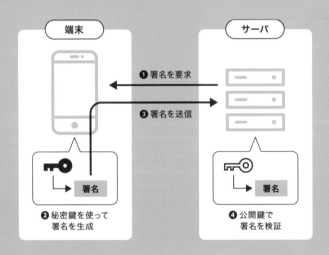

様々なサーバやサービスでパスワードを使った認証が使われています。しかし、パスワードには流出したり、見破られたりといった危険があり、実際にパスワードを不正に利用されたことによる被害も発生しています。

そこでパスワードを使わずに認証する方法として考え出されたのがFIDOで

す。

　FIDOでは、公開鍵暗号方式を使っているのが特徴です。サーバにアカウントを作る時点で端末側で秘密鍵と公開鍵を作成し、サーバに公開鍵を渡します。

　実際にサーバにアクセスするときには、接続を要求されたサーバは端末に対して署名を要求します。これを「チャレンジ」と言います。

　チャレンジに対して端末は、秘密鍵で署名を生成し、これをサーバに送信します。

　署名を受け取ったサーバは、公開鍵で署名を検証することで端末を認証します。この仕組みを使うことで、パスワードのような流出の危険のある秘密情報を端末とサーバで共有する必要がなければ、アクセスするごとにパスワードを送信する必要もありません。

　FIDOを採用した認証では、多くの場合、署名の作成時に端末がユーザに生体認証を要求する実装になっています。サーバからのチャレンジを受信した端末は、ユーザに指紋や顔などでの認証を要求します。これにより端末とユーザの間で認証を行い、それを受けて端末とサーバ間では署名により認証する構造になっています。

シングルサインオン
(SAML認証およびOAuth)

シングルサインオン (SSO:Single Sign On) とは、1回のユーザ認証によって複数のシステム (業務アプリケーションやクラウドサービスなど) が利用できるようになる技術です。システムを利用する際、通常はユーザを特定するためにシステムごとにユーザ認証を求められますが、特定されたユーザが適切な権限を持っていることが認証されれば、他のシステムであってもシステムの利用を許可することができます。

● シングルサインオン

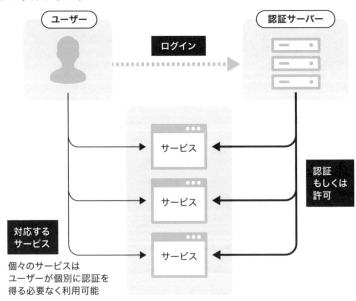

シングルサインオンの技術としては、SAML認証、OAuthが代表的です。

▶ SAML認証

SAML（Security Assertion Markup Language、サムル）認証は、ID管理と認証を行うIDプロバイダ（IdP）がユーザ認証情報を保証することで、連携している各種サービスのシングルサインオンが可能になる技術です。

サービスごとのID・パスワードの発行や管理が不要になるため、ユーザの管理不備が原因でパスワード情報が漏洩する危険性がなく、ユーザ側でのセキュリティレベルの向上が図れます。さらに、サービス提供者側でもID管理に要するシステム担当者の業務負担が軽減されるため、利便性向上にもつながります。

ユーザはIdPに対して最初にログインすれば、個々のWebアプリケーションでは認証情報を入力せずにログインすることができます。

● SAML認証の仕組み

ユーザは認証にかかわる操作をせずに利用できる

▶ OAuth

OAuth（オーオース）は、ユーザが製品／アプリを承認して、別の製品／アプリ内に保存されているリソースにアクセスできるようにする認可のプロセスです。OAuthのプロセスでは、ユーザが利用を希望するサードパーティのサイトは、利用が許可された際に発行される「アクセストークン」と呼ばれる情報をもとに、サービス側で利用の可否を判断します。

●OAuthの仕組み

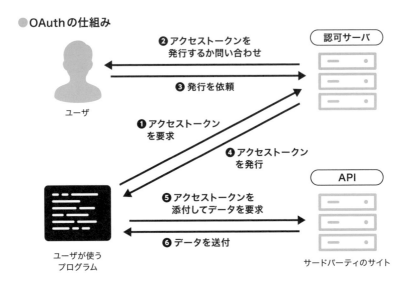

ユーザ側のプログラムは、APIを通じてデータを要求する際にこのアクセストークンを添付することで、サードパーティのサイトがアクセストークンを判定し、リソースにアクセスできる要求であるか検証しています。ここで検証が成立されればリソースにアクセスすることができますが、検証が成立されなかった場合にはアクセスすることができず、「401 Unauthorized」という応答が返ってきます。

KEYWORD

PGP

　PGPとは、データを暗号化してやり取りするためのソフトウェアの一種です。公開鍵暗号方式と共通鍵暗号方式を組み合わせ、メッセージを効率よく安全に暗号化することができるソフトウェアです。

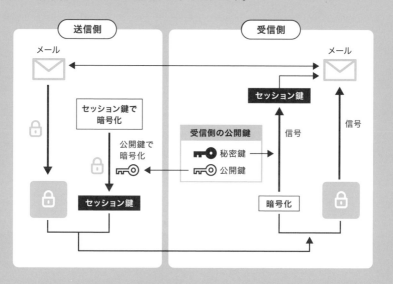

　PGPの主な用途は，ファイルやメールの暗号化です。また、署名やその検証もPGPでできます。一方、SSL/TLSやSSHと異なり、通信の暗号化は行いません。

　PGPは公開鍵暗号方式を使用しますが、その鍵の管理のために認証局を設置せず、各ユーザの責任で鍵を管理し、取得した公開鍵をチェックします。

そして、セッション鍵と呼ばれる、1回だけ利用可能な共通鍵でファイルやメールを暗号化し、セッション鍵を受信側の公開鍵で暗号化しします。暗号化したファイルとセッション鍵を送付することで、安全なメールのやり取りを実現します。

S/MIME

S/MIME（Secure / Multipurpose Internet Mail Extensions）は電子メールのセキュリティレベルを向上する暗号化方式の一つで、電子証明書を用いてメールの暗号化および電子署名の付与ができます。S/MIME方式を用いるには、送信者と受信者側との両方がS/MIMEに対応する電子メールソフトを使用している必要があります。MicrosoftのOutlookや、iPhoneやiPadのメールアプリなど多くのメールソフトが対応しています。

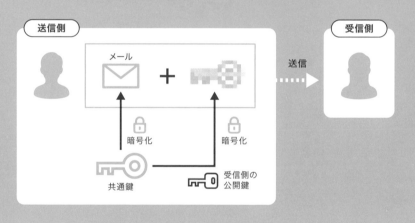

S/MIME（エスマイム）は、共通鍵暗号方式と公開鍵暗号方式の両方を使います。メールを暗号化するために共通鍵を使い、その共通鍵を安全に渡すために公開鍵で暗号化するのがポイントです。

S/MIMEで登場する鍵は次の3種類です。

- 共通鍵 … 送信者側で生成するメール暗号化用の鍵
- 受信者の公開鍵 … 受信者が送信者側に渡して、共通鍵の暗号化に使う鍵
- 受信者の秘密鍵 … 受信者が共通鍵の復号に使う非公開の鍵

送信者は、あらかじめ受信側の公開鍵を受け取っておきます。そのうえで、送信者と受信者の間で使用する共通鍵を生成します。そして、この共通鍵でメールを暗号化します。

　これらの鍵を利用して、送信者は以下の手順で受信者に共通鍵を送付します。

● **送信側の暗号化手順**

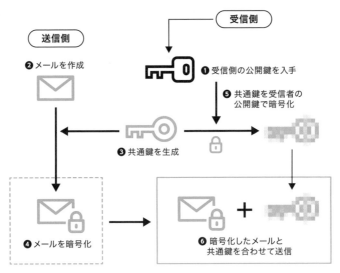

　これで送信側と受信側で安全に共通鍵を共有することができました。そして、受信者は自分の秘密鍵で共通鍵を復号します。その共通鍵で暗号化されているメールを復号します。これで受信者はメールの内容を確認できます。

● **受信側の復号手順**

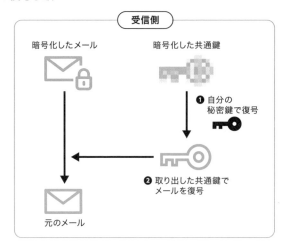

受信側

暗号化したメール　　　暗号化した共通鍵

❶ 自分の
秘密鍵で復号

❷ 取り出した共通鍵で
メールを復号

元のメール

　S/MIMEとPGPでは同じことを実現できますが、暗号鍵に関して違いがあります。S/MIMEは、第三者機関による電子証明書や暗号鍵を発行してメールの正当性を保っています。一方、PGPは外部の機関は存在せず暗号鍵をやり取りします。これより、PGPは1対1のメールの送受信に適していると考えられています。

送信ドメイン認証

　送信ドメイン認証とは、メール送信者情報のドメインが正しいものかどうかを検証することができる技術です。送信ドメイン認証により、正規の送信者を装って不正サイトへ誘導するフィッシングメールなどの被害を未然に防止することが可能となります。

　現在のメール送信においては、送信者情報（Header From AddressもしくはEnvelop From Address）を詐称することが可能であり、多くの迷惑メールは企業のメールアドレスになりすまして送信されています。

　送信ドメイン認証技術が普及し、送信側・受信側メールサーバ双方で広く実装されるようになれば、送信者情報を詐称しているメールの判定が可能となり、判定結果を活用したメールのフィルタリングも精度高く実施できるようになると考えられています。

　現在、送信ドメイン認証技術として有力なもののうち、ここではSPF、DKIM、DMARC、BIMIについて取り上げます。

▶ SPF

　SPFはSender Policy Frameworkの略で、受信したメールの送信元IPアドレスをもとに、送信者情報のメールアドレスのドメインが正規のものであるかを検証することにより、送信者を認証する技術です。

● SPFの仕組み

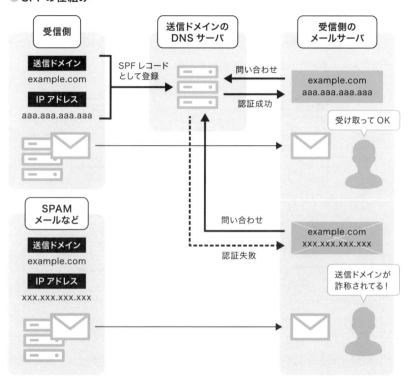

SPFは、メール送信元IPアドレスをDNSサーバへあらかじめ登録します。メールを受信した受信側メールサーバは、送信側のドメインを管理するDNSサーバに送信側のIPアドレスを問い合わせることで、送信元が該当するドメインかどうかを調べられます。

SPFによって参照するDNSのレコードを「SPFレコード」と呼びます。

受信者側のメールサーバは、メールを受信した際に、送信元のDNSサーバへSPFレコードを要求し、その回答と実際の送信元IPアドレスが一致するか確認します。このIPアドレスが一致すれば正規のメール、一致しなければなりすましメールと判定することで、送信ドメインの認証を実施します。

▶ DKIM

DKIM（ディーキム）とは、DomainKeys Identified Mailの略で、メールを送信する際に電子署名を付けることで、受信したメールが改ざんされていない正当なメールかどうかを確認する送信ドメイン認証技術です。

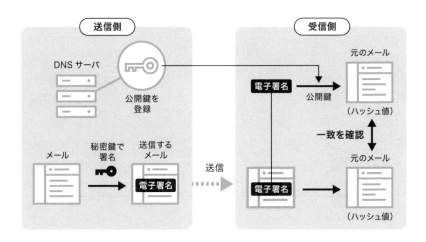

DKIMでは、公開鍵暗号方式を使った電子署名が利用されます。送信側では、あらかじめDNSサーバに自らの公開鍵を登録しておきます。DKIMの設定がされた環境において、送信メールサーバは、メールの送信時にメールのヘッダおよびボディ（本文）をもとにした情報（ハッシュ値）から、自らの秘密鍵を利用して電子署名を作成します。そして、作成した電子署名をメールヘッダ部に追加します。

受信メールサーバは、受信したメールに対して、送信者と同様にメールのヘッダおよびボディをもとにした情報（ハッシュ値）を作成します。

次に、送信元ドメインのDNSから取得した公開鍵を利用してメールヘッダ部に付与されている電子署名を復号し、ハッシュ値（送信側が元メールのヘッダとボディから生成したもの）を取り出します。

DKIMのポイントは、電子署名の検証に利用する公開鍵は、予め送信元ドメインを管理しているDNSサーバに公開されている点です。メールの受信サー

バは受信したメールに付与されている電子署名の情報から送信元ドメインを特定し、そのドメインを管理しているDNSサーバに対して公開鍵を問い合わせます。

そして、DNSサーバから取得した公開鍵を利用して電子署名から元メールのハッシュ値を復号します。最後に、受信メールをもとにしたハッシュ値と、電子署名から取り出したハッシュ値を照合します。これが一致していれば、認証は成功です。当該メールが正しく送信ドメインから送られたものであると判断します。

メールへの署名と聞くと、S/MIMEやPGPといった技術と混同してしまうかもしれません。DKIMは送信ドメイン認証に特化しており、あくまで送信ドメインの詐称（なりすましメール）への対策です。S/MIMEやPGPは、メールの暗号化および盗聴の防止を目的としています。この点が、DKIMがS/MIMEやPGPと異なる点になると考えるといいでしょう。

▶ DMARC

DMARC（ディマークもしくはディーマーク）は、前述のSPFおよびDKIMの認証結果に加え、メールに表示される送信元アドレス（Header-from address）のドメインがなりすまされていないか、信頼できるものかどうかを判断する技術です。

DMARCはDNSにDMARCレコードを公開し、送信ドメイン認証に失敗した際に、メールをどう扱うべきか、推奨挙動を受信メールサーバに伝えるポリシーを提示することができます。推奨挙動は、none（何もしない＝受信する）、quarantine（隔離＝迷惑メールフォルダへの振り分け）、reject（拒否＝メール破棄）の3種類から選択し、定義することができます。

● DMARCを使った受信メールの処理手順

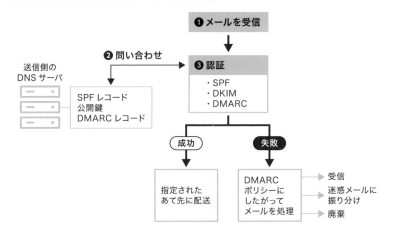

このようにSPF、DKIM、DMARCを実装することで、企業はなりすましメールが受信者に届く数を減らすことが可能となります。

ただ、DMARCの実装における注意点として、正規メールの誤判定があります。

たとえばメールマガジンの配信など、業務上であっても送信者と送信ドメインが一致しないメールが誤判定される可能性があります。こうしたケースで、SPFやDKIMなどの設定に不備があるとき、DMARCポリシーによって挙動がquarantineやrejectに指定されていると、正規のメールなのに正しく届けられなくなる場合があります。このように、DMARCを有効にすることにより、運用によっては想定外のメール不達が発生し、業務に直接影響する可能性があります。

とはいえ、DMARCを実装するために業務影響を減らす対策もあります。その一例が、DMARCレポートです。

DMARCには、DMARCによる判定結果の集計情報やDMARCの認証に失敗した際の理由について、指定したメールアドレスに対してレポートを送信する機能があります。このレポートを活用し、DMARCの影響を確認しながら設定を変えていくことで、弊害を最小限に抑えることができます。

DMARC設定側は、まずDMARCの挙動をnoneに設定し、このDMARCレポートを確認しながら業務への影響がどのくらい出そうかを観察します。ある程度継続的にDMARCレポートを確認することにより業務に影響なしと判断できるまでは挙動をnoneのまま、影響がないと判断できたらDMARCの挙動をquarantineやrejectに変更することが推奨される実装方法となっています。

上記の業務影響につきましては、特にサブドメインに対して起こりやすい事象だと思います。サブドメインに対する扱いもDMARCレコードで定義できるので、DMARCを実装する際には、DMARCの設定やパラメータを理解した上で、段階的に導入することが重要と思います。

▶ BIMI

BIMI（ビミ）とは、「Brand Indicators for Message Identification」の略で、BIMIに対応しているメールクライアント（メールソフト）は、受信ボックスでメールを表示する際、正規メールと判断したメールに対しては送信した企業が指定するアイコン（多くはブランドロゴ）を表示することができます。受信者はそのブランドロゴを確認することにより、なりすましではない正規の送信元から送信されたメールであることを視覚的に認識できます。

●BIMIの仕組み

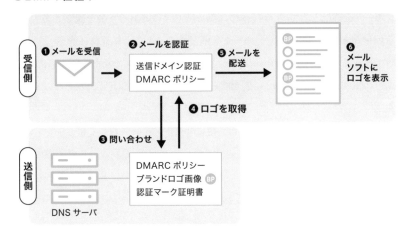

DMARCは企業ドメインになりすましたメールへの対策となりますが、迷惑メールには企業ドメインとは全く異なるランダムな文字列のドメインもメールアドレスに利用されます。そうしたメールアドレスや企業ドメインに類似したメールアドレスの不審メールに対してはロゴが付かないことにより、ユーザーはひと目で正規のメールかどうかを判断できるため、BIMIが効果的に働きます。

BIMIを実装するには、DMARCでquarantineかrejectの設定が必要となるため、BIMIを実装する前にまずDMARCの実装を進めていくことが必要です。

なお、BIMIで表示する画像には商標登録が求められます。この商標登録には時間がかかる場合があるので、どの画像をBIMIで表示させるアイコンとして登録するか、まずは画像を確定させることを先んじて進めることが重要でしょう。

OP25B

OP25Bとは、Outbound Port 25 Blockingの略で、メールの送信に使われる25番ポートでのメール送信を規制する仕組みです。ウイルスに感染した端末や迷惑メール送信業者から送信されるメールを制限するのに有効な対策です。主にプロバイダで、このOP25Bの対策は実施されています。

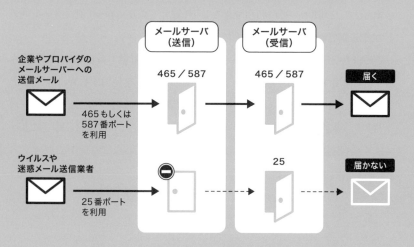

メールは伝統的に25番ポートを使って送信するのが標準でした。このため、スパムメールやウイルスを添付したメールを送信する攻撃者は、多くの場合、送信先メールサーバのTCP25番ポートへメールを配送しようと企てます。25番ポートでのメール受信を制限しているメールサーバがないためです。

増大する迷惑メールへの対策として、送信サーバ側で25番ポートの利用を制限するのがOP25B（オーピーニジュウゴビー）です。外部メールサーバのTCP25番ポートへ直接接続する通信はOP25Bにより一律遮断されます。このときメールの内容は配慮されないため、25番ポートへ接続しようとする限り、

正規のメールもブロックされてしまいます。

　通常、一般的なユーザがメールを送信する場合にはインターネットサービスプロバイダ (ISP) のSMTPサーバを利用していることが多いでしょう。そうした場合はすでにOP25Bへの対策が進んでおり、メールの送信時には25番ポートではなく、別のポートを使うよう設定します。ISPの送信メールサーバを利用するユーザは影響を受けることはありません。

　従来のメール配信用ポート25番に替わるのは、メール投稿用ポート587番 (Submission Port 587) です。メール送信時の認証機能 (SMTP AUTH) を必須として、一般ユーザが利用できるように設定したり、ユーザ側でメールソフトの設定変更が必要となったりしています。

　このほか25番の代わりに465番ポートを用いる環境もありますが、587番ポートを利用するのが一般的です。また、Webメールを利用するWebブラウザ上でやりとりされるため、OP25Bの規制に影響しません。

　しかし、会社や学校で独自にメールサーバを運用している場合、環境によってはメールを送信できなくなってしまうケースも出てくる点に注意が必要です。

● セキュアプロトコル

VPN

VPNとは、Virtual Private Networkの略で、暗号化によりインターネット上に仮想の専用線を設け、この専用線でデータ通信を行うことにより、データの盗聴や改ざんなどの脅威からデータを守る技術です。

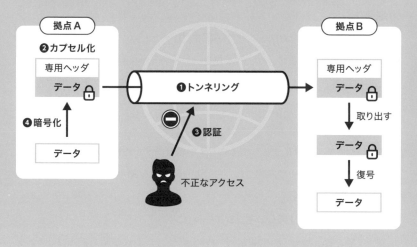

VPNは、以下のような技術で実装されています。

① トンネリング

トンネリングとは、インターネット回線上に拠点間をつなぐ仮想的な通信経路を構築して、双方の拠点を接続することです。

② カプセル化

カプセル化とは、トンネリングした通信路で通信するデータを通信プロトコ

ルで包むことです。カプセル化されたデータは、カプセル化が解除されるまで中身のデータを参照することはできません。つまり、トンネリング経路を流れるデータは、カプセル化によってセキュリティレベルが高くなります。

ただ、カプセル化は暗号化ではないため、カプセルが外されてしまえば中身のデータを確認することができます。

③ 認証

トンネリングした通信路への不正アクセスを防ぐためには、通信路に入ろうとしている利用者が正当な権利を持っていることを証明させる仕組みが必要です。この認証機能は、十分なセキュリティレベルを確保するため二重にかけられることもあり、二段階の認証を求められることもあります。

④ 暗号化

暗号化は、データをカプセル化する際に、IPsecといったプロトコルを用いてデータを暗号化します。カプセル化されたデータが暗号化されるため、カプセル化を外されてもデータを確認することはできず、データを保護することができます。

VPNを代表する技術としてSSL-VPNがあります。SSL-VPNで通信する場合、クライアントとサーバの間では、次のような手順を踏んでいます。

① 認証／暗号アルゴリズムのネゴシエーション

クライアントとサーバとの間で、どういう認証方式および暗号アルゴリズムを使うかを決める

② サーバ／クライアント間の認証

サーバからクライアントに電子証明書を送り、電子署名を使って正しいサーバであることを認証する。通信によってはサーバがクライアントの電子証明書を要求してクライアントを検証することもある

③ 共通鍵交換

その後のデータを暗号化して送受信するための共通鍵を交換する

ここまでがハンドシェイクと呼ばれるプロセスで、これによりSSL-VPNの通信が確立されます。これ以降は、HTTPの暗号化通信であるHTTPSが可能になります。

第3章　セキュリティを支える技術

IPsec

IPsecとは、Security Architecture for Internet Protocolの略で、暗号化によってパケットの秘匿や改ざん検知を実現するプロトコルです。主に、インターネットを介して拠点間を接続するインターネットVPNを実現するためのプロトコルとして広く利用されています。

IPsec（アイピーセック）を使って通信する際に利用する論理的な通信路は、SA（Security Association）と呼ばれます。このSAを確立する際、暗号化のための鍵を交換するためのプロトコルが定められています。IKE（Internet Key Exchange protocol）です。

IKEによる鍵交換の手順を見てみましょう。大きく、①認証、②鍵交換に分けられます。これはIKEフェーズ1、同フェーズ2と呼ばれることもあります。

まず、IKEフェーズ1に当たる認証のプロセスを見てみましょう。

① IPsecで接続する機器は、通信先のIPアドレスや電子証明書などを用いてそれぞれ認証する
② Diffie–Hellmanアルゴリズムにより、認証済みの安全な通信チャネルが作成される
③ 暗号化通信のための共通鍵が生成され、その後の通信が暗号化される
④ このネゴシエーションによって、SAが生成される

この段階でSAが生成されましたが、この段階では通信経路の暗号化しかできていません。この①から④に続けて、それぞれがやり取りするデータを暗号化するための鍵交換が必要になります。その手順を見てみましょう。

⑤ それぞれの機器は、認証フェーズで確立された安全な通信チャネルを使用して、データ暗号化用のSAを確立するためにネゴシエーションを行う

⑥ このSAの鍵は、IKEフェーズ1で共有した共通鍵を使用する（場合によっては新しい鍵交換を実施することもある）

⑦ このSAは、端末間で転送される実際のデータを暗号化する

　IPsecには、通信する際のデータ保護を目的としたプロトコルとして、認証と改ざん防止のみを行うAH（Authentication Header）と、データの暗号化を行うESP（Encapsulated Security Payload）の2種類が用意されています。また、AHではどの範囲を認証範囲とするか、ESPではどの範囲を認証と暗号化の範囲にするかによって、データ部分のみを対象とするトランスポートモードと、ヘッダとデータの両方を対象とするトンネルモードがあります。このプロトコルとモードの組み合わせにより、どのような構造のパケットになるかが変わってきます。まず、AHでのパケットを見てみましょう。

　AHは、IPパケットのヘッダとペイロードの変更を検知するため、ヘッダとペイロードヘッダとペイロードが存在するIPパケットにAHヘッダを追加します。これにより、通信相手がIPパケットを改ざんしていないかを検知することができます。トランスポートモードの場合は、TCP／UDPヘッダの前にAHヘッダを追加し、トンネルモードの場合は、オリジナルのパケットの先頭にトンネルモード用のIPヘッダとAHヘッダを追加します。

元のパケット

AHトランスポートモードのパケット

AHトンネルモードのパケット

　ESPはAHと異なり、データも暗号化します。暗号化方式にはDESや3DES、AESが利用可能です。認証に関してはAH同様データが改ざんされていないかの検証を行います。

　ESPを元のIPパケットに追加したとき、トランスポートモード、トンネルモードそれぞれでパケットの構成は次のようになります。

元のパケット

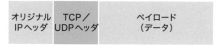

オリジナル IPヘッダ	TCP／ UDPヘッダ	ペイロード （データ）

ESPトランスポートモードのパケット

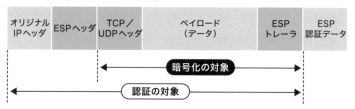

EPSトンネルモードのパケット

　AHはデータが暗号化されないので、現在はESPが主流です。ただ、AHは暗号化によるデータ通信を禁じている国（フランスなど）でIPsecの認証機能を利用する場合などでは必要になります。

SSH

　SSHとは、Secure Shellの略で、リモート環境でコンピュータと通信するためのプロトコルです。認証部分を含め、ネットワーク上の通信がすべて暗号化されるため、安全に通信することができます。

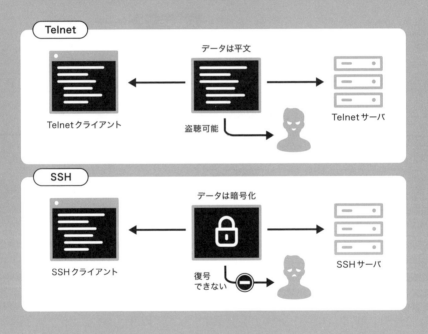

　リモートからサーバにアクセスするといった場合、従来はTelnetやFTPなどのプロトコルが使われていました。こうしたプロトコルはパスワード情報を含め、データが全て暗号化されていない平文で送信してしまうため、盗聴のリスクがありました。これに対してSSHでは公開鍵暗号方式を利用して共通鍵を暗号化し、安全に鍵交換ができるようになっています。

　ログイン時のユーザ認証の仕組みもパスワード、公開鍵、ワンタイムパスワー

ドなど多様な手段に対応するようになっており、環境に応じて適切な認証方法を選択できます。現行のネットワーク機器は基本的にSSHに対応しており、各メーカーともTelnetではなく、SSHによるアクセスを推奨しています。

　リモートアクセスというと、VPNの項でSSL-VPNを取り上げました。ここで、SSLとSSHの違いについても説明しておきましょう。

　SSHは、主にリモートでコンピュータ機器を操作する際に、通信データを暗号化するプロトコルです。システム管理やセキュリティに関連する業務で機器にアクセスする際にではSSHを使う場面が多々あります。

　これに対してSSLは、主にクライアント端末とインターネット上に公開しているサーバ間における通信データを暗号化して送受信させるプロトコルです。サーバで提供されるサービスを安全に使いたいというときに利用するプロトコルと言えます。

　SSHもSSLも通信を暗号化して安全に通信を行う目的は同じであることから、混同する人が少なくないようです。用途や目的が異なるので、その違いは頭に入れておく必要があります。

4章

攻撃に使われる技術

セキュリティに関する技術として、第3章ではセキュリティ製品を根底から支えるような技術について述べました。実際に第3章での技術が単体でセキュリティ対策製品に使われているわけではなく、そのような技術を適切に組み合わせることで、セキュリティ対策製品は作られています。

　ただ、セキュリティに関する技術には企業を守るための技術だけではなく、サイバー攻撃を仕掛けてくる攻撃者が使う技術も存在します。

　自社をサイバー攻撃から守るためには、セキュリティ対策製品の機能を知ることも重要ですが、サイバー攻撃の攻撃者が仕掛けてくる攻撃技術・攻撃方法も知り、攻撃者の観点でセキュリティ対策を検討することも、企業を守るうえで必要です。

　本章では、攻撃者が利用する代表的な攻撃技術について解説します。そして、サイバー攻撃に使われる技術を主に説明していくとともに、次のような観点から、攻撃を防ぐための防御策にも触れています。

・情報セキュリティ部門の立場として、公開しているサービスをシステムとして防ぐための対策
・情報セキュリティ部門の立場として、従業員が利用するようなクライアントPCを守るための対策
・アプリケーションの脆弱性を作らない、アプリケーション開発者向けの対策

　企業でサイバー攻撃を防ぐための対策を検討する際に、参考にしていただければと思います。

　本章で取り上げる攻撃技術は大きく①クライアントを狙った攻撃、②システムを狙った攻撃、③ネットワーク上の攻撃、④分類が難しい攻撃に分けました。

　さらに、それらとは別に⑤Webアプリケーションに対する攻撃についても重点的に解説しようと思います。というのは昨今、Webアプリケーションでサービスを提供する企業が増えてきていることもあり、Webアプリケーションへの攻撃が以前にも増して増加しています。また、Webアプリケーションに対する攻撃も巧妙化が進んでいるため、Webアプリケーションへの不正アクセス・不正

利用も増加しています。ただ、攻撃は最新の複雑なものばかりではなく、既知の攻撃手法での攻撃で情報漏洩事故が引き起こされているケースも多く存在しています。

このため、今の情報システム部門にとって脅威となるWebアプリケーションに対する攻撃技術については、新旧を問わず解説しようと思っています。

なお、Webアプリケーションを狙った攻撃については、基本的にアプリケーションの開発時（あるいは改修時）に脆弱性を持たせないようにするのが最も有力な対策です。それに比べると情報システム部門が運用開始以降にできることは限られており、手法が異なっても対策はほぼ共通しています。しかしながら本書の目的を考慮し、同じような説明を繰り返していますが、それぞれの手法でそれぞれ言及しているためだとご理解ください。

次ページから、サイバー攻撃技術について解説しています。言うまでもないかもしれませんが、本書で取り上げた技術について、決して不適切な使い方、不正な使い方をしないようお願いいたします。

KEYWORD

マルウェア

マルウェアとは、「悪意を持ったソフトウェア」を指します。一般的な解説記事などではマルウェアのことをコンピュータウイルスと呼ぶケースもありますが、セキュリティを専門に取り上げる本書では機能で分けて考えます。マルウェアは「コンピュータが正常に作動する事を妨げる」「機密情報を盗み出す」「データを破壊する」などの目的で作成された、悪質なプログラムとなります。

マルウェアの代表が、コンピュータウイルス、ワーム、トロイの木馬です。

コンピュータウイルス
- 単体では存在しない
- 自己増殖する
  （感染を拡大する）

トロイの木馬
- 正規のファイルに
  なりすます
- 自己増殖しない

ワーム
- 単体で活動する
- 自己増殖する
  （感染を拡大する）

コンピュータウイルスは、ユーザが気付かないうちにコンピュータに侵入し、悪さを繰り返します。このことから、ウイルスと省略されることもあります。

マルウェアのことを指してコンピュータウイルスとするような記事も見かけますが、コンピュータウイルスはマルウェアの中に含まれるプログラムの一種です。

マルウェアの代表的なものがコンピュータウイルス、ワーム、トロイの木馬であると説明しましたが、それぞれ次のような特徴を持ちます。

●コンピュータウイルス

他のプログラムに寄生する。寄生したプログラムが動作することで、同時に動作し、別のコンピュータに次々と感染を広げていく

●ワーム

他のプログラムに寄生せず、自分自身が単体のプログラムとして動作し、別のコンピュータに次々と感染を広げていく

●トロイの木馬

侵入先のコンピュータで動作する。別のコンピュータへ感染するような動作はしない

マルウェアの感染を放置しておくと、ネットワーク上の他の機器にマルウェア感染が拡大したり、さらに別のマルウェアを勝手にダウンロードされたりして被害が拡大するなど、その影響は計り知れません。このためマルウェアの侵入を許さず、感染しない環境を作ることが対策になります

マルウェアの感染先はサーバもしくはシステムということもあれば、クライアント端末ということもあります。いずれかを問わず、どちらもターゲットにするマルウェアもあります。クライアント端末を狙うマルウェアにはソフトウェアの脆弱性を悪用するものも多く、感染先の端末の権限を奪取して昇格を目論むものもあります。管理者などの強い権限を取得することで、マルウェアは何でもできるようになります。このため、ソフトウェア開発の段階で脆弱性を作りこまないような開発がマルウェア感染拡大や感染活動の進展を防ぐ一手となります。ただ

し、情報システム部門やセキュリティエンジニアとしてはソフトウェア開発にはなかなかコミットできません。

　情報システム部門としては、社内ユーザが利用するクライアントパソコンをマルウェアから守るためには、ウイルス対策ソフトのインストールが最大の対策の一つになります。また、マルウェアがインストールされないように、不審なWebサイトにアクセスさせないようにするといったアクセス先を限定する仕組み（フィルタリングなど）の実装や、従業員に不審なサイトへアクセスさせないといった教育の徹底も、欠かせない対策と言えます。

迷惑メール

迷惑メールとは、自分が知らない相手から送信される見知らぬサイトなどの広告・勧誘メールのことを指します。今ではフィッシングや詐欺などに誘導するためにメールが使われることも当たり前になりました。情報システム部門としては迷惑メールをユーザのもとに届けないフィルタリングが有効な対策です。

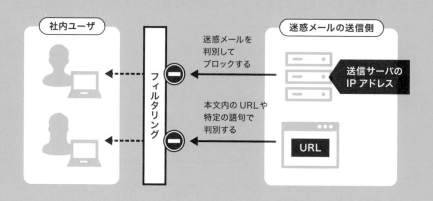

　迷惑メールは別名スパムメールとも呼ばれています。もともとは何らかのサービスや商品の宣伝メールで、ユーザが望んでいないメールが大量に送りつけられてくることから「迷惑」と位置付けられました。今でもかなりの比率を宣伝目的のメールが占めている一方で最近は、後述するフィッシングやビジネスメールへと誘導するメールも増えてきており、こうしたメールも迷惑メールに含めて考えるのが一般的です。迷惑メールに明確な定義はありませんが、ユーザが求めていない不審メールが迷惑メールであると考えていいでしょう。

　ユーザのもとに迷惑メールが送られてしまう主な原因としては、次のようなものが考えられます。

- 短くてわかりやすいメールアドレス
- 信用できないサイトでのメールアドレス登録
- インターネット、SNSなどオープンな場でのメールアドレスや電話番号の記載

　特に、信用できないサービスへアクセスし、メールアドレスを登録したり、インターネット、SNSでのメールアドレスを公開してしまったりといったケースでは、メールアドレスがさらに別の不審な業者（迷惑メールの送信業者など）の手に渡ることにより、さらに多くの迷惑メールを受信するきっかけとなる可能性もあります。

　一般的な迷惑メールの対策を考えるうえで、迷惑メールは受信してしまっても開封せずにそのままにしておけば、特段不審なイベントは起こりません。しかし、たくさんの迷惑メールを受信し続けると、操作を誤ることにより迷惑メールに添付された添付ファイルを開封して実行したり、メール本文に記載されたURLをクリックしたりしてしまう危険性が高まります。

　迷惑メールに添付されたファイルはマルウェアである可能性が高いため、迷惑メールの受信対策を実施しないと、マルウェアへの感染を引き起こしかねません。このため、「迷惑メールは開かなければいい」というだけに止まらず、セキュリティに関するリスクを避けるという観点で、迷惑メールへの対策を講じることは必要と考えられます。

　迷惑メールの受信対策としては、まず不用意にメールアドレスを公開しないことです。確かに、公開したメールアドレスがどのような経緯で攻撃者に知られてしまうのかは明らかになっていない部分もあります。しかしながら、不用意に自分のメールアドレスを公開しないなど、ユーザが用心することは重要です。

　情報システム部門としては単に社内ユーザに用心することを呼びかけるだけでは十分ではありません。社内のクライアント端末を守り、自社を守るために、迷惑メールフィルタを導入・設定することが有効な対策となります。迷惑メールを送信する不審な業者には、こうした業者が使う送信メールサーバがあります。その送信メールサーバから届くメールの送信元IPアドレスを迷惑メール

フィルタのブロックリストに加えることで、迷惑メールの受信数を削減することができます。さらに、迷惑メールフィルタは、受信メールに記載されたURLなど、その内容から迷惑メールを検出する機能もあります。

ドライブバイダウンロード

ドライブバイダウンロードとは、Webサイトにマルウェアなどの悪意のあるプログラムを埋め込み、アクセスしたユーザの知らぬ間にマルウェアをダウンロード・実行させる攻撃手法です。あらかじめ正規のWebサイトを改ざんすることにより、ユーザは正規のサイトにアクセスしたつもりでも、いつのまにかユーザを攻撃することのできるサイトに転送され、いつの間にかマルウェアをダウンロードさせられてしまうといったのが典型的な手法です。

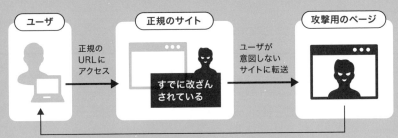

ドライブバイダウンロードは、主に機器のOSやアプリケーションの脆弱性を突き、ユーザの意思に関係なく自動的にマルウェアをダウンロード・実行させる技術を言います。よく知られたWebサイトにドライブバイダウンロードが仕込まれるケースもあり、普段見ているWebサイトだから、大企業の公式Webサイトだからといって安全とは限りません。

ドライブバイダウンロードの仕組みとして最も多いパターンが、Webサイト内にある掲示板などのWebページに悪意のあるスクリプトを埋め込み、ユーザがアクセスしたタイミングでスクリプトが実行され、機器がマルウェアに感染するというパターンです。大手企業の公式サイトやECサイト、有名人のブログといった信頼性が高いと思われる正規のWebサイトでも一部が改ざんされ、ド

ライブバイダウンロード攻撃の被害に遭う危険性があります。

　ドライブバイダウンロードが仕込まれたWebサイトが放置されたままだと、そのWebサイトを訪れたユーザのパソコンがマルウェアに感染してしまう可能性があり、感染拡大を引き起こすといった、マルウェアと同等の規模の被害も考えられます。

　情報システム部門としては、自社で展開しているWebサービスをドライブバイダウンロード攻撃から守るために、次のような観点からの対策が求められます。

① OS、ソフトウェア、アプリケーションは常に最新の状態に

　ドライブバイダウンロード攻撃は、OSやソフトウェア、アプリの脆弱性を悪用したサイバー攻撃であるため、ドライブバイダウンロードを防ぐためには脆弱性管理が必要不可欠になります。

② ウイルス対策ソフトを導入する

　ドライブバイダウンロードを利用してマルウェア感染を引き起こさせることが、攻撃者の目的の一つであるため、セキュリティ対策ソフトを導入することが効果的な対策にもなります。

③ サイト改ざんの検知

　攻撃者から見れば、ドライブバイダウンロードは正規のサイトを改ざんできることが前提です。このため、サイトの改ざん検知製品を導入することにより、改ざんしようとする段階でドライブバイダウンロードを無効化することが可能です。

　また、情報システム部門として、社内ユーザのパソコンをドライブバイダウンロードから守る必要もあります。そのためには、ウイルス対策ソフトを各端末に導入することに加え、プロキシによるWebサイトへのアクセスブロック、URLフィルタによるドライブバイダウンロードが仕込まれるような不審サイトへのアクセスの禁止などが、その対策になります。ログ管理を含めた多層防御まで実施できると、ドライブバイダウンロードによって生み出させる多くの被害を極小化することが可能になるでしょう。

社内ユーザに対しては、ドライブバイダウンロードを防ぐためにも不審なサイトにはアクセスしないことを求めることも必要でしょう。アダルト系、出会い系、ギャンブル系など社会的に問題のあるWebサイトには、管理が不十分なのか、サイトが改ざんされていることが多く、アクセス時にはドライブバイダウンロードをはじめとするクライアントを対象とした攻撃の危険が高くなります。こうしたWebサイトにアクセスしないことで自分の機器を守るという意識を社内研修などを通じて徹底することも必要になります。

ビジネスメール詐欺

ビジネスメール詐欺とは、自社または関連会社の経営層もしくは取引先などのように、ビジネス上関係の深い人になりすましたメールを送ることにより、金銭や機密情報を詐取しようとするサイバー攻撃です。攻撃者は、ターゲット企業と取引先の電子メールを傍受したり、LinkedInやFacebookといったビジネス上の付き合いを把握しやすいSNSからターゲット企業担当者の情報を収集したりすることで、ビジネスメール詐欺の準備を行います。

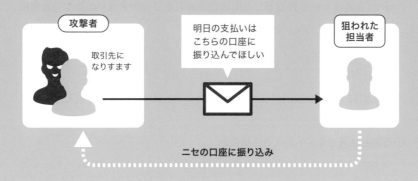

攻撃者
取引先に
なりすます

明日の支払いは
こちらの口座に
振り込んでほしい

狙われた
担当者

ニセの口座に振り込み

ビジネスメール詐欺の手口は、大きく次の5パターンに分類することができます。

① 取引先の請求書の偽装
② 経営者、役員クラスの人物などへのなりすまし
③ 流出したメールアカウントの悪用
④ 社外取締役など社外の権威ある第三者へのなりすまし
⑤ 詐欺の準備行為として修した情報の悪用

よくあるビジネスメール手口の方法として、企業の経理・財務部門など、取引先と金銭的なやり取りを行う部署の担当者をターゲットとし、自社の役員になりすまして偽装メールを送り付け、金銭を詐取しようとするものがあります。

具体的には次のような手順を踏みます。

① 実在する役員のメールアドレスをなりすまし、「取引先や自社の経営層など権威がある人から機密扱いと指示されている」といった前提をメールで通達する

② 口座情報と入金依頼の指示をメールする

※ 機密扱いという前提があるため、狙われた担当者は周囲に相談することが難しい状況となる

③ 担当者は本物の経営層からの指示の真偽を検証できないため本物と信じ込み、メールの指示の通り金銭を振り込む

情報システム部門としては、このようなビジネスメール詐欺を防ぐために、社内に対して、以下ののように二つのポイントをアナウンスする必要があります。

① 普段とは異なるメールへの注意喚起

突然の振込先変更依頼や、即座に入金を促すようなメールについては、本当の依頼なのかどうかを確認するよう、各担当者がそれぞれ意識すること。また、メールの文面内に普段とは異なる言葉遣いや表現の誤りがあれば、送信元に事実をあらためて確認することも有効だ

② メール以外のコミュニケーションの利用

伝えられた内容を確認する方法として電話やファクシミリなど、メール以外の手段を利用できるよう、取引先と調整しておくことも有効。その際、メールに記載されている電話番号は偽装されている可能性が高いため、別途信頼できる方法で取引先との連絡手段を確保しておくことも重要だ

情報システム部門としてシステム的に対策するには、メールセキュリティ対策製品の導入が有効です。具体的には、不審なメールを検知したりブロックした

りするような製品やソリューションです。自社役員などの上位ポストを詐称する
メールも、基本的にはなりすましメールです。このため、SPF、DKIM、DMARC
といった送信ドメイン認証への対応が有効に働きます。

ニセ警告からのサポート詐欺

サポート詐欺とは、インターネット関連のサポートサービスを装った詐欺です。サポート詐欺は、Webサイトの閲覧中に「ウイルスに感染しました」「個人情報が漏洩しています」といった警告メッセージを表示させます。その警告メッセージには、危険な状態を解消するためにサポート窓口に連絡することを促す内容を記載されています。それにしたがって連絡すると、有償サービスの契約に誘導させられたり、遠隔操作によるサポートのためと偽ってマルウェアをインストールさせられたりします。

著者が採取したサポート詐欺の例

　一般にニセ警告を使ったサポート詐欺は、エンドユーザを狙った攻撃です。しかしながら情報システム部門としても、社内ユーザのパソコンを守り、自社を守るために対策をすることが必要です。くわしくは後述しますが、サポート詐欺

を通じてバックドアを仕込まれてしまい、社内ネットワークにつながったパソコンを攻撃者に自由に使われてしまう危険性があるためです。

　具体的な対策としては、社内ユーザを啓蒙するアナウンスが主となりますが、プロキシでの対応も可能です。サポート詐欺を表示する画面はJavaScriptで実装されていることが多いため、不審なJavaScriptコードへのアクセスを検知・ブロックするようなプロキシ製品の導入が有効な対策となります。最終的に攻撃者によりリモートアクセスできるようなツールが導入されるので、それを防ぐようなウイルス対策ソフトやEDRの導入も有効な対策となります。

　とはいえ、社内ユーザにこうした攻撃のことを知ってもらい、各自に気を付けてもらうことは欠かせません。どのようにアナウンスするかを考える上で、サポート詐欺の基本的な手口、流れを見ておきましょう。

①WebサイトやWebサイトの広告に警告メッセージを仕掛ける

　攻撃者は脆弱性のあるWebサイトに対して、警告メッセージを表示させるプログラム（多くはJavaScript）を仕掛けます。最近では、サポート詐欺で使われる警告メッセージの多くが、Webサイトの広告に仕込まれているようです。広告を利用することで、攻撃者は正規のWebサイトにアクセスしているユーザに対して、そのサイトを直接攻撃することなく警告メッセージの表示を引き起こすことが可能となります。広告を取り扱う企業も悪意のある広告をブロックするように対応していますが、ブロックをすり抜けて表示されてしまうことは避けられません。

②ユーザのブラウザに警告メッセージが表示される

　警告メッセージとしては、「お使いのデバイスはマルウェアに感染しています」、「ウイルスに感染しました」、「個人情報が漏洩しています」といった内容が主流です。サポートを装った悪意のあるWebサイトにアクセスすると、上記のような警告メッセージが表示されます。しかし実際はウイルス感染や個人情報の漏洩は発生しておらず、ユーザの不安を煽ることを目的としています。

③「サポート窓口」を装う電話番号への連絡を促す

　警告メッセージの「ウイルスに感染した」などという偽の事象を解決するために、サポート窓口への電話連絡を促してきます。実際に記載されたサポート窓口へ電話するとつながりますが、この窓口はニセのサポート窓口です。窓口の担当者は、話し方に外国人のような特徴があったり、サポート業務にはどこか不慣れに感じるようなところがあったりといったように、不自然な印象があるという分析もあります。

④ 電話でリモートデスクトップソフトをインストールするよう促す

　リモートデスクトップソフトとは、パソコンを遠隔で操作できるソフトウェアです。電話で対応するサポート担当者（ニセ）は、「パソコンの状態を確認したい」と言ってリモートデスクトップソフトのインストールを要求してきます。

　言われるがままにリモートデスクトップソフトをインストールすると、第三者からのパソコン操作が可能になり、マルウェアを継続的にインストールされてしまうような状況となったり、パソコン内のファイルを見られて情報漏洩を引き起こしてしまったりする可能性が高まります。

⑤ ウイルスに感染していると虚偽の説明をして、有償のサポート契約を促す

　サポート窓口がリモートデスクトップソフトでパソコンの状態を確認するようなことはせず、実のところ何かを解決するような行為は何もしません。パソコンの状態を確認したと見せかけて、「問題を解決するには有償サポートサービスの契約が必要です」と迫ってきます。有償サポートサービスの契約に進むと、「クレジットカード番号を教えてほしい」と言われることが多いようです。ここでクレジットカード番号を教えてしまうと、サポート料を支払うことになるだけでなく、そのまま悪用されて金銭被害につながる場合もあります。クレジットカードを持っていないと伝えたとしても、「Amazonギフト券でも支払いができる」などと別の支払いへと誘導してきます。

　ニセ警告のサポート詐欺に関する情報を提供する際には、このように何かを要求されても何も応じないこともしっかり伝えることが重要です。

この攻撃の場合、ユーザが自分で怪しげなWebサイトにアクセスした、あるいは広告をクリックしたという意識がなくても、ニセ警告が表示されてしまう可能性があります。例えばユーザがノートパソコンを使っている場合、パッドに触ることがクリック操作になってしまい、それがたまたま広告の位置にあたっていたために、そのつもりはなくても広告を不意にクリックすることになる場合があります。自分では何かをクリックしたつもりはなくても、突然警告メッセージが表示されることになります。警告メッセージが表示されても慌てずに、このような詐欺もあるということを頭に入れておき、冷静に対処することもアナウンスしましょう。

ユーザ向けにアナウンスする場合の要点は、「警告メッセージは無視する」ことと「表示される連絡先にコンタクトしない」の2点です。

Webサイトの閲覧中に表示される警告メッセージは無視することが一番の対策です。確かにセキュリティソフトが何らかの危険を検知すれば、警告画面を表示します。ただし、それがWebブラウザの利用中であったとしても、Webブラウザ上に警告を表示することはありません。Webブラウザ上に表示される警告メッセージは、虚偽の可能性が高いとわかっていることが、この攻撃の対策になります。

また、警告メッセージが表示された場合、あわてて記載されている電話番号へ連絡しないことも伝えましょう。ただ、こうした詐欺の拠点は海外にあることが多く、電話してしまったあとでも、サポート窓口と名乗る担当者の話しぶりなどからサポート詐欺と気づけるポイントもあるのではないかと思います。少しでも違和感があったり、言われた内容に疑問があったりすれば、すぐに電話を切ることが重要です。

サポート詐欺の中にはサポート窓口への連絡は求めず、セキュリティソフトと称するプログラムのインストールを指示するものもあります。このパターンのサポート詐欺では、セキュリティソフトというのは偽りで、実態はウイルスだったり、個人情報の摂取を目的としたりといったプログラムです。この場合でも、ユーザには警告メッセージに記載されている内容には従わないこと、メッセージの内容をまず疑うことが大切だと伝えます。

警告メッセージに表示された電話番号を、電話をかける前にインターネット で検索するのも対策になります。多くの場合、こうした詐欺の情報をまとめたサ イトでその窓口が犯罪で使われているものとわかります。こういったことをアナ ウンスに盛り込んでユーザのリテラシーを向上することも有効です。

　残念ながらサポートの指示に従って要求された金額を支払ってしまったよう な場合には、最寄りの消費生活センター、消費者ホットライン（188番）などに も相談するよう推奨しましょう。

フィッシング、スミッシング

フィッシングとは、実在する企業や組織が設けたかのようなWebページを作り、該当するサービスのユーザネームやユーザID、パスワード、ATM用キャッシュカードの暗証番号、クレジットカード番号といった個人情報を詐取するサイバー攻撃です。電子メールのリンクからニセサイト（フィッシングサイト）に誘導し、こうした個人情報を入力させるフォームを設けておくという手口が一般的です。また、メールではなく携帯電話のショートメッセージ（SMS）を使う攻撃をフィッシングとは別にスミッシングと呼びます。

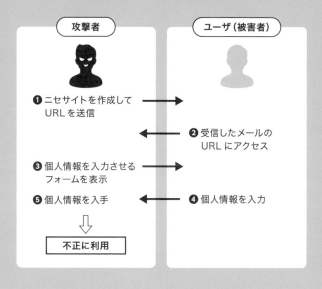

フィッシングでは、攻撃者は何らかのエンドユーザ向けサービスを偽装したWebサイトを利用して、一般ユーザの個人情報を不正に詐取します。企業としては直接の被害があるわけではありませんが、自社を詐称されることにより自社サービスの登録ユーザが直接被害を受けることになります。このため、フィッ

シングの実害が発生するとその対応が求められることになり、自社の評価にも影響する可能性があります。

　フィッシングの典型例として、攻撃者がクレジットカード番号を詐取しようとしている場合の手順を見てみましょう。

　攻撃者はまず本物のサイトにそっくりのフィッシングサイトを立ち上げます。その後、クレジットカード会社やECサイトなどからの正規のお知らせのふりをしたメールをユーザに送りつけます。

　最近では、「情報確認のため」や「ID利用停止のお知らせ」といったメールのタイトルが多いようです。こうしたタイトルと内容でユーザの不安をあおり、メールの本文内のURLリンクをクリックさせ、偽サイトにユーザを誘導します。そこでIDやパスワード、クレジットカード番号や口座番号などを入力するよう促します。ユーザが本物のサイトと思って入力した情報は、攻撃者に盗み取られてしまいます。

　アクセスするたびに異なるパスワードを使うことで認証強度を上げたワンタイムパスワードは、こうしたフィッシングにも有効です。正規のサイトからワンタイムパスワードが送られることにより、ユーザ側も自分がアクセスしているサイトが正規のサイトかどうかを判断することができるためです。

　ただ、ワンタイムパスワードによる認証を突破する手法もすでに編み出されており、万全ではありません。詳細は省きますが、簡単に攻撃手法を説明すると次のようになります。

① フィッシングサイトの裏で攻撃者がフィッシングサイトに引っかかった人の入力を待ち受ける

② フィッシングサイトに引っかかった人は、フィッシングサイトにIDとパスワードを入力する

　※ このフィッシングサイトは、公式サイトとユーザの中間に位置するようなサイトとなっています。つまり、このフィッシングサイト経由で公式サイトにIDとパスワードが引き渡されます。これにより、ユーザにワンタイムパスワードがSMSなどを通じて届けられます。

③ フィッシングサイトに引っかかった人は、ワンタイムパスワードを受け取り、フィッシングサイトにワンタイムパスワードを入力する

④ フィッシングサイトに「しばらくお待ちください」画面が表示されている間に、攻撃者は実際の公式のサイトに対し、ワンタイムパスワードを入力する

⑤ ここまでの手順により攻撃者がユーザに代わって公式サイトにログインできることになる

この手順により、攻撃者は対象のサイトにログインできるようになります。ログイン後にメールアドレスやパスワードなどの登録情報を変更します。攻撃者が自由にログインできるようになる一方で、正規のユーザ（被害者）はログインできなくなり、登録情報を書き戻すことはできません。

このような手順により、ワンタイムパスワードを突破するといった事例が昨今増えており、不正送金などの事故も増加傾向にあるようです。

なりすまされるようなサービスを提供している企業がフィッシング対策を実施しないでいると、自社サービスの利用者が誤ってID、パスワードなどの情報を詐取されるケースが増えてしまいます。そうすると、その後にリスト型攻撃などの不正ログインに発展するケースが発生する可能性が高まります。攻撃者がフィッシングすることを止めることはできませんが、何らかの対策は必要です。

情報システム部門としてのお客様へのフィッシングの脅威を防ぐ対策としては、まず、フィッシングサイトの早期なテイクダウンの実施が必要です。フィッシングサイトを検知したら、いち早くサイト閉鎖の依頼を関係各所に連絡することが重要です。フィッシングサイトを検知してテイクダウンまで依頼してくれるサービスもあるので、フィッシングサイト数が多く作られてしまっている企業は、そういったサービスを検討する必要があるでしょう。

なお、フィッシングサイトのURLについては、かなりの確率でランダムで本物のサイトと関係ないURL名であったりするため、URLを確認することや、正式なドメイン名であることを確認するよう、自社サイトやメールマガジンの配送などを通じてユーザにアナウンスすることも重要です。

また、なりすましメールに関しては、お客様へのフィッシング詐欺を減らすと

いう対策という観点で、SPF、DKIM、DMARC、BIMIといった送信ドメイン認証への対応も必要と思います。これらの対策は、自社から送信したようになりすますメールへの対策として、少なくとも自社で送信したメールは安全という宣言になります。送信先のお客様を保護することにつながるので、送信ドメイン認証はいち早く取り組むべきでしょう。経済産業省は、警察庁、総務省とともにDMARCまで対応を求めています[*1]。

そして、最後の対策としては、不正ログインの検知と不正なIDを利用停止にする運用を整備することです。おそらく、フィッシングで取得されたIDは、そのIDにとって普段とは別のIPアドレスやデバイス、User Agentからログインしているだろうと推測できます。この普段とは違ったログインを検知し、それを不正と判断できるのであれば利用停止にする、この一連の流れを日々実施することが必要となります。

かなり大掛かりな運用になると思いますが、フィッシングを利用したと思われる不正送金の被害もかなり増えており、今後も増加していくことが予想されます。自社サービスのユーザを守るためにも、企業側でできるフィッシング対策を検討してみるのもよいのではないかと思います。

ユーザとしてなりすましメールを受信した場合の対策としては、日頃から利用しているサービスへログインする際は、メールのリンクではなく、普段から利用している公式アプリを利用したり、ブックマークに保存している公式サイトのURLを開いてアクセスしたりするように習慣づけておくことが良いでしょう。こうした習慣により、怪しいメールやSMSが来ても、フィッシングサイトを開くことを防止できます。情報システム部門としても自社サービスの利用者や社内ユーザに向けて、こういった内容のアナウンスをする必要があると考えます。

なお、ユーザ向けのアナウンスとしては、なりすましメールからフィッシングサイトへ情報を入力してしまった場合の対処も必要です。ユーザには、該当する企業に対して状況を連絡することが大事である点を伝えます。企業としては不正IDの早期発見にもつながります。また、例えばクレジットカード会社が被害

＊1 「クレジットカード会社等に対するフィッシング対策の強化を要請しました」（経済産業省）
https://www.meti.go.jp/press/2022/02/20230201001/20230201001.html

にあった際に補償してくれる場合もあるので、ユーザには早期連絡を意識して
もらうよう、あらかじめ告知しておくことも検討するといいでしょう。

━━━ **KEYWORD**

ランサムウェア

ランサムウェアとは、「ランサム（身代金）」と「ソフトウェア」をつなげた造語で、マルウェアの一種です。ランサムウェアに感染すると、コンピュータ上のファイルが窃取されると同時に暗号化されます。そして、暗号化したファイルの復旧や、窃取したデータの拡散・売買と引き換えに、身代金の支払いを要求します。

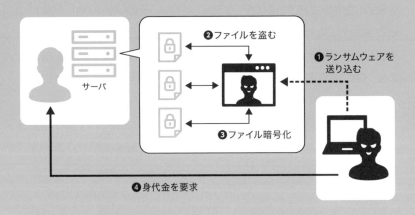

ランサムウェアが与える影響としては、システム障害から業務影響、金銭的被害、そして情報漏洩による社会的信用の失墜にまで及びます。

ランサムウェアは深刻なシステム障害を引き起こします。ランサムウェアに感染したコンピュータ内では、あらゆるファイルが暗号化され、有効な操作ができなくなります。ランサムウェア自体を駆除しても、暗号化されたファイルは元には戻せないため、コンピュータを正常化できません。ファイルの暗号化を解除するまでシステム障害が続くこととなります。サーバが感染した場合は深刻

です。

　サーバが正常に動作しなくなることにより、そのサーバ上のシステムも稼働できません。結果としてシステムダウンを引き起こし、業務が停止する被害が発生します。昨今、ランサムウェアの被害により、港湾インフラのマヒ、自動車工場の操業停止、病院が患者を受け入れられなくなるなどの被害が実際に出ています。

　攻撃者は、暗号化されたファイルを復号してほしければ、要求された身代金を支払えと脅迫してきます。これにより金銭的な被害も発生します。また、身代金を払ったとしてもシステムを復旧できるかが保証されるわけではありません。

　ランサムウェアの感染経路は、他のマルウェアの感染経路と変わりません。主な感染経路として例があるのは、

- VPNなどのネットワーク機器
- 端末へのリモートデスクトップ
- Webサイト
- メールの添付ファイル
- ファイルのダウンロード
- USBメモリなど外付けデバイス

といったところです。この中でもVPN機器の脆弱性を突いて企業内に攻撃者が侵入し、ランサムウェアを展開するといった事例が増えています。

　情報システム部門としてランサムウェアから社内ユーザのクライアント端末やサーバ、自社システムを守るための対策としては、まずはウイルス対策ソフトを各機器に展開し、パターンファイルを最新化することです。他のウイルス同様、パターンファイルを最新化することでランサムウェアによる被害を最小限に食い止めることが期待できます。

　また、ウイルス対策ソフトと合わせてEDR（Endpoint Detection and Response）機能を持つセキュリティ機器を導入することも有力な対策です。EDRでファイルを暗号化するような不審な挙動を検知することも可能となるの

で、挙動ベースでランサムウェアを検知する仕組みも導入しておくことが対策となります。これにより、パターンファイルでの対応が間に合わないようなランサムウェアの被害を未然に防ぐことが期待できます。

さらに、ランサムウェアに感染してしまった場合には、システムを復旧する必要があるため、バックアップシステムの整備やバックアップからの復旧訓練も必要になると思います。

最近はVPN経由でのランサムウェア感染の被害が増えていることもあるので、ネットワーク機器などの脆弱性管理と脆弱性をなくすための更新プログラムの適用といった脆弱性管理を強化することも、攻撃者から見た成功率を下げることにもなるので、結果的にランサムウェアを防ぐことにつながります。

サプライチェーン攻撃

サプライチェーン攻撃とは、企業間の業務上のつながりを悪用し、複数の企業を踏み台にしながら攻撃を発展させていくサイバー攻撃のことを言います。標的にする企業のセキュリティが強固でも、取引先や関連会社などシステム的につながりのある企業からサプライチェーンをたどることで、本丸の企業を攻撃できるようになります。

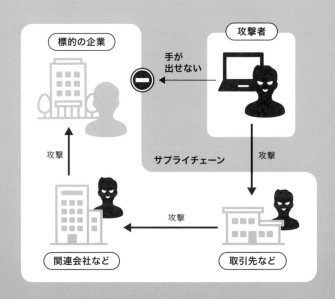

　サプライチェーン攻撃の脅威は、攻撃者が直接攻撃しても侵入は難しいセキュリティを構築している企業システムでも、比較的セキュリティレベルの低い取引先や子会社を踏み台にすることで、標的としている企業への侵入が可能になることです。最終的な標的となる企業は、普段の業務上のやりとりを介して攻撃者に侵入されているため、侵入段階で気づくことは非常に困難となりま

す。そして、気づかぬうちに攻撃者からサイバー攻撃を受けているという状況になってしまいます。

　サプライチェーン攻撃には、攻撃の起点の違いからソフトウェア開発観点のサプライチェーン攻撃、サービス利用の観点のサプライチェーン攻撃、ビジネス上のつながりを観点とするサプライチェーン攻撃の3種類があります。

▶ ソフトウェア開発観点のサプライチェーン攻撃

　このサプライチェーン攻撃とは、ソフトウェアの製造や提供の工程を侵害し、ソフトウェアそのものやアップデートプログラムなどに不正コードを混入し、これを実行させることで標的組織に侵入する攻撃です。

　主な攻撃手法として、オープンソースコード、システム管理ツール、利用するアプリケーションなどを開発する企業のシステムやソフトウェアのダウンロード元に侵入します。そこで正規のソフトウェア用のアップデータに不正なプログラムを潜ませます。この方法で不正なプログラムを更新プログラムの一部として配布できます。

▶ サービス利用の観点のサプライチェーン攻撃

　このサプライチェーン攻撃は、運用サービスを提供するサービス事業者などを侵害し、サービスを通じて顧客に被害を及ぼす攻撃です。サービス事業者は企業から委託を受けて、サーバや端末、ネットワークの管理や運用を行っているため、攻撃者はサービス事業者経由で、ランサムウェアをはじめとするマルウェアを拡散させることが可能となります。

▶ ビジネス上のつながりを観点とするサプライチェーン攻撃

　このサプライチェーン攻撃は、標的組織の関連組織や子会社、取引先などを侵害し、業務上のつながりを利用して、最終的に標的としている企業へ攻撃を仕掛けます。この場合、攻撃者は業務上の結びつきを把握している状態です。メールの偽装やなりすましなどにより、標的としている企業へのサイバー攻撃を試みます。

こうしたサプライチェーン攻撃から自社を守るための対策として、情報システム部門としては自社のセキュリティ対策を向上する必要があるのはもちろんですが、自社と関係がある多数の組織のセキュリティ対策も高める必要があります。しかし、他社のセキュリティ対策を直接向上させることはなかなかできません。

　こういう場合は、セキュリティ対策の強度を高めるのではなく、どのようなセキュリティ対策を実施しているのかを確認することが必要となります。極端なケースになりますが、求めるレベルのセキュリティ対策を実施していない企業とは取り引きを打ち切るといったことも必要となる場合があります。

　更新プログラムに含まれる不正なプログラムを防止するには、SBOMを利用するという考え方も出てきています。SBOMとは、製品に含むソフトウェアを構成するコンポーネントや互いの依存関係、ライセンスデータなどをリスト化した一覧表です。導入するソフトウェアはどのようなソフトウェアで構成されているのかを確認することで、ソフトウェアが正規なものであるか、不審なものが混入されていないかを確認することが可能となります。

ゼロデイの脆弱性を狙った攻撃

ゼロデイの脆弱性を狙った攻撃とは、OS、ソフトウェア、サーバアプリケーションなどの脆弱性を悪用したサイバー攻撃の一種で、脆弱性が発見されてから修正パッチの公開などによる対策が取られる前に行われる攻撃のことです。「ゼロデイ」は「0日目」の意味で、脆弱性に対して無防備な状態のところを狙われることになります。ゼロデイ攻撃を受けた場合の被害は大きくなりがちで、攻撃者のリモートログインや情報漏洩、企業インフラの破壊などの被害が発生する可能性があります。

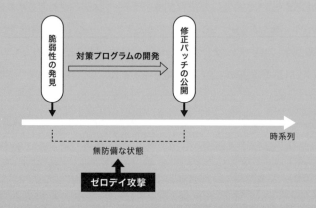

脆弱性を狙ったゼロデイの攻撃の中でも、被害が大きくなるのは、OSの脆弱性を狙われた場合と、Webブラウザの脆弱性を狙われた場合ということになるでしょう。

企業システムで使われるOSについては脆弱性が見つかっても、それを解消するパッチや更新プログラムは定期的に公開されています。しかしながら、短期間ながらゼロデイ攻撃の余地は残されてしまっており、実際に侵害事例も発生しています。

OSに関連するゼロデイ攻撃としては、バッファオーバーフローやOSコマンドインジェクションの脆弱性が利用されているケースが目立ちます。OSには多くの機能があり、多くの企業で使用されているため、OSを狙ったゼロデイ攻撃が成功してしまうと、その影響範囲は大規模なものになりがちです。

Webブラウザも多くの人が利用することから、攻撃者にとってはゼロデイ攻撃の有力な対象となっています。Webブラウザ上で不正なプログラムを動作させたり、拡張機能を装って不正なプログラムのインストールを促したりするケースも報告されています。さらに、標的型攻撃メールなどと組み合わせ、ゼロデイの脆弱性を持つWebブラウザで特定のURLにアクセスさせて攻撃するといったインシデントも確認されています。

OSおよびWebブラウザ以外のソフトウェアやミドルウェアでもゼロデイの脆弱性は見つかっていますが、影響についてはケースバイケースで変わってきます。ゼロデイ攻撃の可能性がある脆弱性がわかった場合、自社には影響があるのか、影響があるならどのような影響があるかまで確認したほうがいいでしょう。

ゼロデイ攻撃には、クライアント端末もサーバも被害に遭う可能性があります。情報システム部門の対策としては、基本的なセキュリティ対策を徹底が最も重要で、そのほか、サンドボックスの構築、EDRの導入なども有効です。

基本的なセキュリティ対策の徹底は、ほぼすべてのサイバー攻撃に共通した対策です。ゼロデイ攻撃に関しても「セキュリティ対策ソフトを導入する」「OSやソフトウェアなどを適切にアップデートし、常に最新の状態を保つ」といった対策が勝るものはありません。これらの対策によりゼロデイ攻撃を完全に防ぐことは困難ですが、パッチ公開後にいち早くパッチを適用することで、ゼロデイ攻撃を受ける期間を短縮することが可能となります。また、攻撃を受けた場合でも、早期に脆弱性を解消することにより、続いて実行される攻撃を防止し、被害を最小限に押さえられる可能性があります。

サンドボックスとは、実環境とは別に隔離された仮想空間のことです。ここで実行ファイルを動かし、ソフトウェアの動作を仮想環境上で確認します。事前に実環境に適用する前にサンドボックスでプログラムを利用すれば、不審なプ

ログラムかどうか動作をテストしたり、解析したりすることができるため、安全性を高められます。実際に不審なファイルをサンドボックス上で動作させることで、セキュリティ対策ソフトでは検出できなかったマルウェアを検出できることもあります。

　EDRは、端末の挙動を監視し、脅威を検知・対処する技術もしくはその技術を機能にして実装した製品です。EDRはサイバー攻撃を防ぐというよりは、攻撃されたことの検知や影響範囲を極小化するための対策です。具体的には、端末の使用状況や通信内容などの情報をリアルタイムで分析し、異常な動作やふるまいをすばやく検知し対応することで、被害を抑えます。

　ゼロデイ攻撃の対策では前提として、ログやセキュリティイベントを監視する運用体制も必要となります。特に、EDRを導入した場合には、端末の正常な挙動も検知できる可能性が上がるため、本当にサイバー攻撃が来ているのかどうかを判別できる監視体制が必要です。監視では、セキュリティ機器から上がってきたアラート情報を解析し、実際にサイバー攻撃を受けているのか、何らかの保守など正規の挙動によるものなのかを判別します。

　機器を導入するだけではゼロデイの脆弱性を狙った攻撃には対応できないため、それに加えて、導入した機器をどのように運用していくのか、監視・運用まで含めた対策とすることが必要です。

DoS/DDoS攻撃

DoSとは、Denial of Serviceの略称で、アクセスが集中することでサーバの負荷が限界を超えてパンクすることを利用し、悪意を持ってサーバに大量のデータを一方的に送りつけるサイバー攻撃のことです。DDoSは、Distributed Denial of Serviceの略称で、多数の端末が一斉に特定のサーバにリクエストを送るなど、複数の端末が協調的に行うDoS攻撃を行うことを言います。

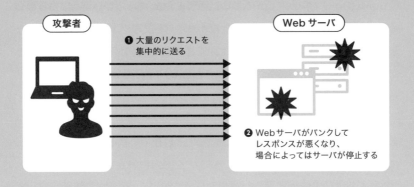

攻撃者

Webサーバ

❶ 大量のリクエストを
集中的に送る

❷ Webサーバがパンクして
レスポンスが悪くなり、
場合によってはサーバが停止する

　普段は何も問題なくアクセスできていたWebアプリケーションが、ある時点から急にアクセスしづらい状態になったような場合、そのWebサイトやオンラインサービスのサーバに第三者からのアクセスが集中していることが原因となっている場合があります。

　Webアプリケーションにアクセスが集中すると、全体の処理やデータ送受信が設計時に想定した規模を超える可能性があります。そうなると、個々のリクエストに対する処理が追いつかなくなり、サーバが処理の負荷に耐えきれず、Webアプリケーションがパンクしてしまいます。この状態を意図的に引き起こすのがDoS/DDoS（ドス/ディードス）攻撃です。

2022年以降、とある国の攻撃者ネットワークから国内の政府や自治体のWebサイト、大企業のWebサイトを標的とするDDoS攻撃が予告され、、実際に多くのWebサイトがパンク状態に陥ったことがあります。このときに攻撃を受けたWebサイトには、実際に閲覧できない状態に陥りました。

　このような大規模なDDoS攻撃を仕掛ける場合は、大量のサーバやクライアント端末が必要となります。攻撃者はDDoS攻撃を実現するため、「○○を攻撃しませんかキャンペーン」により協力者を募ったり、Botnetサービスを利用したりしてDDoS攻撃に参加する端末を増やしたりといった方法で、攻撃基盤を整えます。攻撃体制が整ったら、あとはタイミングを見計らって一斉にDDoS攻撃を仕掛けます。

　DoS/DDoS攻撃を防ぐためには、攻撃の対象にならないようにするのが一番なのですが、昨今はあらゆる企業がサイバー攻撃グループのターゲットとなっています。攻撃を受けないようにするのは、実際には困難でしょう。こうした攻撃にはいつ狙われてもおかしくないと考え、準備を整えておくしかありません。

　情報システム部門が自社のWebシステムを守るにはDoS/DDoS対策製品を導入することが最も効果的でしょう。また、自社で提供しているWebサービスが国内限定ならば、接続元のIPアドレスを国内に限定し、海外のIPアドレスからの通信を遮断するような運用もDoS/DDoS攻撃には実効性が高い対策です。その際、海外在住のユーザは犠牲となってしまいますが、そうしたユーザの規模と、DoS／DDoS攻撃のリスクを秤にかけてどうするかを判断する必要があります。

ポートスキャン

ポートスキャンとは、サーバの各ポートへデータを送信し、その応答からサーバの稼働状況やサーバ上で動作しているアプリケーションを調べる方法です。応答があれば、そのポートを利用するアプリケーションが動作しているし、応答がなければ稼働していないか、自分からのアクセスは拒否されていることがわかります。応答があることは、そのポートは "開いている" ことがわかり、攻撃者にとってはその後の攻撃の足がかりにできます。

インターネットでは通信を行うサービスの種類ごとに、通信を行う出入口にあたる「ポート」が用意されています。各サービスには専用の番号 (ポート番号) が割り振られており、例えば「メールを配送する際は25番ポートを使う」「Webサーバにリクエストを送るときは80番ポートを使う」など、使い方が事実上決まっている番号もあります。

そのため、各ポートの開閉状況を把握できれば、そのサーバでどんなサービス(機能)が動作しているかを把握することができます。攻撃者は、ポートスキャンを行うことで、対象サーバの各ポートに関して

・どのポートが開放されていて通信が可能か
・ファイアウォールによって通信がフィルタリングされているか
・開放されているポートで稼働中のサービスは何か (HTTP、FTPなど)

といったことを調査できます。

なお、ポート番号は0から65535番まで用意されており、そのうち0〜1023番までは既存サービス向けに確保されています。その中でもよく使われることの多いポート番号は、次の通りです。

● 主なポート番号

ポート番号	TCP/UDP	サービス名	説明
1	TCP	tcpmux	TCP Port Service Multiplexer
7	TCP	echo	Echo
9	TCP	discard	Discard
11	TCP	systat	Active Users
13	TCP	daytime	Daytime (RFC 867)
17	TCP	qotd	Quote of the Day
19	TCP	chargen	Character Generator
20	TCP	ftp-data	File Transfer [Default Data]
21	TCP	ftp	File Transfer [Control]
22	TCP	ssh	SSH Remote Login Protocol
23	TCP	telnet	Telnet
25	TCP	smtp	Simple Mail Transfer
37	TCP	time	Time
42	TCP	nameserver	Host Name Server
43	TCP	nicname	Who Is
49	TCP	tacacs+	TACACS+
53	TCP	domain	Domain Name Server
70	TCP	gopher	Gopher
79	TCP	finger	Finger
80	TCP	http (www-http)	World Wide Web HTTP
88	TCP	krb5 kerberos-sec	Kerberos
95	TCP	supdup	SUPDUP
101	TCP	hostname	NIC Host Name Server
102	TCP	iso-tsap	ISO-TSAP Class 0
109	TCP	pop2	Post Office Protocol - Version 2
110	TCP	pop3	Post Office Protocol - Version 3
111	TCP	sunrpc	SUN Remote Procedure Call
113	TCP	auth (ident)	Authentication Service
115	TCP	sftp	Simple File Transfer Protocol
117	TCP	uucp-path	UUCP Path Service
119	TCP	nntp	Network News Transfer Protocol
123	TCP	ntp	Network Time Protocol
143	TCP	imap	Internet Message Access Protocol
163	TCP	cmip-man	CMIP/TCP Manager
164	TCP	cmip-agent	CMIP/TCP Agent
177	TCP	xdmcp	X Display Manager Control Protocol
179	TCP	bgp	Border Gateway Protocol
194	TCP	irc	Internet Relay Chat Protocol
220	TCP	imap3	Interactive Mail Access Protocol v3
389	TCP	ldap	Lightweight Directory Access Protocol
443	TCP	https	http protocol over TLS/SSL
465	TCP	smtps	SMTP over SSL
515	TCP	printer	Printer spooler (lpr)
587	TCP	submission	Submission
636	TCP	ldaps	ldap protocol over TLS/SSL
989	TCP	ftps-data	ftp protocol, data, over TLS/SSL
990	TCP	ftps	ftp protocol, control, over TLS/SSL
993	TCP	imaps	imap4 protocol over TLS/SSL
995	TCP	pop3s	pop3 protocol over TLS/SSL

1023番以下のすべてではありませんが、企業システムで使われることの多い
ポート番号をまとめました。情報システム部門としては、ひと通り頭に入れてお
きたいポート番号でもあります。

　情報システム部門としては、攻撃者がポートスキャンをすること自体を防ぐこ
とはできません。ネットワーク的に公開しているサーバやシステムがある限り、
ポートスキャンの対象とならないようにすることは事実上不可能でしょう。

　情報システム部門としては、WAFの導入、脆弱性診断の受診、脆弱性管理と
いったWebアプリケーションを守る対策をしつつ、開けるポートは必要最小限
に止める、利用していないポートは閉じるなどの設定を厳密に徹底することが
必要です。

● ネットワーク上の攻撃

テレワーク環境を狙った攻撃

コロナ渦で利用が広がったテレワーク環境は、外部から社内ネットワークに接続できるため狙われるようになりました。テレワーク特有の環境に不備があったり、テレワーク用の機器の脆弱性があったりする場合に、それを利用するサイバー攻撃のことを言います。

テレワーク環境を狙った攻撃では、次の3点が攻撃のポイントになります。

▶ テレワーク用ソフトウェアの脆弱性の悪用

　テレワーク用のソフトウェアに脆弱性があり、その脆弱性が狙われるケースです。テレワーク用のソフトウェアといえば、リモートデスクトップソフトウェアやVPN、そしてWeb会議サービスなどが挙げられます。

　VPNなどのソフトウェアの脆弱性や設定ミスを悪用されると、直接社内シス

テムに不正にアクセスされたり、ネットワーク上のクライアント端末に存在する
情報などを盗まれたりする可能性が出てきます。

　また、Web会議サービスであれば参加者を限定しないといった脆弱な設定
を悪用し、ウェブ会議をのぞき見され、情報漏洩するリスクも発生します。

▶ テレワーク移行による管理体制の不備

　コロナ禍の直後は、多くの企業がテレワーク環境への早急な移行が求められ
ました。そのため、テレワークの運用ルールの整備やセキュリティ対策が不十
分なまま、テレワークに踏み切った企業も多いかと思います。おそらく、今では
ある程度の企業がテレワークに関する運用を整備していると思いますが、まだ
万全ではない企業もあるでしょう。そうした企業では、テレワーク環境を狙っ
た攻撃が成功してしまう可能性があります。

▶ 私有端末や自宅のネットワークを利用

　テレワークの導入形態によっては、リモート側では社員が個人で所有する端
末でテレワークを実現している企業もあると思います。コロナ以前には業務に
使われる端末は情報システム部門ですべて管理することを基本にしていた企業
が多いと思いますが、個人の端末でテレワークするような環境の場合、各端末
でどのようなソフトウェアをインストールしているかを把握するのは難しく、業務
では活用しないウェブサイトやSNSへのアクセスも管理できるとは限りません。
このため端末のウイルス感染や、ソフトウェアの脆弱性を攻撃者に悪用され、
業務に関する機微情報やテレワーク用の認証情報などを窃取される恐れがあ
ります。

　会社支給の端末でテレワークを利用している場合でも、自宅やシェアオフィ
スのネットワーク環境では、プロキシやフィルタリングの導入といった、社内に
いるときと同等のセキュリティ対策は難しいでしょう。このため、マルウェアに感
染する可能性も高くなってしまいます。

　このような状況へ対応するために、情報システム部門は以下のようなことをア
ナウンスする必要があると考えられます。

▶ テレワークを始める前に
- テレワークで使用するパソコンは、家族も含めて他人と共有しない
- 共有で使わざるを得ない場合は、事前に情報システム部門に申告し、業務用のユーザーアカウントを別途作成する
- クラウドサービスを新たに利用する際は、事前にそのサービスの初期設定の内容を確認し、情報システム部門で定めたセキュリティ機能を有効にすること

▶ 自宅でテレワークを行う場合
- 自宅のルータは、メーカーのサイトを確認し、最新のファームウェアを適用すること

  ※ 可能であれば、最新のファームウェアが自動更新される設定とすること

▶ 公共のネットワークを利用する場合（これを許可する場合のみ）
- カフェなどの公共の場所でテレワークを行う際は、パソコンの画面をのぞき見されないようにすること

  ※ 可能であれば、のぞき見防止フィルタを取り付けること
- 公共の場所でWeb会議を行う場合は、話し声が他の人に聞こえないようにすること
- 公衆Wi-Fiを利用する場合は、テレワークで利用する端末のファイル共有機能をオフにすること
- 公衆Wi-Fiを利用する場合は、信頼できるVPNサービスを利用すること
- デジタルデータ／ファイルだけではなく、紙の書類等の管理にも注意を払うこと

　情報システム部門としての自社を守るための対策としては、VPN機器を介してテレワークを実施すると想定されるため、利用しているソフトウェアやVPN機器の脆弱性管理が最も効果的な対策になります。

中間者攻撃

中間者攻撃は、MitM（Man in the Middle）攻撃とも呼ばれ、送信者と受信者の間に攻撃者が入り込み、送信者から受信者へのデータを攻撃者が傍受し、データ盗聴・窃取を行う攻撃です。

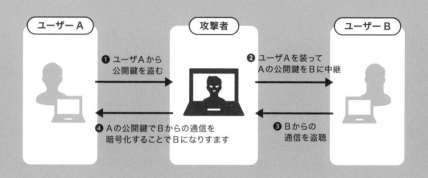

ユーザーA　　攻撃者　　ユーザーB

❶ ユーザAから
公開鍵を盗む

❷ ユーザAを装って
Aの公開鍵をBに中継

❹ Aの公開鍵でBからの通信を
暗号化することでBになりすます

❸ Bからの
通信を盗聴

　　中間者攻撃では、攻撃者のデバイスは送信者と受信者の間に入り込みます。それぞれに対して、その相手方としてふるまうことで、双方に盗聴を気づかせることなく静かにメッセージを中継します。このことから、攻撃者を「中間者」と呼ぶことがあります。

　　攻撃者は多くの場合、標的となるユーザと同じネットワーク上に位置しますが、データが攻撃者のいる経路を通るのであれば、同一のネットワークでなくとも盗聴が可能です。中間者攻撃では攻撃者はパスワード、個人情報、知的財産、プライベートメッセージ、企業秘密などのあらゆる情報を入手することができます。高度な攻撃になると、攻撃者はターゲットとなるユーザのデバイスにマルウェアをインストールさせる場合もあります。

　　情報システム部門として中間者攻撃から社内ユーザやシステムを守るためのポイントは次のような5点があります。

① フリーWi-Fiに接続させない

　中間者攻撃の一部の手口には公共の無料Wi-Fiを利用したものがあります。このため、「フリーWi-Fi接続を禁止する」ことをルールで定めるなど、そもそも公共Wi-Fiなどセキュリティ対策・管理が十分ではない可能性がある機器に接続しないよう、社員の意識づけを行うことが対策になります。外回りなど、業務中に外出する機会があった場合も、スマートフォンのテザリング機能やポケットWi-Fiを利用し、通信が暗号化されていないWi-Fiサービスには接続しないことを徹底させます。

② 多要素認証を導入する

　多要素認証は、一般的なパスワードに加えてスマートフォンを介した認証や生体認証などを組み合わせた認証です。認証要素が増えるため、認証強度が上がります。例えば、認証要素に端末情報や生体情報などを取り入れれば、仮に攻撃者によりパスワードなどのログイン情報を傍受されたとしても、企業システムや利用しているサービスなどに不正ログインされるリスクを大きく低減することができます。

③ httpsのサイトを利用する

　基本的な対策ですが、インターネットを閲覧する際は、https通信（SSL）のサイトを利用することが対策の一つとなります。https通信が採用されているサイトとの間では、通信の暗号化が行われているため、攻撃者から通信データを盗聴されにくい状態となります。

④ ソフトウェアを常に最新の状態にする

　使用しているソフトウェアやアプリケーションを常に最新の状態にアップデートしておくことも中間者攻撃の有効な対策となります。ソフトウェアの脆弱性は中間者攻撃の足がかりにもなります。アップデートを怠ると、脆弱性を突かれて、中間者に入り込まれる可能性が高まります。

⑤ VPNを導入する

　VPNを使用することで、クライアント端末とVPN機器の間でデータを暗号化できるため、自身のデータを安全な状態で送受信できます。③と同じような対策となりますが、暗号化した状態でデータをやり取りするため、盗聴や改ざんのリスクの低減が可能です。ただしセキュリティレベルの低いVPN機器を使用した場合、セッション確立時（データ暗号化の前）に鍵を盗まれ、中間者攻撃に悪用されてしまうケースもあります。導入時は第三者に悪用されづらい、セキュリティの厳格な通信が行えるものを選定することが重要です。

IPスプーフィング

IPスプーフィングとは、偽の送信元IPアドレスを使用してIPパケットを作成することで、IPアドレスをなりすまし、本来の送信元を秘匿しながらサイバー攻撃を仕掛けることを言います。攻撃元を特定させないことで、システム側に攻撃をブロックするまでに時間をかけさせることができます。

IPスプーフィングは、サイバー攻撃をする際に頻繁に利用される技術です。特にIPスプーフィングが利用されるサイバー攻撃に、DDoS (Distributed Denial of Service) 攻撃があります。

DDoS攻撃では、攻撃者はIPスプーフィングされたIPアドレスを使用して、大量のデータパケットを標的のサーバに送信します。サーバ側では想定している以上のパケットを受け取ることになります。これにより、標的としているWebサイトやネットワークの速度を低下させたり、クラッシュさせたりすることができます。このときIPスプーフィングにより攻撃元のIPアドレスを隠すことに加え、頻繁に偽装するIPアドレスを変えるといったことで、標的側がDDoS攻撃に対策するまでの時間を稼ぎます。それにより、さらに大量のパケットを送りつけることが可能になります。

実際のDDoS攻撃では、攻撃元は1台のパソコンではなく、Botnetを利用して多数の端末からパケットを送信します。このとき、Botnetを構成する各コンピュータでも、IPスプーフィングの技術が使われています。

IPスプーフィングがIPアドレスを偽装するのに対し、DNSに登録するWebサイトのアドレスレコード（Aレコード）を偽装（改ざん）するDNSスプーフィングという手法もあります。DNSスプーフィングは標的のWebサイトのアドレスレコードを改ざんし、本来のサーバではなく攻撃者が管理するサーバにトラフィックを転送します。ユーザが本来のWebサーバだと思って送信した情報は、

DNSスプーフィングにより攻撃者が用意したサイトに送信されます。

　情報システム部門としては、IPスプーフィングに対して直接対策するというよりも、DDoS攻撃への対策をすることになります。そのためにはBotnetの情報を日常的に収集しておき、そこからのDDoS攻撃をファイアウォールなどの機器でブロックします。攻撃者の本当のIPアドレスを特定することは難しいですが、偽ったIPアドレスはセキュリティ脅威情報として共有されており、把握することが可能です。イタチごっこになる可能性はありますが、偽装されたIPアドレスを元にアクセスを拒否することで、IPスプーフィングを用いた攻撃を防ぐことは可能となります。

DNSキャッシュポイズニング

DNSキャッシュポイズニングとは、DNSのキャッシュ情報を意図的に書き換え、ユーザを意図しないサイトへ誘導する攻撃です。DNSキャッシュポイズニングの攻撃により、オンラインバンキングのフィッシングサイトへ誘導することができれば、ユーザの口座番号やパスワードなどの情報を抜き出すことが可能となります。また、通信を偽サイトで中継して、盗聴したり改ざんしたりすることも可能となります。

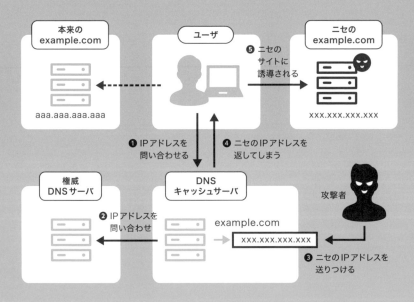

対策を考える上で、DNSキャッシュポイズニングの手法について見ておきましょう。主な手法には、偽情報の伝達、カミンスキー攻撃、DNS水攻め攻撃があります。

最もシンプルで典型的なDNSキャッシュポイズニングの攻撃手法が、偽情

報の伝達です。冒頭の図がこれにあたります。

　ユーザからURLをもとにIPアドレスの問い合わせがDNSキャッシュサーバに対して送られます。DNSキャッシュサーバは自分がキャッシュに情報を持っていない場合に、さらに権威DNSサーバに問い合わせます。このDNSキャッシュサーバが外部へ問い合わせたタイミングで、誤った情報を伝える方法です。DNSキャッシュサーバは、ユーザからの問い合わせに応じて外部問い合わせを行うため、攻撃者はDNSサーバーになりすまし、タイミングを合わせて偽造したDNS情報をキャッシュサーバに伝えれば、DNSキャッシュサーバに偽の情報を伝えることができます。

　ただし、この手法は古くからあるためすでに対策済みであることが多く、DNSキャッシュサーバは、問い合わせパケットに16ビットのIDを付与しています。攻撃者は、このIDを知らないと偽情報をキャッシュサーバに伝えることができないため、IDを総当たりしたり、別の手法でパケットを盗聴したりしなければならず、簡単に攻撃ができるわけではありません。

　カミンスキー攻撃は、2008年にセキュリティ研究者のダン・カミンスキー氏が発表した手法です。この攻撃は、DNSの付加情報を悪用します。ここでいう付加情報とはDNSサーバの応答の一部で、問い合わせに対する名前解決情報がない場合に、次の問い合わせ先として通知するDNSサーバの情報を指します。

　攻撃者は、本来存在しないドメイン名をDNSキャッシュサーバに問い合わせます。攻撃者は、DNSキャッシュサーバが外部に問い合わせたのに対して、偽の応答としてDNS付加情報に偽のドメイン名とIPアドレスの組み合わせを記述して返します。DNSキャッシュサーバは付加情報についてはそのまま受信し、この結果、この偽の情報をキャッシュしてしまいます。この攻撃では、キャッシュの有効期間に関わらず強制的に偽の情報をキャッシュサーバーに送り込むことができます。

　3番目のDNS水責め攻撃ですが、ユーザが存在しない名称で問い合わせを実施した場合、DNSキャッシュサーバはユーザに情報が存在しないことを伝えます。情報が存在しない場合でも、DNSキャッシュサーバはこのような情報も

キャッシュします。これをネガティブキャッシュと呼びます。

　DNS水責め攻撃ではこのネガティブキャッシュの仕組みを悪用します。

　攻撃者は、多数のクライアントから存在しないドメインを一斉に検索します。DNSキャッシュサーバが保持できるキャッシュの容量には限りがあるため、DNSキャッシュサーバは古い情報を捨て、ネガティブキャッシュばかりを保存するようになります。すると、DNSキャッシュサーバの応答は徐々に遅延し、やがてパンクします。結果的に、ユーザはWebサービスなどを利用できなくなってしまいます。

　DNSキャッシュポイズニングへの対策を実施していないと、不審なWebサイトに意図せずにアクセスしてしまう事象が発生します。この攻撃とドライブバイダウンロードが組み合わさると、意図せず不審なWebサイトにアクセスしてしまい、その流れでマルウェアをインストールされてしまうといった事象が発生します。

　情報システム部門としては、自社で管理しているDNSサーバにDNSキャッシュポイズニングへの対策が必要で、それにはポートのランダム化とDNSSECの導入が求められます。

　DNSキャッシュポイズニングでは、DNSサーバがよく使うポートに攻撃者が攻撃を仕掛けます。このとき、DNSサーバが特定のポートばかり使っていると、攻撃側もターゲットを定めやすくなります。DNSキャッシュサーバには多くのポートを用意し、問い合わせの通信時にはその中からランダムにポートを選ぶ設定にすることで、特定のポートを狙い撃ちされるリスクを減らせます。

　DNSSECとは、DNSの情報に電子署名を付けることで、DNSのデータが正式な発行元のデータであることを検証することです。これにより、正しいDNS問い合わせかを確認することができます。

KEYWORD

Google ハッキング

Googleハッキングとは、Google検索で拡張子を検索入力欄に入力し、Googleの検索結果から漏洩している情報を見つける手法です。不用意にネット上に置いてある個人情報や機密情報を、ありがちなファイル名で検索することにより発見することができます。残念なことですが、思いのほかたくさんのファイルを見つけることができてしまいます。

　例えば、攻撃者が不正ログインやフィッシングメールの送信で使うため、メールアドレスを入手したいと考えたとしましょう。攻撃者はGoogle検索で「名簿.xls」といった文字列を検索すると、メールアドレスを含む名簿が入手できる場合があります。

　仮にサイバー攻撃に関するニュースで「○○のメールアドレスを攻撃者が不正に入手した」といった報道があったとすると、あたかもどこかのサーバが高度なサイバー攻撃を受けてしまったという印象を持つかもしれませんが、実際には皆さんが日常的に使っているGoogleなどのWeb検索で簡単に入手しただけ、という場合もあります。

　Googleハッキングで得られる情報は、Googleが検索のために作り上げた情報であるため、アクセス先はGoogleとなります。つまり、攻撃者は本来の標的となる企業や組織のサーバにアクセスせず、標的に気付かれずに必要な情報を収集することが可能です。こうした特徴から、Googleハッキングはテロリスト、攻撃者が多用しているのではないかと推測されています。

　Googleハッキングで取得可能な状態でファイルを放置しておくと、攻撃者

は簡単にアクセスできるため、そのファイルから収集した情報をもとにしたサイバー攻撃を受ける可能性が高まります。例えば、名簿情報であれば、ログインIDやパスワードなどが取得される可能性があり、リスト型攻撃の引き金となってしまう場合があります。

　Googleハッキングを防ぐために情報システム部門でできることは、社内ユーザがWebに公開されるネットワーク領域に公開不要な情報、個人情報に当たるような情報、サイバー攻撃に悪用される可能性のある情報は掲載しないようにルールを作って運用することが最大の対策となります。これを実現するためには、攻撃者がどのような情報を欲しているのかを知る必要があります。それに該当するような情報は特に公開しないようルールを徹底することが対策となります。また、定期的に自社の情報がGoogle検索にヒットしないかを確認しておくことも対策となります。

ブルートフォース攻撃

ブルートフォース攻撃とは、IDとパスワードの組み合わせを総当たりで試し、強引にログインを試みる攻撃です。例えば、IDを固定し、パスワードの文字を一つずつ変えて試していき、完全に合致する文字の組み合わせを割り出すという攻撃手法があります。ログインできれば、それで正しいパスワードが入手できたことになります

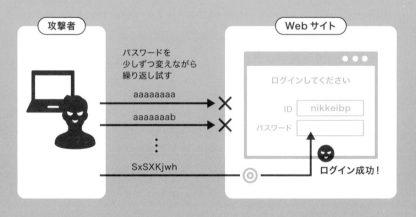

　ブルートフォース攻撃は、とにかくたくさん試せば当たりを見つけられるだろうという力技の攻撃です。そのやり方には主に次のようなものがあります。

　最もシンプルな方法が、ひたすらIDとパスワードを打ち込んでいく攻撃です。ID、パスワードともに数値の昇順や文字の辞書順に手当たり次第に試していくため、時間がかかります。しかもパスワードの文字列が多くなったり、パスワードで利用できる文字種類が多くなったりすればなるほど、攻撃者にとっての難易度が増していきます。

　現在ではWebサイト側もログインの試行回数を制限するなどの対策で、単純なブルートフォースを防止するようになっています。攻撃者側は、もっと効率よ

く攻撃するために、多くの人がパスワードとしてよく利用する文字列をまとめたリスト（辞書）を用いることがあります。このリストは過去に解読されたり、漏洩したりしたパスワードを元に構成されています。ランダムに総当たりするよりも、実際に使われたことがあるパスワードであることから攻撃が成功しやすいと考えられます。

　ここまでは、一つのIDに対してたくさんのパスワードを試すという攻撃です。しかし、前述の通りパスワードの入力に失敗できる回数には制限がかかるようになってきました。そこで、パスワードのほうを多くの人が使いがちな文字列で固定し、攻撃者が持つIDのリストを次々試して不正ログインを図るという方法が編み出されました。これを「リバースブルートフォース」といいます。ログインに失敗しても、IDが変われば別の人がログインしているように見えます。このため、試行回数制限を回避して何度も試すことが可能になります。

　基本的に効率の悪い攻撃ではありますが、とはいえシステム側で何も対策していないと、いつかは不正ログインが成立してしまうことが考えられます。

　アカウントロック機能を実装するのは認証強化に必須であるとして、二段階認証や多要素認証、CAPTCHAなどの画像認証を導入し、パスワード以外の認証も求めることなどが対策となります。

リスト型攻撃

リスト型攻撃とは、何らかの手段でIDとパスワードの組み合わせを入手し、複数のサービスに対してそのアカウント情報を使うことで、不正ログインを試みる手法です。アカウントリスト型攻撃やパスワードリスト型攻撃とも言われます。ユーザがIDとパスワードを使い回していると、芋づる式に多くのサービスもが突破されてしまう可能性があります。現在でもリスト型攻撃による被害が後を絶ちません。

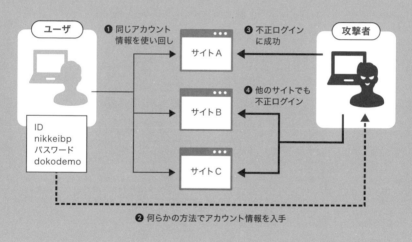

❷ 何らかの方法でアカウント情報を入手

　リスト型攻撃は、同じIDとパスワードを使い回しているユーザが実際には多いことを悪用して効率的に不正ログインを狙う攻撃です。何らかの形でユーザが実際に使っているIDとパスワードを入手します。それには、フィッシングを利用したり、ダークウェブで販売されているIDとパスワードのリストを購入したりといった手段を使います。前項のブルートフォースにより、ログインに成功したIDとパスワードもリスト型攻撃に使われます。実際にいずれかのサイトで利用されたことのあるIDとパスワードという点がポイントです。

リスト型攻撃はブルートフォース攻撃と同様、外部からのログイン試行の攻撃です。実際に使われていることがわかっているIDとパスワードの組み合わせを使うため、高確率で不正ログインが成立する攻撃という点が脅威です。

　基本的にはWebアプリケーションを保護する対策が、情報システム部門として手を打てるところです。ブルートフォース攻撃を守るのと、やることは同じと考えていいでしょう。

　しかしながら、ログインが成功してしまえば正規ユーザがログインしてきたのか、リスト型攻撃なのかは区別が付けるのが困難な場合があります。パスワードのみでアカウントを守るには限界があるため、多要素認証や二段階認証など、パスワード以外の手段を使った認証との組み合わせが有効です。また、各ユーザの通常のログイン状況、例えばログインする時間帯やそのときの場所といった情報と比較して異なる行動パターンをブロックする「リスクベース認証」などの技術も登場しています。

　多層防御を実装している環境であれば、ファイアウォールでリスト型攻撃の元となるIPアドレスブロックするといった機能の活用も検討するといいでしょう。

認証回避

認証回避とは、コンピュータやネットワークサービスで用いられる認証システムにおいて、本人ではない第三者が何らかの不正な手段で認証を回避して、本来持ち得ない権限を不正に利用することを言います。

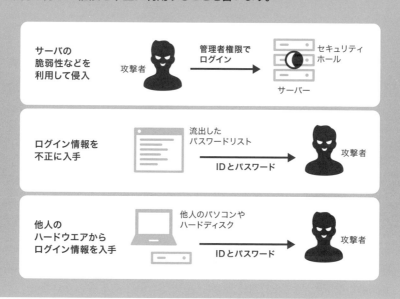

認証を回避する際の手法は、大きく次の3通りの方法があります。

① 本来のユーザではない人間が正規のログイン情報を使わず、虚弱性を突くなどの不正な手段で認証をすり抜けること

② 他人のIDやパスワードを不正に入手し、なりすましてログインする

③ 他人のパソコンやハードディスクからログイン情報を窃取してログインする

①については、サーバ側に脆弱性があり、認証回避に悪用できるセキュリ

ティホールから侵入する手法です。ログイン情報を使わずに侵入できるばかりでなく、一般ユーザよりも権限の強い管理者権限なども奪取されてしまう危険があります。

②に関しては、他人のIDやパスワードを不正に取得する必要があります。そのためにフィッシングサイトを利用したり、ダークウェブと呼ばれる闇市場でアカウントリストを購入したりするといった手段があります。他人がログインするときに肩越しに入力した文字列やキーを観察してログイン情報を入手する「ショルダーハッキング」などもその一つです。

③についてはハードウェアレベルの攻撃です。物理的にコンピュータから内蔵ハードディスクを抜き出したり、外部ドライブを盗み出したりすることで、ログイン情報を入手します。パソコンやハードディスクを廃棄するときにデータ消去したつもりでも、消去レベルが低いとデータを復元できてしまうこともあります。かつては実際に、古いパソコンの引き取り業者が廃棄パソコンからIDやパスワードなどの個人情報を奪取していたという事件もありました。それがこのパターンに当てはまります。

認証回避できるような状況を放置しておくと、不正にログインされるばかりでなく、その結果、重大な情報漏洩につながるなどの危険があります。

情報システム部門が自社で公開しているWebアプリケーションをこうした攻撃から守るためには、脆弱性管理によって最新の更新プログラムを適用し、認証回避を生み出すような脆弱性に適時対応してくことが最も有効な対策です。

また、認証を回避された際に検知する体制や、正規のユーザに通知するなどの運用について整備していくことも企業としては重要な対策となります。

自社のWebアプリケーションを利用しているお客様を守るためにも、認証回避の対策は必要です。お客様がフィッシングサイトへ情報を入力してしまう場合もあるため、注意喚起するようなアナウンスは必要でしょう。この他にも生体認証を用いた二段階認証の導入、パスワードの定期的な変更、パソコン（ハードディスク）の破棄時には専用ソフトにてHDD内の情報を消去することを推奨するといったことが対策になります。

内部不正

内部不正とは、企業の関係者または退職した元関係者が企業内の重要な情報を持ち出したり、情報を消去したりすることで、企業に何かしらの不利益を与えるような不正な行為を指します。内部不正行為には、金銭的な目的を伴った故意によるものや、うっかりミスなど意図せず引き起こされた行動も含まれます。

内部不正によって、企業にとっては次のような影響があると言われています。

・企業の社会的信用の失墜
・顧客や取引先などに対する損害賠償や補填による経済的損失
・内部不正に伴う風評被害による企業としての経済的な競争力の大幅な低下
・業績の悪化による従業員への処遇が悪化、離職の増加
・刑事罰の対象になる可能性や刑事罰への対応

　内部不正が発生する原因は様々考えられますが、「情報を持ち出すことで報酬を得たい」という金銭目的や、「有利な条件で転職したい」「何かこの組織に復讐してやりたい」といった私的な動機や私怨、過度なプレッシャー、周囲からのハラスメントなどにより引き起こされます。
　内部不正を発生させないためには、こうした動機を従業員に持たせず、内部

不正の実行の機会を与えないことが重要です。

　IPAによる「組織における内部不正防止ガイドライン」（https://www.ipa.go.jp/security/guide/insider.html）では犯罪予防理論を基にした5項目の基本原則を制定し、これに基づいた対応をまとめています。これによると

①犯行を難しくする＝実行しにくい環境

対策を強化することで犯罪行為を難しくする

②捕まるリスクを高める＝やっても見つかってしまう体制

管理や監視を強化することで捕まるリスクを高める

③犯行の見返りを減らす＝割に合わない

標的を隠したり、排除したり、不正をするためのコストを高く、利益を得にくくすることで犯行を防ぐ

④犯行の誘因を減らす＝その気にさせない

犯罪を行う気持ちにさせないことで犯行を抑止する

⑤犯罪の弁明をさせない＝言い訳させない

犯行者による自らの行為の正当化理由を排除する

　情報システム部門だけでは対応しきれない部分もありますが、こうした考えのもとで情報システム部門として可能な対策としては、次の2点になるかと思います。

①申請・承認ワークフローによるアクセス制御

- 本番環境へのアクセスは申請・承認フロー無しではアクセスできないようにする
- 本番環境のIDやパスワードは定期的に変更したものを使用する。
- 本番環境のログを監視する

②ファイルの持ち出し制御・検知

- 指定したファイルの持ち込み・持ち出しのみ許可する
- 未申請ファイルの指定領域外への持ち出しは検知するようにする

・ファイルの転送プロトコルの実行を制御する

①について補足しましょう。例えば、本番環境にアクセスするような特権ID
の付与については、申請・承認に基づいて管理する仕組みにすることで悪意の
ある内部アクセスの防止につながります。申請ベースになれば何らかの形で上
司の目にさらされることになり、特権IDを濫用するのが困難になります。

②については、顧客情報を含むファイルやテキスト情報を持ち出されないよ
うに対策するのが目的です。このような情報の外部持ち出しも申請制を整備す
ることが対策となります。また、申請の無いファイルの持ち出しを検知するこ
とで、内部不正を実行しようとした従業員を見つけ出すことができます。

コラム

内部不正の動機

　情報システム部門としての対策としては余談となりますが、内部不正を実
施させない技術的な対策もさることながら、内部不正を引き起こさせない対
策として、会社内を健全にしていくことも必要でしょう。

　内部不正が起こりやすいタイミングとして典型的なのは、転職や異動で
す。このような場合、会社に対して何か不満を持っている社員が、転職や異
動のタイミングで不正な行動にするケースが、内部不正の中では多いと見
ています。特に、企業内でハラスメント行為を受けていたような場合は、内
部不正行為を引き起こす確率が劇的に高くなってしまっているのではないで
しょうか。

　情報システム部門が実行できるセキュリティ対策ではありませんが、ハラ
スメント行為を防いでいくことが情報漏洩事故を防ぐことにもつながりま
す。情報システム部門から経営層に向けて、セキュリティ上のリスクを低減す
るためにハラスメント対策をするといった働きかけも有効でしょう。「この職
場にいて良かった」「この上司のもとにいてよかった」と思ってもらえるような
環境作りを、情報システム部門から後押しすることもますます必要になるか
もしれません。

バッファオーバーフロー

バッファオーバーフローとは、攻撃者がサーバやパソコンに対してメモリ領域内のバッファの許容量を超えてあふれてしまう（オーバーフロー）ようなデータを送りつけた場合の処理に潜む脆弱性、またはその脆弱性を悪用した攻撃のことを指します。バッファを超えるほど大きいデータが受信するとは想定しないプログラムの動作により、あふれてしまった部分のコードが実行されてしまうことで攻撃が成立します。バッファオーバーフローによる攻撃を受けると、実行中のプログラムが強制的に停止させらてサービスが提供できなくなったり、悪意のあるコードが実行され DoS 攻撃の踏み台にされたり、管理者権限が乗っ取られたりといった被害を受ける可能性があります。

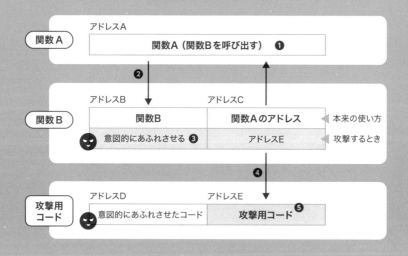

バッファオーバーフローは、メモリ上に不要な情報が書き込まれてもそれが放置されてしまう脆弱性です。放置される領域に悪意のあるコードを書き込まれてしまうと、別途そのコードを呼び出すことにより動作させることができてし

まいます。これは主としてC言語ベースのプログラミング言語で作られたプログラムで起きる脆弱性です。これはプログラムの不備により生じる脆弱性で、ここを突くことで攻撃者は対象のコンピュータ上で自由にコードを実行できてしまいます。これにより、深刻な被害を生む危険性があります。

　左ページの図で、大まかな仕組みについて説明しましょう。関数Aから関数Bを呼び出して処理をしていくという場合に、メモリ空間をどのように利用しているかを示しています。

　まず、プログラムが関数Aをメモリ上に展開します（❶）。このとき、関数AはアドレスAから始まるメモリ空間を利用します。関数Aは、別の関数Bを呼び出すようになっています（❷）。

　関数Bが呼び出され、アドレスBから始まるメモリ範囲に展開されます。このとき想定通りに動作しているのであれば、隣接するアドレスCには関数Bを呼び出したプログラム、この場合は関数Aのアドレス（アドレスA）が戻りアドレスとして書き込まれます。本来であれば、関数Bの処理を終えると、この戻りアドレスを参照して関数Aに処理を戻します。

　プログラムにバッファオーバーフローの脆弱性があると、攻撃者はこれを悪用するため関数BにアドレスBの空間には収まらないようなデータを引数として与えるなどにより、関数BがアドレスCまであふれてしまうような要求をします。ここで、アドレスCにあふれた部分が、攻撃用コードが書き込まれたアドレス（この場合はアドレスE）になるようなあふれ方をさせるようにします（❸）。

　攻撃者はアドレスDに何らかのデータを展開しますが、ここでもアドレスDに収まらず、アドレスEにあふれてしまうようなデータをプログラムに送ります。ここでは、アドレスEにはちょうど攻撃コードが書き込まれるようなあふれ方になるようにしておきます。

　この状況で関数Bが実行されて処理を終えたときに、次に関数Aではなく攻撃用コードのアドレスを参照します（❹）。本来であれば関数Aに処理を戻すつもりだったのですが、結果的に攻撃用コードのアドレスを参照して、コードが実行されてしまいます（❺）。

　これは、バッファオーバーフロー攻撃の中でも、プログラムのスタックを標的

とした攻撃の例です。これ以外にもどのメモリ領域を狙うかによって、ヒープ領域を狙ったバッファオーバーフロー攻撃、静的空間を狙ったバッファオーバーフロー攻撃などもあります。

　バッファオーバーフローでは、攻撃者がメモリ上に書き込んだコードがプログラムの動作にしたがって実行されてしまうため、攻撃者にとってはかなり自由度の高い攻撃が可能になるため、大変危険です。この脆弱性を放置していると、脆弱性が潜むソフトウェアが標的となり、権限昇格やリモートからの攻撃コードの実行などが発生し、深刻な情報漏洩事故を引き起こす引き金になりかねません。

　バッファオーバーフローは基本的にはプログラムの開発段階で、想定しているメモリ領域からあふれるようなデータを放置しないようなコードを作ることが求められます。あふれた分がメモリ上に展開されないようにすることが重要です。

　そのためには、コーディング時には常にデータの長さに気を配り、想定以上のデータになった場合は、あふれた分に対して何らかの加工をする（切り捨てる、エラーにする、など）とか、バッファオーバーフロー対策ができているランタイムライブラリを使ってコーディングするなどが求められます。ソースコードのレビュー時にバッファオーバーフローも検証項目にする、ソースコード検索ツールによる脆弱性のチェックを実行する、領域あふれの問題を検出するデバッグを念入りに行うなども重要な対策となります。

　ただ、現在ではバッファオーバーフローが発生しないよう言語の仕様として対策されているプログラミング言語も多く、特にWebアプリケーションの多くは、PHPやJava、JavaScriptなど、直接メモリを操作できない言語が使われており、バッファオーバーフローの脆弱性の影響を受ける可能性は低いと言われています。

　バッファオーバーフローは、その仕組み上、Webアプリケーションだけでなく、OSやミドルウェアなどでも発生する可能性があり、サーバに限らず、クライアントパソコンでバッファオーバーフローの脆弱性が見つかった例もあります。

情報システム部門としては、Webアプリケーションを保護する対策をするだけでなく、OSほかシステムに利用しているソフトウェアのセキュリティ情報を常に確認し、脆弱性が見つかってもそれに対策したバージョンにすぐに更新するなどの対応が求められます。

セッションハイジャック

セッションハイジャックとは、Webアプリケーションのセッションを乗っ取る（ハイジャックする）攻撃技術です。セッションを乗っ取ることで、攻撃者はログインなどの認証を終えて通信を開始した別のユーザになりすますことが可能となります。

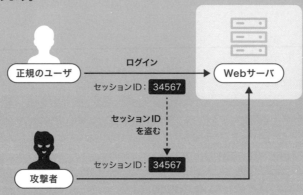

セッションハイジャックを理解する前に、まずセッションという概念について説明します。

セッションとは、Webアプリケーションへのアクセス開始から終了までの一連の通信のことを言います。例えば、Webサイトを閲覧する際には、以下のような手順でデータの送受信が行われます。

① ユーザのクライアント端末からWebサーバに接続を要求する

② WebサーバがCookieを自動生成してクライアント端末に返送し、同時に

Cookieとセッション IDを関連付ける

③ 同じユーザが Web サーバへの接続を再び要求するときは、Web ブラウザ
内に保存された Cookie を Web サーバに送信する

④ 受け取った Cookie 情報からセッション ID を合致させ、セッション ID にひ
も付けられた情報を Web サーバからクライアント端末に返送する

同じ Web サイト上で他のページに遷移する場合、Cookie が有効である限り、
③と④が繰り返されることになります。これらが Web サイト上における一連
の流れとなり、セッションと呼ばれます。

● セッションの仕組み

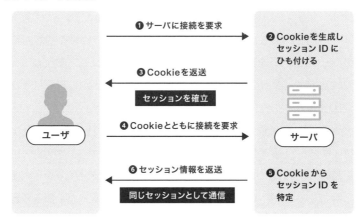

つまり、ユーザが同じ Web サイト内で別のページに遷移しても、セッション
が同一であるため、ユーザ情報が引き継がれます。これにより、ログインは済ん
だ状態が維持されてサーバにアクセスできます。

また、Web サイトではそれぞれタイムアウトの期間が設定されています。多く
の Web サイトで 30 分に設定されており、ユーザの操作がなければ 30 分後に
タイムアウトします。タイムアウトすることで、セッションは終了します。

Web サーバでは、個別のセッションを管理するためにセッション ID を生成

します。セッションIDはCookieに保存・管理されることが多いですが、URLのパラメータに付与されるケースもあります。セッションIDを用いてWebサイトはユーザを判別し、Webサイト上での動作結果を保持できます。この技術により、例えば、ECサイトで何か商品を買おうとした場合、別ページに遷移してもショッピングカートに情報が残っていたり、開いた商品ページを履歴としてサイト側で把握したりすることができます。

セッションハイジャックの場合、直接IDやパスワードを窃取するフィッシング攻撃とは異なり、ログイン情報を窃取しません。セッションIDを何かしらの方法を用いて取得することで、元のセッションIDの持ち主になりすまします。

具体的な方法としては、①セッションIDの推測、②セッションIDの窃取、③セッションフィクセーションといった手法があります。

①のセッションIDの推測は、Webサーバが生成するセッションIDの生成ルールに規則性があるときに有効な攻撃です。総当たり攻撃などで推測することで、セッションIDを見つけ出します。たくさんのセッションIDで試し、通信が成功すればそれが有効なセッションIDであることがわかり、以降はそのセッションIDでなりすますことができます。

セッションIDの生成ルールが日付やユーザ名に基づいている場合などには、特に推測が容易です。他にも、攻撃者は自分でサービスにアカウント登録して正規のユーザとしてアクセスし、送受信データに含まれるセッション情報を収集、解析することで、他のセッションIDを推測するといった手法も考えられます。

②のセッションIDの窃取は、Webサイトの脆弱性を突いたり、正規ユーザとの通信を盗聴したりして、不正にユーザとWebサイトの間に介入し、セッションIDを盗む手法です。脆弱性を利用する代表的な攻撃手法が、クロスサイトスクリプティング（XSS）です。クロスサイトスクリプティングは、次の項目でくわしく説明します。

③のセッションフィクセーションは、ここまでの手法と異なり、あらかじめ攻撃者が用意していたセッションIDを正規ユーザに使わせることで、なりすましを図る手法です。

攻撃者はあらかじめ正規のセッションIDを取得しておきます。次に、この
セッションIDを取得させるように仕込んだハイパーリンクをクリックさせるなど
の方法で、このセッションIDを別のユーザに利用させます。このユーザがサー
バにログインすることで、このセッションIDを使えばログインした状態で通信
できるようになります。すでに攻撃者はセッションIDがわかっているので、ユー
ザのログイン状態に便乗することが可能となります。

　セッションハイジャックを可能にする脆弱性を放置しておくと、攻撃者が正
規のユーザになりすましてWebサイトへアクセスすることが可能となります。こ
れにより、アクセスしたサーバでの不正操作やオンラインバンクでの不正送金
といった侵害につながる可能性があります。

　セッションハイジャックを防ぐためには、Webアプリケーションを開発する段
階で脆弱性がないようにセキュアコーディングを実践することが、セッションハ
イジャックへの最大の対策となります。具体的なセッションハイジャックを防ぐ
ために、情報システム部門としては次のような仕様を開発部門に要求するとい
いでしょう。

①セッションIDをURLに含めない

　URLにセッションIDを含めると、攻撃者が容易にセッションIDを確認・取
得できてしまうため、Cookieを用いてセッションIDを管理する方法に切り
替えます。

②推測が困難なセッションIDにする

　ユーザIDや日付などだけで構成されるセッションIDでは推測が容易なた
め、規則性のない擬似乱数を組み合わせるなど、解析が困難なセッション
IDを生成するようにします。

③セッションIDの変更の頻度を上げる

　ユーザがログインしたら既存のセッションIDを無効化し、新しいセッション
IDを生成して管理するようにします。ログイン後に新しいセッションIDが付
与されることで、攻撃者がその前に取得したセッションIDでアクセスできな
いようにします。

情報システム部門が独自にできる対策は、企業が公開しているWebアプリケーションの防衛です。これには、WAFの導入や定期的な脆弱性診断があります。

　WAF（Web Application Firewall）は、アプリケーションのレイヤで動作するファイアウォールです。Webアプリケーションの脆弱性を突いた攻撃を防御するのが目的で、クロスサイトスクリプティングなどを悪用したセッションIDの漏洩を抑制することが可能となります。

　脆弱性診断は外部のセキュリティ企業がサービスとして行っているものです。新規のWebアプリケーションを公開する前やバージョンアップ時などはもちろん、運用開始後も定期的に脆弱性診断を受診することは、セッションハイジャックの防止に効果的です。ソフトウェアの脆弱性は日々新しいものが見つかっているといっておかしくない状態です。ある時点では問題なくても、いつそれが脆弱になってしまうかは予測できません。このため、定期的な脆弱性診断を受診することが推奨されています。

　自社のWebアプリケーションを守るだけでなく、自社の社員がセッションハイジャックを仕込まれたようなサイトへのアクセスすることを防ぐ対策も必要です。そのためには、URLフィルタリングやプロキシによる不審なWebサイトへの接続制限を実施することが有効です。

クロスサイトスクリプティング（XSS）

クロスサイトスクリプティング（XSS）とは、ターゲットとしたWebアプリケーションに存在する脆弱性を悪用して、Webアプリケーション上に罠を仕掛け、攻撃者が悪質なサイトへ誘導（サイトをクロス）するスクリプトを実行し、サイトを訪れるユーザの個人情報などを詐取したり、マルウェアに感染させたりする技術のことです。標的のサイトから別のサイトへ誘導することから、この名称が付けられています。

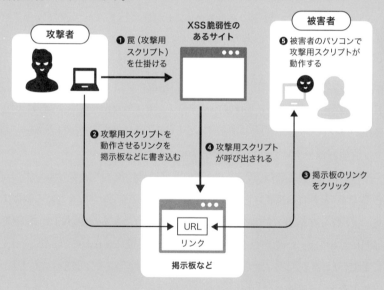

クロスサイトスクリプティング（XSS）攻撃は、次のようなプロセスで被害を生みます。

① 攻撃者はXSSの脆弱性のあるWebアプリケーションを発見したら、それを利用する攻撃用スクリプトを忍び込ませる

② 攻撃者は、掲示板サイトなど①のスクリプト付きのリンクを含む内容を書き込んで、Webアプリケーションへの罠を仕掛ける
　※ この掲示板サイトには脆弱性がある必要はない

③ 掲示板サイトを訪れたユーザが掲示板サイトの内容を閲覧し、罠として作られたスクリプト付きのリンクを実行する

④ XSSの脆弱性のあるWebアプリケーションから、攻撃用スクリプトがユーザのパソコンに送り込まれる

⑤ ユーザのパソコン上で攻撃用スクリプトが実行され、被害が発生する

　XSSを放置すると、悪意のあるスクリプトが埋め込まれた状態のWebアプリケーションを公開していることになります。自社のWebアプリケーションにXSSの脆弱性があり、これを悪用されて攻撃用スクリプトが実行されてしまうと、このスクリプト経由でマルウェアなどの拡散が引き起こされることになり、ドライブバイダウンロードと同様のインシデントにつながります。これにより、自社がマルウェア感染拡大に加担することになります。被害を受けたユーザ側では情報漏洩やランサムウェアへの感染につながりかねません。

　XSSの防止策としては、ソフトウェアの開発段階で脆弱性を設けない工夫が必要です。それにはポイントが2点あります。サニタイジングと入力値の制限です。いずれも攻撃用スクリプトを入力させないようにするのが目的です。開発部門に対しては、こうした点を要件に加えるのが対策になります。

　まず、サニタイジングについて見てみましょう。サニタイジングとはスクリプトの無害化という意味です。

　XSS攻撃は、Webアプリケーションのフォームに実行可能な文字列を挿入することで、Webアプリケーションの利用者の環境で悪意のあるスクリプトを動作させる攻撃です。これらの文字列を実行させないようにすることがサニタイジングです。

　例えば＜script＞～＜/script＞という文字列を含む内容がサニタイジング

に対応していないWebアプリケーションに埋め込まれるように投稿されたとしましょう。すると投稿内容として、このコードにしたがってボタンやリンクなどが表示されてしまいます。これをクリックすると文字列に埋め込まれていたJavaScriptなどのスクリプトが実行されます。

そこでスクリプトの記述に必要な&、<、>、"、'の5文字に着目し、これらをスクリプトの記述ではなく文字として解釈、そのまま画面に表示されるように置換するのがサニタイジングです。これにより書き込まれた文字列をスクリプトとは解釈しなくなるため、スクリプトを無害化できるというわけです。

このように置換を行うことで、スクリプトが入力された場合でも、Webアプリケーションの画面にはスクリプトのソースコードが表示されるだけで、スクリプトを動作させることはできません。

入力値の制限は、フォームにスクリプトに相当する文字列を入力させないようにするための対策です。例えば、郵便番号の入力であれば、数字しか入力を許可しないことでスクリプトの挿入ができなくなります。

入力文字に制限がかけられない項目もあります。そのときは、特定の動作をさせるスクリプトであれば、ある程度の文字量にはなってしまうであろう点に着目し、入力値の長さに制限を設けます。これにより、スクリプトの挿入を一定の水準で抑制することが可能となります。

運用時には、XSSの脆弱性を突く攻撃を防ぐにはWAFの導入や、脆弱性診断の受診が、情報システム部門として主体的にできる対策になるという点は、Webアプリケーションの攻撃全般に共通しています。当然、脆弱性診断で指摘された点は速やかに是正する必要があります。

従業員が利用するクライアントパソコンをXSS攻撃から保護するという点では、不審なサイトへの接続を拒否するプロキシの導入やURLフィルタリング機能の導入が効果的でしょう。

クロスサイトリクエストフォージェリ（CSRF）

CSRFの脆弱性を持つWebサイトを攻撃するためのリクエストを送るため、攻撃者は攻撃用のWebページを用意しておきます。ユーザがこのWebページにアクセスしてきた時点で、対象のWebサイトを攻撃するためのリクエストを送信します。このとき狙われたWebサイトからするとユーザから攻撃用のリクエストが送られてきたように見えるため、結果としてユーザに意図しないリクエストを行うことを強要した形になります。CSRFでは、意図しない情報発信（フェイクニュースや脅迫など）や設定変更などをさせるケースがあります。

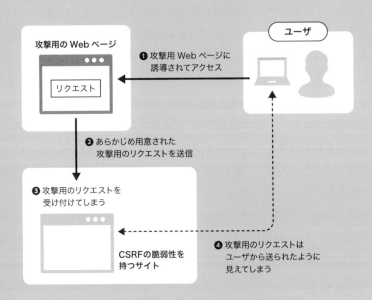

CSRFの特徴として予期しないリクエストにより、攻撃を受けたサービス側も、またリクエストを送ってしまったユーザ側にも被害が出ることが挙げられます。これまでには、意図せぬ犯行声明をCSRFによりインターネット上に投稿され、誤認逮捕にまでつながってしまった事例もありました。

CSRFによる攻撃では、いくつかのパターンが確認されています。

まず、対象のサービスにログインした状態のユーザを狙った攻撃です。CSRFの脆弱性を持つサービスにログインしている状態で、悪意のあるURLにアクセスしてしまうと、そのサービスに対して任意の操作をリクエストできてしまう場合があります。例えば、オンラインバンキングのサービスにログインした状態で、送金の操作を行うCSRFが実行された場合、送金がサービス側で受理されてしまいます。また、サービスにおける設定の変更（パスワードの変更など）をCSRFによりリクエストすることで、アカウントを乗っ取るといったことも可能になります。

また、ユーザの意図しない情報発信を行わせる例もありました。SNSや掲示板などに対するリクエストをCSRFにより実行させることで、ユーザの意図しない投稿が行われてしまいます。投稿の内容が問題のあるものであれば、そのユーザが書き込んだものとして扱われてしまう被害が、ユーザに生じます。ログインしたサービスを操作された上に、意図しない情報発信をさせられるということも可能です。

CSRFを防ぐ対策として、Webアプリケーションの開発時にリクエストの照合を強化することや、サイト外からのリクエストの拒否を実装することが必要です。

照合の強化とは、送られてきたリクエストがユーザの意図によるものか、意図しないリクエストを強要されたのかをチェックするということです。ユーザのリクエストが、自分のサイトの別のページから正しく送られたものかをWebアプリケーション側でチェックし、正しいリクエストの場合のみ処理する実装をすれば、CSRFを防ぐことができます。

リクエストの照合方法は複数あり、CAPTCHA（画像認証）と呼ばれる画面に表示される数字や文字をユーザに入力させる方法はその一つです。また、

トークンと呼ばれる第三者が予測困難なランダムな文字列をシステムとユーザで共有しておき、リクエスト内に正しいトークンが含まれるかどうかをチェックする方法もあります。

　一方、サイト外からのリクエストの受信処理を行わないようにするためには、アクセス元を判別し、リクエストを処理するかしないかを決める処理を実装します。例えば、WebブラウザではReferer（リファラー）という情報でリンク元のWebサイトをリクエストに含む仕組みがあります。このReferer情報をチェックすることで、サイト内でのページ遷移なのか、サイト外部からのアクセスなのかを判別することができます。

　自社のサイトを情報システム部門として守るためには、多くのWebアプリケーションと同様に、WAFの導入や、脆弱性診断の継続的な受診が対策になります。

　また、従業員が利用するクライアントパソコンを守るための対策は、不審なWebサイトへの接続を拒否するようなプロキシの導入やURLフィルタリングになるのは、他のWebアプリケーションに対する攻撃と共通しています。

　CSRFについてはさらに、次の3点を従業員に対してアナウンスすることも必要です。

　まず、基本的な注意事項として「不審なWebページにアクセスしないこと」です。前述のプロキシやURLフィルタリング製品では、CSRFによるWebサイトへのアクセスをブロックすることが可能ですが、そうした情報システム部門の対策とは別に、社内ユーザにも業務外のWebアクセスや不審と思われるサイトへのアクセスをしないように指導することも重要です。

　また、オンラインサービスを利用後はログオフすることを徹底させることも必要です。インターネット上のサービスにはアカウントを登録してログインして使うことを前提とするものが多数あります。そうしたサービスの利用を制限するのは現実的ではありません。

　CSRF対策としては、その代わりにログインして利用するサービスでは、利用が終わったら必ずログオフすることが有力な対策になります。CSRF攻撃ではログイン状態を悪用する事例が多く見られるため、ログオフしておくことでそう

した攻撃を避けることができます。

　残念ながらCSRF攻撃の被害に遭ってしまったときにどうするかについて、あらかじめ知っておいてもらうことも重要です。CSRFにより被害を受けた場合、自分が意図せずに別のリクエストを発行しているため、即座にその被害を自覚するのは困難です。例えば、利用しているSNSのサービスで自分が知らない間に投稿をされても、それにすぐに自分で気づけるとは限りません。他人に指摘されて気が付いたときには、しばらく時間が経過したあとということも考えられます。

　重要なのは、事後となってしまったとしても、身に覚えのない情報発信の投稿があった場合は、利用するサービスの運営元や情報システム部門にまず事象の発生を連絡することです。その上で、対応について相談するというプロセスにしておくといいでしょう。

SQLインジェクション

SQLインジェクションは、Webアプリケーションの脆弱性を利用してデータベースを不正に操作する攻撃技術です。「SQL」はデータベースを操作する言語の名称で、「インジェクション」は「注入」という意味です。SQLインジェクションの脆弱性を持つWebアプリケーションに対して、フォームを通じてデータベースを操作するSQL文を含めた文字列をリクエストとして送信すると、SQL文通りにデータベースが操作されてしまいます。

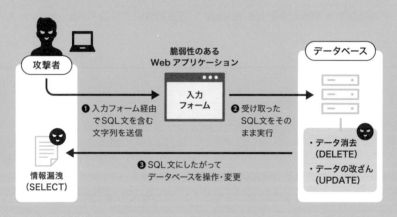

SQLインジェクションは、Webページ上に設けられた検索ボックスや入力フォームなどに記入する文字列に不正な操作を行うSQL文を意図的に「注入」します。SQLインジェクションの脆弱性を持つWebアプリケーションは、フォームから受け取ったSQL文をそのままデータベースに対して実行してしまいます。この結果、データベース内のデータの消去や改ざんといった操作やデータの盗用といった攻撃が成功します。

どのようにSQLインジェクションが働くかを具体例に見てみましょう。

Webアプリケーションのある画面には、検索フォームが用意されているとし

ます。このWebアプリケーションにはSQLインジェクションに対する防御機能
はありません。

　例えば、ネットスーパで商品検索用のWebアプリケーションがあるとしましょ
う。ここで、商品コードが「りんご」である商品を検索する場合を考えます。ユー
ザは商品コード欄に「りんご」と入力して、検索ボタンを押下します。すると、シ
ステムは「りんご」という情報を受け取ります。それをあらかじめWebアプリケー
ションが準備してしていたSQL文に連結して、商品コードをもとにデータベース
を検索するSQL文を生成します。

　Webアプリケーションが準備していたSQL文は、例えば

```
SELECT * FROM 商品 WHERE code = '(入力値)';
```

のようになっています。

　これに対して、Webアプリケーションが「りんご」という入力値を受け取ると

```
SELECT * FROM 商品 WHERE code = 'りんご';
```

ように、検索を実行するSQL文が完成し、実行します。

　このようにユーザが異常を引き起こさないような入力値（開発段階で想定し
た入力値）を入力するのであれば、Webアプリケーションは問題なく動作しま
す。つまり商品コード欄に商品コードを適切に入力してくれれば何の問題もあ
りません。

　しかし、攻撃者が悪意を持って、Webアプリケーションに対して次のように
入力したとします。

```
A' OR TRUE
```

この入力文字列がWebアプリケーションに入力されると、完成したSQL文は

```
SELECT * FROM 商品 WHERE code = 'A' OR TRUE;
```

のようになります。

この完成したSQL文には

```
OR TRUE
```

という論理式が入るため、その部分より前にどんな条件を記述したとしても結果は必ずTRUEとなります。つまり、

```
code = 'A' OR TRUE
```

のcode = 'A'の結果が無視され、SQL文全体としては、検索条件がないことと同じ意味になり、商品マスタの全レコードが検索結果として返されることになります。

これは商品マスタの例ですが、これがユーザ情報を参照するようなものになると、IDやパスワードの一覧が返却されるという事態にもなり得ます。

ソフトウェア開発者の視点でSQLインジェクションを防ぐ対策としては、以下の3点があります。

入力値を制限する

検索ボックスやフォームなどに入力する文字列が英数字などに限定されている場合には、入力された文字列が仕様に沿ったものかをWebアプリケーション側で判定する「バリデーション処理」を実装することが有効です。仕様に沿っていない文字が入力されていた場合には再入力を促す、などの処理を実装することで、SQLインジェクションを狙ったスクリプトの実行を防ぐことができます。

入力値を一時的に変数に格納する

入力された文字列をそのままSQL文として利用せず、いったん一時的に

格納する方法も有効です。例えば、Javaなどでは、あらかじめ「プリペアド
ステートメント」と呼ばれるSQL文を用意しておき、その一部を「プレースホ
ルダ」と呼ばれる予約場所に設定しておきます。その後、プレースホルダに
入力データを割り当てることにより特殊文字が無効化され、スクリプトの実
行を防ぐことができます。

エスケープ処理、サニタイジングを行う

エスケープ処理やサニタイジングは、SQLインジェクションに使用される
恐れのある危険な文字を無害な文字に置き換える処理を指します。例えば、
シングルクォート「'」をダブルクオート「''」に置き換えます。単純に文字を置
換する処理を実装してもよいですし、PHPの「htmlentities()」、Ruby on
Railsの「sanitize_sql_*」、Perlの「DBI quote()」のように、すでにエスケー
プ処理用の関数が用意されている言語を採用するのも対策になります。

情報システム部門が主体的にできる対策は、他のWebアプリケーション対
象の攻撃と変わりません。Webアプリケーションの脆弱性管理を徹底し、プロ
グラムのバージョンなど最新の環境を保つことが必要な対策です。WAFのよう
なセキュリティ対策製品の導入や、脆弱性診断を受診し、指摘事項を是正する
ことが対策となります。

なお、Webアプリケーションやブログの作成に使われるアプリケーションとし
てよく使われるのがWordPressです。オープンソースのため無料で利用でき、
様々なプラグインが利用可能であることから多く導入されていますが、過去に
はSQLインジェクションの脆弱性のあるプラグインが報告され、修正バージョ
ンがリリースされたことがありました。ツールやプラグインなどにも気を配り、常
に最新の状態に保つことが求められます。開発側とも意思疎通を図り、脆弱性
管理に必要な項目に漏れがないようにすることも必要です。

OSコマンドインジェクション

OSコマンドインジェクションとは、Webアプリケーションに対して不正な入力を行うことにより、Webアプリケーション側で想定していない動作を実行させる技術です。このとき不正な入力はサーバのOSを操作するコマンドです。

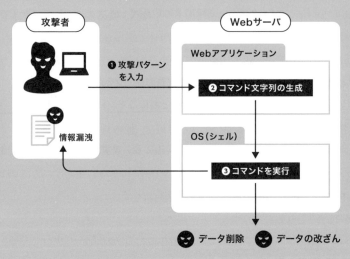

OSコマンドインジェクションは、入力を受け付けるWebアプリケーションの画面を主なターゲットとしています。WebサーバのOSに実行させる文字列（攻撃パターン）を、ユーザからのデータや数値に紛れ込ませて、Webアプリケーションに入力します。Webアプリケーションはこの入力値をプログラムに引き渡すパラメータとして、OSへの命令文（コマンド）を生成してしまいます。この命令文を受け取ったWebアプリケーションやWebサーバが、誤ってOSに対する命令として実行してしまうことで被害が発生する攻撃です。

例えば、OSコマンドインジェクションによくある命令文として

```
cat /etc/passwd
```

があります。これはパスワードファイルの閲覧コマンドであり、このコマンドが
実行されると、攻撃者がパスワード一覧を閲覧できてしまいます。

　このように、意図しないOSに対する命令文を生成してしまう脆弱性により、
Webアプリケーションの作成者や管理者が想定していない命令文がサーバ上
で強制的に実行されてしまいます。

　OSコマンドインジェクションを利用する攻撃では、次のようにプロセスで進
みます。

① 攻撃者がWebアプリケーションに攻撃パターンを入力
② Webアプリケーション内で入力値とともにコマンド文字列が組み立てられ
　る
③ コマンド文字列がWebサーバのシェルにおいて解釈されて、不正にOSコ
　マンドが実行される
④ 開発者が意図しないOSコマンドが実行される

OSコマンドインジェクションでは、OSのコマンドを外部から実行できてしま
うため、攻撃者の意のままにサーバ上のファイルやデータベースなどを操ること
ができてしまいます。その結果として、情報漏洩や改ざん・削除、不正なシステ
ム操作等といった事象に結びつきます。

　Webアプリケーションの開発では、OSコマンドインジェクションの対策とし
てOSコマンドにより外部からファイルをアクセスするような実装を行わないこ
とが重要です。しかし、仕様上どうしてもOSコマンド経由で外部からファイル
を実行する必要がある場合は、次のような対策を実施する必要があります。

OSコマンドを実行する関数の動作をチェック

　OSコマンドを実行する関数は、PHPではsystem()やexec()、Perlで

はeval()やopen()、system()、Pythonではos.system()、os.popen()、subprocess.Popen()、subprocess.call()、subprocess.run()などが該当します。もしこれらの関数がプログラム内で利用されている場合は、どのような入力が実施され、どのような結果を返すのか、慎重にチェックします。

OSコマンドを実行する関数の引数をチェック

OSコマンドを実行する関数では、引数がユーザからの入力値もしくはパラメータでの引き渡しという場合に動作の確認が必要です。

ユーザからの入力値を引数にする場合は、入力値内に想定しない特殊文字（；や＜など）が存在するかどうかをチェックします。もし、これらの特殊文字が入力されている場合は、特殊文字を無効化（エスケープ）したり、プログラムの処理を中断したりする必要があります。

注意が必要な特殊文字として、次の文字が挙げられます[*2]。

```
; | & ` ( ) $ < > * ? { } [ ] !
```

ユーザからの入力ではなく、HTMLコンテンツからhidden属性を使ってパラメータを引き渡す場合も注意が必要です。この場合、攻撃者がhidden属性のパラメータを改ざんすることにより、意図しないパラメータがWebアプリケーションに引き渡される可能性があります。

内部でシェルが用いられない関数を利用する

OSコマンドインジェクションで問題となるのは、プログラムの内部で特定の関数を利用することにより、ユーザが入力した任意のコマンドを設定・実行できてしまうことです。本来、Webアプリケーションの処理の多様性を実現するために用意されている仕組みなのですが、OSコマンドインジェクションへの対策を行っていない場合には脆弱性となってしまいます。

それには、シェルを利用しないことが有力な対策になります。Webアプリケーションから別プログラムを実行することが避けられない場合は、動作にシェルを用いない関数を利用することも対策の一つとなります。攻撃者は

＊2　プログラミング言語や環境により変わることがあります。

シェルのように自由にコマンドを設定・実行できなくなるため、OSコマンドイ
ンジェクションの問題を回避することが可能です。

　情報システム部門としては、他のWebアプリケーションを対象とする攻撃
と同様、WAFの導入や脆弱性診断を受診し指摘事項を是正する、脆弱性
管理の徹底がOSコマンドインジェクションへの対策になります。

XMLインジェクション

XMLは、データの管理やWebアプリケーションとのデータのやりとりを分かりやすくするために使用される代表的なマークアップ言語です。XMLインジェクションとは、攻撃者がXMLドキュメントに特殊文字を挿入することで、ドキュメントを無効にしたり、改ざんしたりする攻撃です。

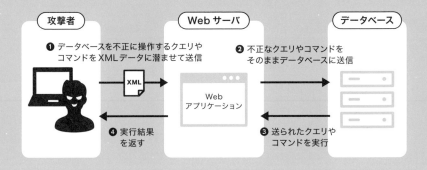

典型的なXMLインジェクションの例として、XMLドキュメントの中に、Webアプリケーションのセッション IDを表示させるような命令文を記載する攻撃があります。この攻撃命令文が組み込まれたXMLドキュメントをWebアプリケーションが解析して読み込んだ場合、Webアプリケーションが表示するサイト上でセッション IDを表示してしまう場合があります。セッションハイジャックを狙った攻撃者が、XMLインジェクションによりセッション IDを窃取しようとしているパターンです。

XMLインジェクションと似たような攻撃手法に、X Pathインジェクションという攻撃も存在します。XPathインジェクションは、XMLドキュメントを参照するための言語への不正な入力により、不正なXPathクエリを発行させる攻撃です。SQLインジェクションと同様にエスケープ処理の不備により発生する攻

撃となります。

　XMLインジェクションもWebアプリケーションの脆弱性のため、開発時に脆弱性を作らないことが最大の対策になります。具体的にどうするかは、開発に用いるプログラミング言語によって変わります。ただ、対策をする際に、どの言語でも変わらないタスクとしては「アプリケーションのどこでXMLを扱っているか」を把握することです。

　例えば、「外部情報を取り込む機能」「SAML認証を実施する機能」といった処理でXMLがよく利用されます。そういった部分を特定した上で、各言語の対策を実施します。ここでは、実際にWebアプリケーションで使われているPHPとJavaについて簡単に触れておきましょう。

　PHPでの対策は、PHPにデフォルトで搭載されたXMLパーサを使用する際に、次の設定をすることです。

```
libxml_disable_entity_loader(true);
```

　この設定により、実体参照の機能を停止させることができます。XMLインジェクションは実体参照を悪用する攻撃のため、この対策が有用です。

　Javaの場合、Javaには複数のXMLパーサがある点に留意します。設定がデフォルトだとXMLインジェクションに対して脆弱である場合がほとんどです。そのため、採用したXMLパーサでXMLインジェクションに悪用される設定である「実体宣言」「実体参照」「DTD」を明示的に無効化する必要があります。

　情報システム部門が主体的にできる対策としては、WAFの導入や脆弱性診断、脆弱性管理の徹底です。

第4章　攻撃に使われる技術

サーバサイドテンプレート インジェクション

サーバサイドテンプレートインジェクションとは、Web アプリケーションで頻繁に利用されるテンプレートエンジンの脆弱性を利用して、機密情報をWebサイト上に表示させたり、リモートでコードを実行したりする攻撃です。多くのWebアプリケーションでは、テンプレートエンジンを用いて、ユーザに送信するHTMLページの動的生成を管理しています。攻撃者は、Webアプリケーションが使用するテンプレートエンジンに脆弱性を見つけた場合、特定のペイロードを注入してこの脆弱性を利用し、サーバサイドテンプレートインジェクションを試みます。

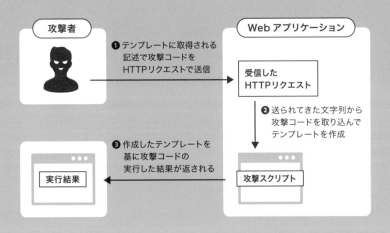

サーバサイドテンプレートインジェクションも様々なインジェクション攻撃同様、正規のやり取りの中で不正なコードをWebアプリケーションに送り付け、それを実行させようとします。ただその動作はイメージしづらいと思います。具体的な実行例を見ながら、どのように攻撃されるのかを見てみましょう。

ユーザからの入力を基にHTMLファイルを動的に生成して表示するWebア
プリケーションがあったとします。攻撃者はそういうWebアプリケーションに対
して、Webブラウザ側の入力に

```
<!-- #include virtual="/etc/passwd" -->
```

といった記述の文字列を送り込みます。このコードをHTTPリクエストとして
受け取ったWebアプリケーションは、これを実行可能なスクリプトとしてテンプ
レートに取り込みます。サーバサイドテンプレートインジェクションの脆弱性を
持つWebアプリケーションの場合、上記のような攻撃コードを受け付けてしま
うと、攻撃コードをスクリプトに含むテンプレートからHTMLを生成し、ユーザ
（この場合は攻撃者）に返してしまう場合があります。すると、テンプレートエ
ンジンによっては攻撃コードの結果が反映され、表示されたページにpasswd
が表示されてしまいます。

また、ブラウザ側の入力に

```
<!--#exec cmd="/bin/ls /" -->
```

を指定した場合には、動的に生成されたHTMLデータにWebサーバ側の
rootに存在するファイルの一覧が表示されてしまう場合があります。

サーバサイドテンプレートインジェクションの脆弱性を放置した場合、例え
ば、テンプレートエンジンを介してOSコマンドが実行できてしまう場合があり
ます。するとOSコマンドインジェクション同様、いろいろなコマンドが実行可
能になってしまい、深刻な情報漏洩や権限昇格などの被害が発生する可能性
があります。

Webアプリケーションの開発時には、外部入力に依存したテンプレートの必
要性を慎重に検討することや、受け取った外部パラメータのバリデーション処
理、単純な置換機能のみのテンプレートエンジンの利用などが必要です。

外部入力をもとにテンプレートを組み立てる実装は、この脆弱性につながる

危険があり、外部からの不審な入力の実行を許してしまう恐れがあります。そのため、外部パラメータの値からテンプレートを実行する処理が本当に必要かを検討し、他の処理方法で代替できないかについて慎重に検討する必要があります。理想を言えば、外部入力に影響されない実装方法を採用するべきでしょう。

　バリデーション処理とは妥当性を確認するための処理で、入力された内容が仕様や想定に沿ったものかを確認します。。Webサイトの仕様上、どうしても外部パラメータからテンプレートを利用する必要がある場合には、規定のコード以外の入力の場合に処理を停止するような処理を実装します。

　また、処理に合わせてプログラムコード実行時にはchrootなどのコマンドを用いてルートディレクトリを変更し、影響度を下げた上で実行することも実効性のある対策となります。

　テンプレートエンジンで複雑なロジックを記述できないようにすることも、サーバサイドテンプレートインジェクションには有効です。高度な動作が可能なテンプレートエンジンでは様々なコマンドが実行できてしまいます。このため攻撃者にとっては、意図して不審な挙動を引き起こす余地が広がります。複雑ではないシンプルなテンプレートエンジン、例えば文字列の置換機能だけを実装したテンプレートエンジンを利用するなどにより、攻撃コードを送り込まれてインシデントが発生しても、被害を最小限に抑止することが望めます。

　情報システム部門の運用としてはWAFの導入や脆弱性診断、脆弱性管理がサーバサイドテンプレートインジェクションの防止に役立ちます。

CRLFインジェクション

　CRLFは改行コードのことを指します。改行コードを含んだ入力データを
送信して、HTTPレスポンスヘッダやHTTPレスポンスを改ざんする攻撃技
術をCRLFインジェクションといいます。CRLFインジェクションはHTTPレ
スポンスヘッダだけではなく、任意のメールヘッダの挿入や本文の改変、不正
なメール送信に悪用する攻撃もあります。この場合、メールヘッダインジェク
ションと呼ばれることがあります。

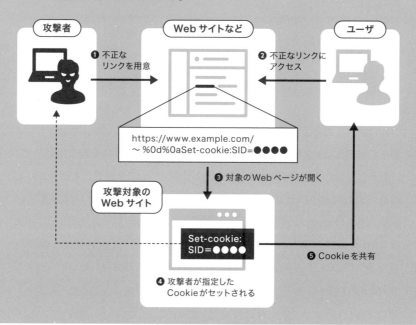

　CRLFインジェクションについては、その背景から説明しましょう。

　Webアプリケーションの開発においてよくあるのが、Webサイトの移転や
Webページの統廃合によって、ユーザが入力した文字列を含めた新しいURL
へリダイレクトしたいというケースがあります。

この場合、レスポンスヘッダに

```
Location: (移動先のURL)
```

を付加することでリダイレクトを実現するのが主流でしょう。

　例えば、Webサイト上のredirect.phpにアクセスした場合、このアクセスを別のページへリダイレクトするように設定したとします。通常はここで、URLにtoクエリパラメーターを記述し、転送先を記述します。ここで転送先の記述の中に「%0d%0a」という文字列が含まれていたとします。例えば

```
http://www.example.com/redirect.php?to=top%0d%0aSet-
Cookie:%20SID=abcd1234
```

のようなURLです。この文字列はURLエンコードされた改行コード（CRLF）です。

　Webサイト側の意図を考慮すれば、クエリパラメーターのto=topという文字列までがあればURLとしては機能します。改行コード以降は不要な記述です。

　しかし、Webアプリケーションが改行コードについての脆弱性を持っている場合、URLの途中に改行コードが入っていることによって、それ以降の文字列が別のHTTPヘッダの行と解釈される可能性があります。このURLでは、改行コードの直後がSet-Cookieになっています。このため、改行された直後の行がSet-Cookieから始まることにより、これがSet-Cookieレスポンスヘッダであると解釈され、Set-Cookieレスポンスヘッダが新たに生成されてしまいます。

　これによりWebアプリケーションとWebブラウザそれぞれでCookieに

```
SID=abcd1234
```

が記録されます。SIDがセッションIDとして扱われるケースは多く、そうした

Webアプリケーションの場合、セッションIDがURLに記述された値に決められてしまいます。この値は攻撃者が最初に指定した値です。セッションの乗っ取りやなりすましをするのに、攻撃者はセッションIDを盗聴したり窃取したりする必要はありません。自分が指定したセッションIDがそのまま使えます。

Webアプリケーションを開発するに当たって、CRLFインジェクション攻撃を防ぐためにはまず、改行コードをレスポンスヘッダに含めないように実装することが求められます。

外部入力がそのままHTTPレスポンスに出力されてしまうことが原因で攻撃が可能になってしまうため、HTTPレスポンスヘッダを出力する際には、Webアプリケーションの実行環境やライブラリに用意されているヘッダ出力用のAPIやメソッドを利用することが対策になります。実行環境やライブラリに用意されているヘッダは改行コードを適切に処理するように設計、およびテストされているものがほとんどのため、一から実装するよりもCRLFインジェクションの混入を防ぐことが可能と考えられています。

何らかの理由でHTTPレスポンスヘッダの出力を自前のコードで実装しなければならない場合は、改行コードの記述を許可しない仕様にしなくてはなりません。なお改行コードはOSによって異なります。Windowsの場合はCRLF、UNIXやLinux、macOSの場合はLFです。WebアプリケーションをインストールするサーバのOSによって、変える必要があります。

情報システム部門の運用としては、WAFの導入や脆弱性診断、脆弱性管理の徹底がCRLFインジェクションを防止することに有用です。

第4章　攻撃に使われる技術

ファイルインクルージョン

　ファイルインクルージョンは、サーバ内のファイルもしくは外部にあるファイルのデータを狙います。まず、こうしたファイルを攻撃対象のサーバに不正に読み込ませて（開かせて）おき、意図しない動作を引き起こさせるスクリプトを送り込んで操作する攻撃です。ファイルインクルージョンにより不正なデータ処理が実行されてしまいます。また、登録ユーザの一覧やパスワード、場合によっては機密データへのアクセスが可能になる恐れもあります。

　ファイルインクルージョンには、ローカルファイルインクルージョンとリモートファイルインクルージョンの2種類があります。ローカルファイルインクルージョンは、攻撃対象のサーバ内にあるファイルを不正に開かせます。一方、リモートファイルインクルージョンは、外部にあるファイルを読み込ませます。

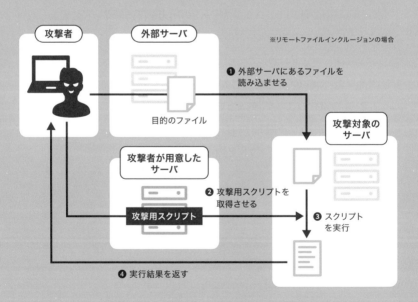

※リモートファイルインクルージョンの場合

攻撃者

外部サーバ

目的のファイル

❶ 外部サーバにあるファイルを
　 読み込ませる

攻撃者が用意した
サーバ

攻撃用スクリプト

攻撃対象の
サーバ

❷ 攻撃用スクリプトを
　 取得させる

❸ スクリプト
　 を実行

❹ 実行結果を返す

ローカルファイルインクルージョンは、Webアプリケーションのサーバ内の
ファイルを実行させることができる脆弱性であり、/var/www/html/upload/
配下にファイルをアップロードできるWebアプリケーションがあったとします。
例えば、この脆弱性があると以下のようなコードが実行可能となります。

【通常のリクエスト】

```
http://example.com/script?file=index.php
```

【ローカルファイルインクルージョン用のリクエスト】

```
http://example.com/script?file=../../../../var/www/html/
upload/exploit.php
```

　これにより、/var/www/html/upload/にexploit.phpをアップロードで
きてしまいます。もし、exploit.phpにリバースシェルコード[*3]が書かれている
と、このexploit.phpを起点にしてサーバに不正ログインが発生する可能性が
あります。

　次の項目で説明するディレクトリトラバーサルとも似ている攻撃ですが、ディ
レクトリトラバーサルはファイルの閲覧、保存に留まっており、ローカルファイ
ルインクルージョンはファイルの読み込みや実行もできてしまうため、ローカル
ファイルインクルージョンの方が脆弱性の深刻度は高いと言われています。

　リモートファイルインクルージョンは、攻撃者が外部に用意した悪意のある
コードをサーバに直接読み込ませて不正な挙動を引き起こさせる攻撃です。
読み込むファイルがどこにあるかが異なるだけなので、ローカルファイルインク
ルージョンと危険度は変わりません。

　Webアプリケーションの開発時には、次の4点が重要です。

[*3]　リバースシェルコードは、攻撃対象のサーバから攻撃者の環境に対して接続を試みるコードのことを指しま
す。

① 外部ファイルの参照を無効にする

　ここでいう外部ファイルの参照とは、プログラムやスクリプトのコード内で外部ファイルの参照することです。ファイルインクルージョンの対策の一つとして攻撃者が作成し、外部へアクセスすることを防ぐことは有効な手段でもあります。もし、システムを開発・構築する上でどうしても外部サーバのデータを読み込まなければならない場合は、IPアドレスなどでの参照先の制限を相互に設けるなどの対策が必要です。

② ファイル・フォルダのアクセス権や権限を見直す

　外部もしくは内部からの入力やアクセスでデータを読み込まれたり、改ざんされたりしてしまうのはアクセス権が適切でない可能性もあります。例えば、CMSの中には特に知識がなくても簡単にWebページを作成できてしまうものも多く、アクセス権や権限についての意識がないままコンテンツを生成することができます。何らかの不具合が起きたときに作業上の都合でアクセス権やパーミッションを変更し、作業後に元に戻さないままといったときに外部からのアクセスで被害が出る可能性があります。

　これを避けるためには、アクセスや入力に対し、適切なアクセス権もしくは権限を付与することが対策になります。

③ 外部入力の特殊文字などに禁則ルールを作る

　外部からの入力をもとに外部へのアクセスを促すコードや文字列自体を無効にしたり、場合によってはごく限られたフォームやページ以外からの入力を無効にしたりすることも有力な対策です。ただし、サービスやWebアプリケーションを提供する側としては、ユーザからの入力を必要とする場面も多く、セキュリティの確保とユーザの利便性のバランスも考慮しなくてはなりません。

④ 推測されにくいファイルの命名ルールやフォルダ構造を考える

　ファイルインクルージョンでは、フォルダやファイルの位置や名前などが推測されると、容易に不正な処理の対象にされる可能性があります。攻撃者が何らかの方法でフォルダ構造を把握し、フォルダやファイル名を閲覧できてしまった場合は、さらに危険性が高まります。それぞれのファイルやフォル

ダに対するアクセス権の付与とともに、フォルダやファイル名、そして位置などについてもWebアプリケーションに対するセキュリティ強度を考慮して作成することも役立ちます。

　情報システム部門としては、他のWebアプリケーションの脆弱性同様、WAFの導入や脆弱性診断の受信、脆弱性管理の徹底により、ファイルインクルージョンを防止します。

ディレクトリトラバーサル

ディレクトリトラバーサルとは、ファイル名を直接指定するようなURLの記述でWebサイト内のファイルを参照できるようにしているようなWebアプリケーションに対して、本来は閲覧することができないようにしているはずのファイルにアクセスさせるよう仕向ける攻撃手法です。

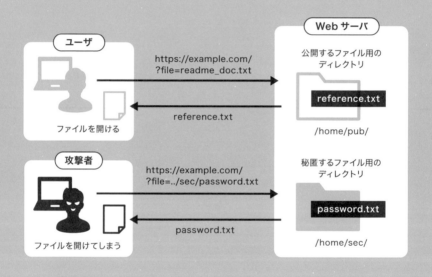

ディレクトリトラバーサルは、HTMLに限らずファイルをURLで指定して開けるような機能を提供しているWebアプリケーションで起こる可能性がある攻撃です。

次のようなWebアプリケーションで考えてみましょう。Webサーバには次のように、公開可能なファイルとともに、機密情報が保存されているとします。それぞれ公開用のファイルを置くディレクトリ、非公開のファイルを置くディレクトに分けてあります。

- 公開用 …… /home/work/readme_doc.txt
- 非公開 …… /home/sec/password.txt

そしてWebアプリケーションはURLに

```
https://example.com/?file=readme_doc.txt
```

いったようにURLでファイル名を指定することにより、Webサーバにある「readme_doc.txt」を閲覧できるような機能を提供しています。ユーザはこのようなURLで公開しているファイルにアクセスするという想定で実装した機能です。

このWebアプリケーションがディレクトリトラバーサルの対策をしていない場合、ここで攻撃者がURLを

```
https://example.com/?file=../sec/password.txt
```

に書き換えたとします。

通常のアクセスではURLに

```
file=readme_doc.txt
```

と記述することでファイルreadme_doc.txtを指定していました。しかし攻撃者は

```
file=../pass/password.txt
```

のように相対パスを付けてpassword.txtを指定しています。このように相対パス込みで指定することで、公開するつもりのなかったファイル/home/sec/password.txtにアクセスできてしまいます。

ディレクトリトラバーサルの脆弱性を放置していると、攻撃者はアクセスできないはずのファイルやディレクトリにアクセスできるため、機密情報が漏洩したり、ディレクトリにマルウェアや不審なスクリプトを配置されてしまったりといった危険が生じます。

　ソフトウェア開発の段階では次のような対策が考えられます。

　まず、外部からのパラメータでWebサーバ内のファイル名を直接指定可能な実装はしないことです。多くの場合、ユーザはシステム側がページ上に用意したリンクをクリックするという操作を想定していると考えられますが、それだとパラメータを書き換えられるという攻撃者側の操作に無防備になってしまいます。基本的に外部から変更可能なパラメータでWebサーバ内のファイル名を直接指定するような実装は避けなくてはなりません。

　パラメータでファイルを公開する場合、ディレクトリは固定し、ファイル名の指定にディレクトリを含められないようにするような対応も必要です。パラメータにはファイル名だけを許可（ディレクトリを示す部分は取り除く）するようにして、公開しているディレクトリ以外にアクセスされないようにしましょう。

　Webサーバ内のファイルに適切な権限を付与することも重要です。ディレクトリトラバーサルで意図していないファイルにアクセスされたとしても、ファイルに適切な権限が付与されていれば、閲覧されることはありません。

　基本的にはWebアプリケーションの機能を悪用する攻撃のため、運用後に情報システム部門としては、WAFの導入や脆弱性診断の受診、脆弱性管理といった基本的な対策を怠らないことが重要になります。

クリックジャッキング

クリックジャッキングとは、Webページ上に隠蔽・偽装したリンクやボタンを設置し、サイト訪問者を視覚的にだましてクリックさせることにより、意図しない操作をするよう誘導させる手法です。この攻撃の目的は、攻撃者が詐欺などにより何らかの経済的な利益を得ることや、サイト訪問者に対していやがらせなども含めて何らかの不利益を与えることにあります。

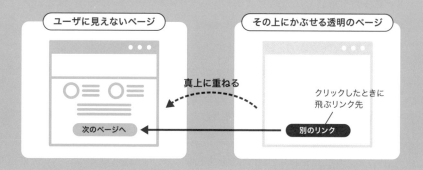

クリックジャッキングは、ユーザがWebブラウザでWebページを閲覧したときに、何らかの操作で意図とは異なる動作を引き起こすように仕掛けられます。

最近ではX（旧Twitter）やThreads、FacebookなどのSNSを使用している際に、メッセージなどに含まれているリンクを踏むと被害に遭うといった事例も目立つようになっています。パソコンだけではなく、スマートフォンを使っていてもクリックジャッキングの被害にあう可能性があります。

クリックジャッキングはWebページ上のどこかに仕掛けられます。ユーザがそのWebページを開いたときは、何の変哲もない無害なページのように見えるかもしれません。ただ、そのWebページの上には、HTMLタグであるiframe（インラインフレーム）を使って、Webページ上に透明なページをかぶせてあり

ます。このiframeに、ユーザがクリックしたら別の悪意のある攻撃サイトへ遷移するようなリンクが設けてあるといったような仕掛けがされています。

このWebページには「次のページへ」というボタンやリンクが設けてあるとすると、ユーザはこれをクリックすればコンテンツの続きのページが表示されるものと思うでしょう。しかし、ここには攻撃ページへ遷移する透明のリンクが貼られていますので、ユーザにとっては意図しないページに連れて行かれてしまいます。

通常のWebページをパソコンのWebブラウザで開いているのであれば、リンクの上にマウスポインターを載せるとリンク先を事前に確認する機能も利用して、遷移先を確認できます。しかしながらクリックジャッキングの場合は、CSSなどを用いてリンク先のURLを偽装することも可能です。このため気を付けてリンク先を確認したからといって防げるというものでもありません。

クリックジャッキングを放置していると、全くユーザが意図しないWebサイトへ訪問したり、悪意のあるスクリプトを実行したりするため、不審なWebサイトに訪問してマルウェアがインストールされたり、攻撃者の悪意のある挙動へ加担することになる可能性があります。

Webアプリケーションの側で対策するならば、HTTPレスポンスヘッダにX-FRAME-OPTIONSを付けるのが有効です。これにより、他のサイトのiframeなどのフレームを呼び出せないように設定できます。

情報システム部門としては、自社のWebサイト上でクリックジャッキングを仕掛けられないようにする必要があります。ユーザにとっては、自社のサイトを見ていたらマルウェアを仕掛けられた、あるいはサポート詐欺の被害に遭ったという受け止め方になる可能性が高いためです。基本的にやるべきことは、WAFの導入などWebアプリケーションの保護と同様です。それに加えて、Webサイトの改ざんチェックを定期的に実施することもクリックジャッキングの防止に有用です。また、社内ユーザをクリックジャッキングから守るためには、不審なWebサイトへの接続を拒否するようなプロキシの導入やURLフィルタリングが対策になります。

クリックジャッキングについては、Webサイトを閲覧するユーザ側の対策とし

ては、ブラウザでJavaScriptやFlashなどを無効にするというのも効果的です。そうすることにより、そもそもの不正な透明なWebページを無効化できるためです。

強制ブラウジング

強制ブラウジングとは、Webアプリケーションにアクセスする際に、公開されたページからリンクをたどるのではなく、サイト内のディレクトリ構成やファイル配置を調べたり、推測したりすることなどにより、アドレスバーに直接URLを入力する攻撃です。Webアプリケーションの設定により、ユーザがアクセスするためのリンクを設けないことでユーザの目に触れないようにしているファイルやディレクトリがあったとしても、Webアプリケーションを介さずにURLをリクエストすることで、ディレクトリやファイルなどへのアクセスを試みる攻撃です。

攻撃者が強制ブラウジングを実行するには、通常のWebアクセスでは到達することのできない、いわば"非公開"のディレクトリやファイルのパスを知る必要があります。それには次のような方法があります。

①ディレクトリリスティング

Webアプリケーションのディレクトリインデックス機能が有効に設定されている場合、Webアプリケーションの特定のディレクトリをURLとして指定することで、そのディレクトリ内のファイルがリスト表示されます。ここにリンクからはたどれないファイルがあったら、簡単にその名前を調べることができてしまいます。

②HTMLファイル内のコメント

HTML内にコメントが書かれている場合には、そのHTMLソースから非公開ファイルのパスがわかってしまうことがあります。

③URLの推測

ディレクトリリスティングやHTMLファイルのコメントから、そのサイトの命名

ルールを推測できる場合があり、他のディレクトリにある非公開情報のファイル名を推測するための有力な材料になります。

また、強制ブラウジングと似たような攻撃として、URLパラメータ改ざん攻撃があります。この攻撃は、URLに付加されるパラメータ(URLパラメータ)をアドレスバー上で改ざんし、改ざんしたURLに直接アクセスしようとする攻撃です。

URLパラメータは本来、「ユーザが入力したパラメータの送信」「Webページ間でのパラメータの受渡し」「Webアプリケーションへのパラメータ付きリンク」などを実現するためには便利で有用な機能です。しかし、その情報はURLの一部として表示されるため、容易に改ざんが可能です。

また、サーバやファイアウォールのログやブラウザのキャッシュなど、さまざまなところにURLパラメータは記録されるため、業務としてそれぞれのログを確認する人たちが意図せずにURLパラメータに記載された機微な情報を閲覧できてしまう場合があります。

情報の重要度を吟味し、外部に公開してはならない情報はURLパラメータを使わず、Postメソッドで送信するなど、POST/GETの使い分けが重要な対策となります。

強制ブラウジングが可能なサーバでは、簡易的に非公開にしていたファイルへのアクセスが可能になっています。自社サーバ上であるにもかかわらず、管理できないWebページが公開されてしまっていることになります。このような状態のとき多くの場合、Webサイトには実行ファイルをアップロードできる状態になっていることも多く、不審なモジュールを配置され、攻撃者がそのモジュールを起因にリモートログインできてしまうような事象が発生してしまいます。システム環境の破壊やマルウェアの配置、情報漏洩事故などが起きるのも時間の問題と言えるでしょう。

Webアプリケーションの開発時に強制ブラウジングを防止するには、ディレクトリリスティング機能を無効にする(例えばApacheの場合にはhttp.confの「Indexesオプション」を削除する)、公開するHTMLファイルからコメントを削

除する、Webアプリケーションがアクセスできる範囲を限定するよう設定するなどの対応が必要です。

　運用開始後は、WAFの導入や脆弱性診断、脆弱性管理などにより、強制ブラウジングを防止します。

攻撃を未然に防ぐ
セキュリティ対策

企業の情報システム部門の方々は、第4章で述べたようなサイバー攻撃から自社を守ることが任務となっていると思います。

　サイバー攻撃やセキュリティインシデントから企業を守るため、情報システム部門はセキュリティに関するガイドラインを参考にし、セキュリティ対策を推進していく組織・体制を構築したり、様々なセキュリティ対策製品を導入したり、サイバー攻撃やセキュリティインシデントが発生した際の運用や、守らなければならない決まり事・規定を策定したりします。

　本章では、組織にフォーカスを当て、企業全体として実施するセキュリティ対策について述べていきます。

　企業にどのようなセキュリティに関する組織があり、どのようにセキュリティ対策を推進しているか、何かセキュリティインシデントが発生した際にどのような運用が実施されているかなどについて理解を深めていただければと思います。具体的には、①セキュリティポリシー、②インシデント対応手順、③CSIRT、④SOC、⑤外部組織との連携、を取り上げます。

　なお本章では、解説に当たって以下のように言葉を定義した上で使っています。

- アラート　……セキュリティ対策機器が検知した際に発報するアラート
- セキュリティイベント　……アラート情報からマルウェア検知を確認したが、危険性は低かったり、既に対処が完了したりしているもの
- セキュリティインシデント／サイバー攻撃　……セキュリティイベントの分析により、大規模な被害が生じるようなインシデント

▶ セキュリティポリシー

　企業には、会社の規則や基準を記した文書があります。社員の雇用に関する文書だったり、会社の労働基準をまとめた文書だったり、多くの基準・規約や規定文書が存在します。企業によっては、その文書の中にセキュリティポリシーがあります。

　セキュリティポリシーとは、企業や組織がセキュリティレベルを一定以上に保

つための全体的な指針や方針を定めたルールのことで、「情報を安全に守るために、どんな指針で何をするのか（あるいは何をやってはいけないのか）」についてまとめた文書となります。

　企業としては、このセキュリティポリシーの記載事項を守るために、様々なセキュリティ対策を実施しています。

　また、このセキュリティポリシーをベースとして、企業のセキュリティ研修も作られています。

　セキュリティポリシーを策定することにより、企業にとっては以下のようなメリットを生じます。

① セキュリティインシデントの発生を防止、低減できる
② 外部からのサイバー攻撃といった脅威からIT資産や機密情報等を安全に保護できる
③ 顧客や取引先に対して、安心感を与えることができる

　この中で①と②に関しては、セキュリティポリシーで定めたことを守り続けることで企業のセキュリティ対策を維持、向上することができるため、メリットとしてはわかりやすいと思います。

▶ ISMS認証にも必要不可欠

　③につきましては、セキュリティポリシーを定めることで、第2章で取り上げたISMSでも述べたような効果を得ることができます。

　企業によっては、業務を委託する会社に対して、ある一定以上のセキュリティ対策を実施しているか、という観点で「セキュリティチェック」というフェーズを設けています。

　このフェーズでは、サイバー攻撃の未然予防のため、委託先企業がどのようなセキュリティ対策を実施しているかを確認し、サイバー攻撃がその委託先経由で入ってこないかをチェックしています。このチェック項目には、「ウイルス対策ソフトを導入していること」といった基本的なセキュリティ対策もあれば、「セ

キュリティポリシーを策定し、定期的に教育を行っていること」、「ISMS認証を取得していること」といった項目もある場合があります。ここにチェックが入れられないと、委託先として認められない場合もあります。

　昨今、サプライチェーン攻撃が流行っていることもあり、このようなチェック項目への重要性が増してきています。セキュリティポリシーを策定し、内部監査や外部監査で遵守しているかどうかを確認することというのは、ISMSの中にも定義されています。このためISMS認証を取得し維持することは、社外に向けた安全性のアピールというだけでなく、社内のセキュリティ体制を固めるということにもつながります。

●インシデント対応手順の整備

多くの企業がセキュリティ対策を実施し、サイバー攻撃を未然に防ごうとしていますが、実際にサイバー攻撃や情報漏洩事故にあったとき、まず何から実施して良いのかわからないという人も多いのではないでしょうか。そういった事象を防ぐことも重要ですが、実際にセキュリティインシデントが発生した際に、スムーズに対応できるようにするための対策も重要です。それにはインシデント対応手順書の作成・整備が必要不可欠です。

▶ 従業員向けと情シス向けが必要

インシデント対応手順書は大きく2種類を考えなくてはなりません。まずは従業員向けの手順書です。インシデント対応手順書というよりは、何か事故が起こった際の連絡・対応マニュアルといったほうがイメージしやすいかもしれません。

何をまとめなければならないかというと、インシデントとは何なのか（変なURLをクリックしてしまいマルウェアのようなものをインストールしてしまった、誤ってメールを別の人に送ってしまい情報漏洩を起こしてしまったなど）の説明や、インシデントが発生した際にいち早く連絡する、ということが書かれたものです。

インシデント対応手順書という名称で従業員に配布されることはあまりなく、事故発生時ハンドブックのような形で配布されることが主流のようです。

図5-1　情報処理推進機構（IPA）が配布している、社内向けセキュリティハンドブック のひな形。https://www.ipa.go.jp/security/guide/sme/about.html から入手できる

　それとは別に、主としてインシデントが発生した際の対応に関する手順書が 必要です。これは情報システム部門やCISRTが参照し、対応していく際のマ ニュアルになります。

図5-2　IPA が中小企業向けに配布している、セキュリティインシデント対応の手引き のひな形。あくまで簡易的なマニュアルだが、こうした手順書がない場合に対 応手順を整えていくのに向いている。https://www.ipa.go.jp/security/ guide/sme/about.html から入手できる

本節では後者について解説していきます。

▶ 主要な事象ごとに対応をマニュアル化

インシデント対応手順書は、発生したサイバー攻撃によって対応内容やインシデントによって引き起こされる損害も変わるため、サイバー攻撃の事象ごとに対応をまとめます。具体的には、例えば社内ネットワーク上で大規模ウイルスに感染したときやDDoS攻撃を受けたとき、ランサムウェアに感染したコンピュータが見つかったときといったように、具体的な事象について、それぞれまとめます[*1]。

インシデント対応手順書は、それぞれのサイバー攻撃、セキュリティインシデントについて運用フローを記載していきます。クライアントパソコンでインシデントが発生した場合と、サーバでインシデントが発生した場合では、インシデント対応の動き方は変わります。このため、サイバー攻撃、セキュリティインシデントだけではなく、発生した機器によっても実施すべき対応に関して条件分岐が発生します。このため、誰にでも理解できて、対応できるようにインシデントの発生から終息までどのように対応するか、フローチャート形式でまとめておくことも有用です。

▶ 攻撃を受けた想定での訓練も不可欠

今後はさらにインシデント対応手順書の内容が複雑化していくでしょう。実際にサイバー攻撃やセキュリティインシデントを経験してみないとどういった対応が必要になるのかなかなかイメージしにくい面も確かにあります。ただ、攻撃者はそんな状況にはお構いなく、狙った企業を攻撃してきます。そういった場合には対応手順が決まっていたとしても、とにかく思いついたことを次々にやってしまいがちです。

緊急に正しく対応しなければならない状況で、冷静にかつ適切に対応するためには、インシデント対応手順書を作成するだけでは十分ではありません。サイバー攻撃訓練や演習を定期的に実施し、ブラッシュアップしていくことが必

第5章　攻撃を未然に防ぐセキュリティ対策

---

*1　インシデント発生時の共通した対応については、第9章に記載しています。

要です。

　こうした訓練や演習を実施してインシデント対応手順通りにできなかったところがあれば、どの手順で問題が発生したのかを検証し、修正すべき点を見つけます。それを手順書に反映して、手順書を更新していくことがインシデント対応能力を向上するために重要です。

　他部署の人員も訓練や演習に参加できるようなら、サイバー攻撃やセキュリティインシデント発生時に別の部署とスムーズに連携できるのかを確認し、手順書でも連携を強化することを目指せます。誰でもインシデント対応の一役が担えるようにしておくことという望ましい体制も不可能ではありません。

　なお、細かい話となりますが、「サイバー攻撃訓練」と「サイバー攻撃演習」については、同じものと考える人もいれば、異なるものとして捉える人もいます。異なるものであると考える場合、「サイバー攻撃訓練」は机上演習を指すことが多く、サイバー攻撃が発生した際にどのような行動をとるのか、インシデント対応手順書を読み上げていくようなものを指すことがあります。一方、「サイバー攻撃演習」は、実際にサイバー攻撃が発生したと仮定して、発生する事象もサイバー攻撃演習が開始されてから知らされたり、その事象に対して実機を使ってログを調査したり、仮のCSIRTメンバーに状況報告したりするなど、本番さながらに行うものをサイバー攻撃演習と捉える向きもあります。

　机上演習と実地の演習を比較すれば、実地の演習であるサイバー攻撃演習の方が、かなり手間もかかる半面、その分、得られる経験や把握できる問題点などの点で大きい成果が得られます。このため、インシデント対応手順書をブラッシュアップするためによりレベルの高いフィードバックが可能です。工数との兼ね合いにもなると思いますが、可能であればサイバー攻撃演習を定期的に実施できるといいでしょう。セキュリティインシデントへの対応能力が高い組織作りに役立ちます。

● CSIRT / SOC

CSIRT（シーサート）とは、Computer Security Incident Response Teamの略で、簡単に言うとセキュリティに関する業務を専門にしたチームです。ここ数年で多くの企業がCSIRTを設立するようになっており、日々のインシデント対応やセキュリティ関連の情報収集のほか、企業を守るためのセキュリティ強化施策を検討したり、実現したりしています。

図5-3　CSIRTは、想定しているインシデントはいずれ起きるという前提で、日常的にはそうしたインシデントを防止するように、インシデントが発生した場合は早急に収束させるように、社内外と連携しながら活動する。インシデント発生時には社外との窓口を一本化して引き受けるのも重要だ

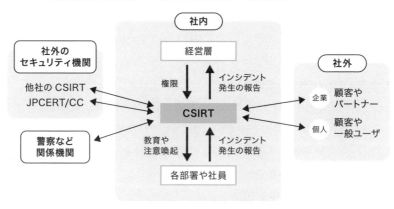

インシデント発生時にはCSIRTだけでセキュリティに関連する業務を担うのではなく、社内はもちろん、社外の様々な企業／組織とも連携します。他社のCSIRTやJPCERT/CC、警察などの関係機関といったセキュリティに関連する組織のほか、取引先やパートナー、顧客企業などとも事象への対応で連携することもあります。個人が顧客の場合は、企業向けとはまた異なる対応が求められ、インシデントによっては自社のWebサイトを見に来ただけのユーザへの対応が必要になるケースもあります。こうした社外との対応は、CSIRTがすべ

て引き受けることもインシデントが収束するまでは求められます。そうした場合は広報などの社内関連部署との連携も必要になります。

CSIRTが果たす役割としては、以下のようなものがあります[*2]。

▶ **情報セキュリティイベントマネジメント業務**

情報セキュリティイベントマネジメントは、セキュリティ対策機器が通知する多種多様なアラートやログによって得られる情報を分析し、セキュリティイベントの発生を通知することを目的としています。多くの企業ではSOC（くわしくは後述）にこの役割を割り当てているケースが多いと思います。

具体的には次のような業務が、情報セキュリティイベントマネジメントに相当します。

● **セキュリティイベントの監視**

ファイアウォールやIPS、EDRなどの機器のアラート内容やログを監視します。

● **セキュリティイベントの検知**

ファイアウォールやIPS、EDRなどが不審なイベントを検知した場合、アラートとしてCSIRTやSOCに連絡が届きます。これはセキュリティ対策機器にアラート通知を設定することにより、自動で実施されることが多いです。

● **セキュリティイベントの分析**

ファイアウォールやIPS、EDRなどからのセキュリティアラートやログにより、通知されたアラートの内容を分析し、セキュリティインシデントになるか、セキュリティイベントとして対処するかどうかを判断します。

▶ **情報セキュリティインシデントマネジメント業務**

情報セキュリティインシデントマネジメントは、サイバー攻撃またはセキュリティインシデントが特定された場合に、攻撃の終息に向けて被害を受けている

[*2] FirstのCSIRT Service Fgamework 2.1 (https://www.nca.gr.jp/activity/pub_doc/first_framework2_1.html) に基づきまとめました。

部門を支援することです。CSIRTはセキュリティに関する専門知識によって、セキュリティインシデントに関する情報を収集するだけではなく、収集した情報や関連するデータを分析したり、セキュリティインシデントそのものやサイバー攻撃に使用された攻撃の痕跡について詳細に分析したりします。

この分析により、CSIRTは、被害の緩和策および復旧に向けた手順を作成し、サイバー攻撃に直面している部門や危機管理部門に対して推奨案として提示したり、アドバイスしたりします。

また、CSIRTは、サイバー攻撃を受けることを前提に、その成功率を低減するために、関連する他のCSIRTやセキュリティ専門家、ベンダのような外部組織との連携も強めておきます。例えば、後述する日本CSIRT協議会に加盟することで得られる外部組織とのコネクションにより、CSIRTはインシデント対応に必要な緩和手順やより良いセキュリティ対策を情報収集できます。そして、そのような情報を有効活用することで、サイバー攻撃からの復旧能力を向上することが可能となります。

情報セキュリティインシデントマネジメント業務のレベルを向上させるためには、知識と利用可能なツール等を活用して多くの部門をサポートすることが鍵となります。

情報セキュリティインシデントマネジメントの具体的な業務としては、次のようなものがあります。

● 情報セキュリティインシデント報告の受付

セキュリティインシデントが発生した際に、報告を受け付ける窓口を準備しておきます。お客様やヘルプデスク等、様々な受付パターンがありますが、多くはSOCからの受付となるパターンが多いです。

● 情報セキュリティインシデントの分析

セキュリティインシデントを受け付けた際に、どのようなインシデントなのか報告内容や報告内容に紐づく詳細情報を分析します。

● アーティファクトとフォレンジック痕跡の分析

サイバー攻撃を受けた機器から攻撃の痕跡情報を取得し、セキュリティイン

シデントの報告内容と合わせて分析します。

● **緩和と回復**

サイバー攻撃の対象となった機器をどのように復旧するのか、暫定対応としてどのような緩和策が打てるのかを検討します。

● **情報セキュリティインシデントの調整**

CSIRTにて、セキュリティインシデントの分析情報がサイバー攻撃を受けている部署や決定権にある方々に正確に届くよう、連絡先等を整備し事前に調整しておきます。

● **危機管理支援**

サイバー攻撃を受けている部署に対して継続的にサイバー攻撃が発生しているか、発生している場合はどのように対応すべきか、サイバー攻撃が終わっているならサービスを復旧させても良いかなどの参考となる情報を提供します。

▶ **脆弱性管理業務**

脆弱性管理は、情報システムにおける新たな脆弱性、または報告された既知の脆弱性の発見、分析、および脆弱性への対応を実施します。

具体的には、次のようなものが主な業務です。

● **脆弱性の発見・調査**

ベンダーからの更新プログラムの通知だけでなく、CSIRTがセキュリティに関連する専門のWebサイトなどを通じて、平時の業務として脆弱性情報を積極的に発見します。

● **脆弱性報告の取得**

ベンダーからの報告はもちろんのこと、他の専門組織とも連携を取り、脆弱性があったという報告を速やかに取得できるような体制を構築し、運用します。

● **脆弱性分析**

取得した脆弱性情報が自社の脅威となり得るかどうか、脆弱性情報の内容と影響を分析・予測します。

● 脆弱性の調整

取得・分析した脆弱性情報について、その脆弱性情報が該当するような機器を保持している部門に対し、脆弱性情報を連絡できるように事前に調整しておきます。

● 脆弱性の開示

脆弱性がある機器を保持している部門に対し、事前に調整した部門の連絡先へ脆弱性が見つかったことや脆弱性分析により得た影響などについて情報を公開します。

● 脆弱性対応

脆弱性を連絡した部門が実際に脆弱性に対してどのように対応したか、適宜報告をもらい、対応が完了したらクローズとします。

▶ 状況把握業務

状況把握とは、企業内外を問わず、多くの部門の業務に影響を与える可能性がある情報を収集し、自社内への影響を確認しつつ、重要性に応じて連絡する業務です。また、自社内の現状から得た情報によって潜在的な変化を分析したり予測したりすることも、この業務には含まれます。

多くの企業では営業や販売促進、マーケティング部門や情報システム部門など、社内の各部門でそれぞれシステムを運用しています。このためCSIRTとしては、どこにどのようなシステムがあるか、部門が合併などにより各システムがどうなったか、新サービスがリリースされる場合はどのようなスケジュールになっているかなども、セキュリティインシデント対応を早急に実施するために把握しておく必要がありします。

状況把握業務は、インシデントへの対応だけに焦点を当てているのではなく、セキュリティイベントマネジメント業務、知識伝達業務などの他の業務がデータ、分析、および実行を確実に行えるようにするための機能でもあります。

具体的には、まずデータ収集と情報収集です。セキュリティ専門の組織からのセキュリティ関連情報だけではなく、部署の親切や部署の統廃合、新サービスのリリース情報など、将来的なセキュリティインシデントに対してスムーズに

対応を進めることにつながるあらゆる情報を取得します。

取得した情報の分析も重要です。集めた情報からセキュリティイベント発生時の運用にどういう影響があるのかを見積もったり、セキュリティインシデントの発生を予測したり、セキュリティインシデント発生時の運用にどのような影響があるかを解析・判断したりします。

こうした分析の結果を各部門に提供するためのコミュニケーションも重要な業務です。例えば、DDoS攻撃の予兆を検知した場合、Webサービスを保持している部門とDDoS攻撃の可能性について共有し、Webサービスが落ちても早急に対応できるような体制をあらかじめ準備しておくようにといった連絡は、速やかに行われる必要があります。

▶ 知識移転業務

CSIRTはセキュリティに関連するデータを収集し、詳細な分析を実行し、脅威、傾向、およびリスクを特定するだけでなく、組織がセキュリティインシデントを検知し、防止し、対応するのを支援することを目的とした、運用に関する最新のベストプラクティスを作り出す唯一のチームです。

こうした知識を多くの部門に伝えることが、サイバー攻撃への対策レベル全体を向上させる鍵となります。そのために求められる業務には次のようなものがあります。

● 啓発

自社内の部門に対し、セキュリティに対する情報を提供します。

● トレーニングと教育

自社内のCSIRTのメンバーがセキュリティレベルを向上できるよう、セキュリティの専門教育を実施していきます。

● 演習

サイバー攻撃演習を定期的に実施します。セキュリティインシデントが発生した際に戸惑うことなく対応できるよう、サイバー攻撃演習を通し、セキュリ

ティインシデント対応能力を向上させておきます。なお、CSIRTの有事業務はインシデント対応手順書で記載した内容と準拠しますが、他部門との調整を具体的に実施するなど、急激にやらなければならない、そして緊急で対応する業務が集中します。そのような状況に慣れておくためにも、定期的なインシデント対応訓練/演習の実施が必要となります。

● **技術およびポリシーに関するアドバイス**

セキュリティに関する技術だけではなく、全般的な技術に関するアドバイスを関連部門に対して実施していきます。例えば端末管理をしている部門があった場合、セキュリティレベルをさらに向上させるには、本パッチを適用すべきなど、自組織に閉じることなくアドバイスを適宜実施していきます。

▶ **CSIRTを通じて他社とも情報共有**

CSIRTの役割として、情報セキュリティイベントマネジメント業務では、他社のCSIRTなどと連携して情報交換すると説明しました。それには日本CSIRT協議会の支援を受けるといいでしょう。企業はCSIRTを構築すると、日本CSIRT協議会に加入することができます。

図5-4　日本CSIRT協議会のホームページ (https://www.nca.gr.jp/)

日本CSIRT協議会では、様々な情報共有が実施されているので、加入すると最新のセキュリティに関する情報や、脅威情報を入手することができます。また、他の企業のCSIRTとの情報交換できるため、自社のセキュリティ対策を強化するための情報や目標とすべき企業が実際にどのようなセキュリティ対策を実施しているのかを知ることもできます。

　CSIRTを構築したいと考える企業は多いと思いますが、新しい部署・チームを構築することになるため、人員を招集することや他部門との調整もあり、踏み切れないというケースもあるでしょう。

　とはいえ昨今のサイバー攻撃は深刻化しており、インシデント対応の準備が待ったなしになっているのは間違いありません。CSIRTには企業規模やシステム体制により、様々な構築が考えられます。企業によっては専門部署を設けずにCSIRTによる体制を作っているところもあります。

　そこで、CSIRTの構成パターンについて見ていきましょう。ここでは、①セキュリティチーム、②分散型CSIRTチーム、③集中型CSIRT、④分散・集中型CSIRT、⑤調整型CSIRT、という5パターンを取り上げます。企業規模が小さいところでも対応できるCSIRTから、規模が大きい場合の体制になっていくと考えてください。

▶ セキュリティチームを作る

　これは、CSIRTに相当する独立した部署や社内組織を作らずに、インシデントが発生した場合に社内のシステム管理者、ネットワーク管理者、端末管理者などが臨時の対応チームを作るというパターンです。この場合、セキュリティチームの各メンバーには、通常運用の中での本来業務があります。専従スタッフを置かずに済む半面、CSIRTの活動であるセキュリティインシデントを未然に防止するための平時の対応やセキュリティインシデント発生時の対応を主体的に実施することが難しい体制でもあります。

図5-5 セキュリティチームでは、通常業務を持つシステム管理者、ネットワーク管理者、セキュリティ管理者などが、インシデントの発生時に集まって対応する。終息すれば、それぞれ持ち場に戻る

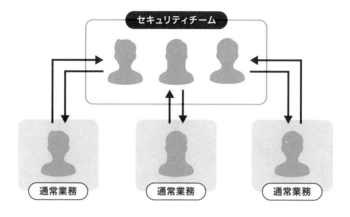

▶ 分散型CSIRT

　このパターンは、ごく少数のCSIRT専従のスタッフにより、CSIRTを組織します。ただし、セキュリティインシデントに対応できる規模ではないレベルの組織としておき、インシデントの影響を受ける可能性のある社内の各部門にいるスタッフに兼務の形でCSIRTへの参加を求めるパターンです。兼務のスタッフは通常は本来業務に従事し、セキュリティインシデント発生時には、CSIRTで活動します。専従スタッフは、平常時には平常時のCSIRTとしての業務を行います。

　セキュリティチームが主としてインシデントの発生時に集結するのとは異なり、平常時でも組織としてCSIRTというチームを設け、何人かはCSIRTの業務のみに従事するスタッフを配置する点が変わります。それでもCSIRTという組織としては極めて小規模なものになります。

図5-6 少数の専従スタッフと兼務のスタッフで構成する分散型CSIRTの構成例

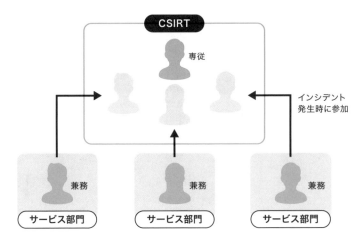

▶ 集中型CSIRT

集中型CSIRTでは、専従スタッフのみでCSIRTを構成します。他のチームとの連携を鑑みて、何人かは別の運用チームとの兼務やローテーションで活動する場合もあります。社内組織の中で正式に部署として組織化されており、外部機関や経営層、あるいは社内の他の組織との間での連携も取れるような権限を与えられます。

組織内で発生するすべてのセキュリティインシデントへの対応に責任を持ちます。セキュリティに特化した専門チームを社内に置くというパターンです。

図 5-7　専従スタッフのみで校正する集中型CSIRTの構成例

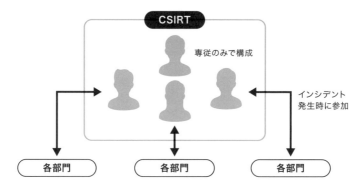

▶ 分散・集中型CSIRT

　このパターンは、分散型と集中型を合わせたCSIRTです。組織全体におよぶセキュリティインシデントに対応するためには、業務に精通しているスタッフが参加したほうが有利です。とはいえ、そうしたスタッフを社内の各部門から専従で集めるのは得策ではありません。そこで、各部門にも兼務のCSIRTメンバーを置き、インシデント発生時にはCSIRTに参加してもらう形態です。

　社内の複数の部門にも兼務のCSIRTメンバーがいるため、CSIRTを核にして他の運用チームと連携しやすい体制を作ることができます。セキュリティに力を入れている企業で、インシデント対応を早急に収束させたい場合は、このパターンを採用することが多いと考えられます。

図5-8 各サービス部門に兼務のCSIRTメンバーを配置しつつ、専従のCSIRTチーム
も作るのが分散・集中型CSIRT。インシデントを受けた場合に、各現場から
業務に精通したメンバーの協力も得られる

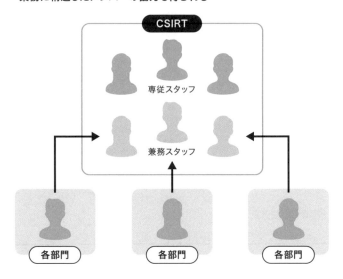

▶ 調整役CSIRT

　このパターンは、社内外に対するインシデントレスポンス対応の調整をした
り、その環境を構築したりする役割を担うCSIRTです。大企業などの場合、単
一のCSIRTではインシデントへの対応に不足が生じる場合があります。社内
の部門をグループ化してそれぞれにCSIRTを設けた上で、全社を横断する調
整役のCSIRTを設置するのがこのパターンです。各CSIRTとの間で役割を分
担し、社内の部門CSIRTやグループ会社などのCSIRTを取りまとめて管理し
ます。全体に示すセキュリティポリシーの策定や社内教育、情報提供、注意環
境などは、この調整役CSIRTが主体となって進めます。

図5-9　社内に複数あるCSIRTをまとめて管理する役割を持つ調整役CSIRT

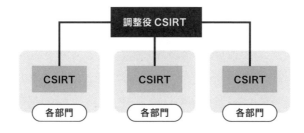

▶ SOC

SOC（ソック）はSecurity Operation Centerの略です。サイバー攻撃から守るために設置したセキュリティ対策機器が上げるログを集約し、各機器のログを相関解析し、実際にサイバー攻撃が来た際に通知するチームです。このSOCが察知した攻撃を通知する先が、多くの場合、CSIRTです。SOCからの通知を受け取ったら、それに合わせてCSIRTでインシデントに対応する体制を移行することを検討する場合が多いため、CSIRTとSOCはワンセットで考えておくと良いかもしれません。

図5-10　SOC（Security Operation Center）の役割

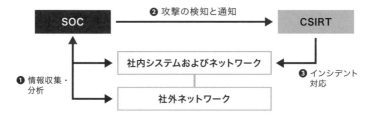

SOCの業務であるネットワークセキュリティ製品やクライアントセキュリティ製品のログ収集・分析によるセキュリティ脅威の監視は、ひと昔前まではネットワーク管理者やサーバ管理者によって行われることが一般的でした。しかし、最近のサイバー攻撃は高度化・複雑化しており、日々の運用業務もあるネットワーク管理者やサーバ管理者がそこまでカバーするのは難しくなってきていま

す。このような背景もあり、SOCを設けることが注目されるようになりました。

▶ SOCを社外に置くか社内に設けるか

　SOCには、大きく2種類の形態があります。まずSOCを企業外に持つ形態です。外部にあるセキュリティ解析センターにログを送信し、そのログ解析の結果をメールや電話による通知で受け付けるものです。それとは異なり、企業内でSOCを構築し、ログ管理製品（SIEM）でログを集約し、自社内でセキュリティイベントを解決する形態もあります。

　どちらにも長所と短所があり、事業内容やコスト、人材面などからいずれかを選択することになります。

　SOCを外部に持つ場合、月額でのサービス利用となり、一般には社内SOCを設けるよりも金額面は抑えることができるでしょう。しかし、外部にログを渡すことは必須となるほか、攻撃か業務かが正しく判断されず、混乱するケースが考えられます。

　例えば、社内から開発用の端末でデバッグモジュールのダウンロード・実行するといった行為が、社内事情がわかっていれば正常なアクションと判断できるのに対し、社外SOCには不審なURLからの端末調査モジュールのダウンロード・実行と見えてしまうことがあります。この場合SOCから通知が出るため、対応する体制を取るかどうか、悪意のある攻撃なのかどうかを自社で確認し、判断するというプロセスが必要になります。即応を考えるとまずはインシデント対応体制を取ることになると思いますが、いざ調べてみたら上記のような業務内のケースだったということも起こり得ます。

　一方、SOCを社内に持つ場合は、全て自社内で完結します。同様のケースで、セキュリティ対策機器がアラートを通知した場合でも、社内での業務であることをすぐに把握し、アラートを無視するといった運用を敷くことができるため、悪意のあるものかどうかを素早く判断できます。

　ただ、自社内にセキュリティイベントを解析ができる分析スタッフを配置したり、セキュリティ技術に長けた人材を育成したりする必要があり、コスト面で費用が積みあがってしまいがちです。

また、SOCによって発生したイベントを解析する上で非常に重要なポイントに、環境の可視化ができているか、ということがあります。資産管理が細やかに実施できていれば、セキュリティイベントを検知した端末がどの部署でどのような機器で、誰がどういう業務に使っている端末なのかが早急に特定できます。これにより、発生したイベントの原因が明確にでき、サイバー攻撃の早期検知につながります。

　しかしながら、こうした機器管理を完璧に行うのは難しい場合が多く、実際の現場ではセキュリティイベントの原因特定すら難しいというケースも少なくありません。例えば、企業内のとある部門で新しくパソコンを購入した場合に、その情報がSOCにまで共有されるような運用にはなっていない企業がほとんどでしょう。理由は、SOCはここ10年くらいで一般的になってきたチームのため、機器管理の部門とも連携するような必要性がまだ十分には理解が得られていないためです。

　また、過去の経緯などもあり、部門ごとの発注先のベンダーが異なっていたり、機器の調達・管理にかかわるベンダーと、SOC関連業務のベンダーが異なるケースもあります。そうなると情報の共有は一筋縄ではいきません。このような環境では情報が上手く連携されず、新たに購入したサーバが外部のURLからソフトウェアをダウンロードした際に、SOCからは未知の端末からのこれまでにないパターンのアクションとして「不審な端末を検知し、その端末から調査行為が実行された」などといったサイバー攻撃のアラートが、企業全体に報告されるといった事象も発生してしまいます。

　資産管理もイベント解析の重要なポイントのため、こういった情報の管理もSOCや機器管理チームが連携するようにお互い歩み寄る必要があるかもしれません。機器管理のためのツールに対して、SOCにも閲覧権限を持たせるといった体制作りも重要になります。

●外部組織との連携

サイバー攻撃から企業を守るためにはセキュリティ対策装置を導入したり、セキュリティアラートを検知した際の運用を整備したりすることが必要です。しかし、それだけでは新たなサイバー攻撃に対応できない場合もあります。最新のサイバー攻撃に対応するためには、セキュリティ専門の外部組織と連携し、最新のセキュリティに関する情報を取得し、それを自社のセキュリティ対策に取り込んでいくことも必要となります。

CSIRTの解説で、社内外との連携が求められるという点に触れましたが、ここではこの点についてもう少しくわしく見ていきたいと思います。

▶ 社外からセキュリティ情報を収集する

セキュリティに関する最新の情報を取得するには、脅威インテリジェンスサービスを契約したり、運用にセキュリティ情報を公開しているようなWebサイトの掲載情報を確認したり、業界でセキュリティ対策を推進している団体に加入するなど、様々な方法があります。CSIRTだけでなく、SOCでもこうした情報収集は必要です。

低コストで実施できる方法として、Webサイト閲覧による情報を取得することを定期的な運用に加えることがあるかと思います。以下のような機関がWebサイトでセキュリティに関する情報を公開しています。こうしたサイトの巡回は必須と言えます。

● 独立行政法人情報処理推進機構（IPA）

セキュリティに関する最新情報、セキュリティに関するガイドブックやガイドラインの公開

https://www.ipa.go.jp/

● 一般社団法人JPCERTコーディネーションセンター（JPCERT/CC）

セキュリティに関する注意喚起やインシデント対応時の相談

https://www.jpcert.or.jp/

● **Japan Vulnerability Notes（JVN）**

ソフトウェアなどの脆弱性関連情報とその対策情報を提供し、サイバー攻撃
への攻撃表面の縮小を目的とする脆弱性対策情報ポータルサイト

https://jvn.jp/nav/jvn.html

　上記のWebサイト以外にも様々なセキュリティに関する情報を公開している
サイトがあります。社内システムの開発・運用の状況を見て、必要に応じて参照
するWebサイトを増やします。

　また、導入している製品のベンダー保守サービスから更新プログラムの通知
もあるでしょう。そのような通知を見逃さず、提供された情報をその都度確認
することも重要な運用業務となります。

▶ 収集した情報を対策に反映する

　ただ、大事なことは、最新のセキュリティに関する情報を取得したあと、自社
のセキュリティ対策に組み込むことです。例えば、不審なIPアドレスの情報が
共有された場合、社内のProxyやファイアウォールのログから過去にアクセス
がないかを確認したり、不審なIPアドレスへの通信をProxyやファイアウォー
ルで遮断したりするといった、セキュリティ対策機器に入手した情報を反映す
る作業も運用に加えることが必要です。ここが徹底されていないために起こる
セキュリティインシデントも実際にはあるようです。

　また、脆弱性情報を取得した場合も同様で、自社内のサーバ管理者や端末
管理者に脆弱性情報を共有し、脆弱性に該当するサーバやクライアント端末
が存在するかを確認します。サーバやクライアント端末が存在した場合、更新
プログラムが適用されているか、更新プログラムが適用できないような状況で
あれば回避策を取ることは可能か、などの調査や作業も必要になります。

　しかし、すべての脆弱性情報に対応していると膨大な時間的なコスト、工数
が必要になり、現実的ではありません。自社ではどの程度の危険度だったら、
どういう対応をするのかをあらかじめルールを決めておく必要があります。緊急

と判断するものは即対応する、ある程度リスクが許容できるものはバージョンアップ時に対応する、オフライン機器なので脆弱性に対応する必要はない、といった判断を適切にできるよう、ロジックを構築しておきましょう。

第 6 章

社内情報を守る

第5章ではサイバー攻撃に立ち向かう組織としての観点で、CSIRTやSOCといった組織のセキュリティ体制について説明しました。組織は企業内にある様々なIT資産をサイバー攻撃から守る必要があります。攻撃者は企業へのサイバー攻撃によって公開されているサーバを攻撃したり、社内に侵入して社内のクライアントパソコンを攻撃したりしますが、狙いは社内のアカウント情報やファイルです。そういった社内情報に対しては、外部からの攻撃とはまた異なる対策が必要で、万が一攻撃者に侵入されたとしても、攻撃者が重要な情報を閲覧できないような対策が必要となります。

　本章では、社内情報にフォーカスを当て、社内にあるファイルやアカウント情報に対して実施するセキュリティ対策について述べていきます。社内にある情報に対して、どのようなセキュリティ対策が必要なのか、どのようなセキュリティ対策が実施されているのかについて、理解を深めていただければと思います。具体的には認証の強化と、重要情報の暗号化です。ではまず、社内向けに認証を強化する方法から見ていきましょう。

　なお、認証を強化するには第3章で取り上げた生体認証も適切に取り入れることが有効です。本章では取り上げませんので、生体認証については第3章を参照してください。

●認証を強化する

▶ ID管理

ID管理とは、システムやサービスを利用するために行うユーザの認証におい
て、ユーザを識別するためのアカウント情報 (ID) を管理することです。

具体的な管理作業としては、システム管理者が各システムもしくはサービスの
アカウント情報を登録・変更・削除したり、各アカウントに対してアクセス権限
を付与したりすることです。また、複数のシステムやサービスにまたがって散乱
しているIDを一元的に管理することも作業内容に含まれます。

そして、このように散乱しているIDを一元的に管理することを統合ID管理と
言います。

**図6-1　社内に展開されているシステムやサービスがそれぞれ持つID情報を一元的に
管理する**

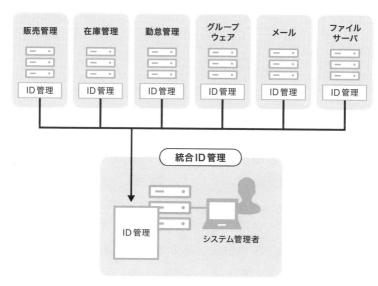

多くの場合、登録されたIDには、メールアドレスを始めとするアカウント情報だけでなく、ユーザ個人に深くかかわる様々な情報が付いてきます。例えば、企業の社員アカウント情報には、氏名、所属部署や入社した日付、役職など、会社内で個人を特定するような情報もあれば、生年月日、住所など、本人そのものを特定する情報も何らかの形で社内に記録されています。

　1個のIDにひも付けられる情報は、システムやサービスごとに異なります。このため、ID管理といっても、複数のシステムやサービスを持つ企業としては、非常に多くの情報を管理する複雑な作業が必要です。

　また、最近では、業務でクラウドサービスを利用することが増えており、クラウドサービスごとに新規にIDを作成する機会が増えてきています。クラウドサービスは企業内に閉じてはおらず、インターネットを閲覧できれば登録できるものがほとんどです。そして、今まで以上に便利なサービスも増えてきているため、企業のシステム管理者にクラウドサービスの利用を申請せず、勝手にクラウドサービスを利用する社内ユーザがいるかもしれません。

　このような背景もあり、ID管理は複雑化しています。現状、次のような課題があると考えられます。

● 人事異動などに伴い負荷が集中する

　まず、人事異動や組織改編時の大量の作業が集中的に発生する点です。人事異動に伴い、ID情報の登録や更新、変更作業が発生します。この作業は企業によっては紙をベースに手作業で実施されることもあり、管理者の大きな負担となる場合があります。特に、上期下期の切り替わり時期は大規模な人事異動や組織改編が発生することが多いため、ID管理業務がこの時期に集中し、総務部や人事部などの人事に関連する部署は多忙を極める傾向があります。

　また、手作業によるID情報に関わる業務では、作業ミスや退職者IDの削除漏れによるID情報の悪用、紙の情報漏えいなどリスクが存在します。そのため、ダブルチェックが欠かせない体制となり、かなり多くの工数を発生させてしまう状況となっています。

さらに、クラウドサービスの利用を管理していなかった場合、どのようなクラウドサービスを利用しているのか、ヒアリングを実施する必要も出てきます。退職時に引き継ぎを兼ねてヒアリングを実施する場合もあると思いますが、退職者は様々な感情を抱いていることが多く、正確に引き継ぎが行われない場合もあったりします。引き継ぎが十分にされていない状況から業務を復旧させるには、ID管理の業務だけではなく、その他の業務に対しても多大な工数が費やされる傾向があります。

● 内部監査対応の負担

システムへのアクセス管理がIT統制の一つの評価項目となっており、内部監査時にはシステムごとにID情報やログイン履歴を出力・照会し、内部統制ができているかを確認する必要があります。これらの棚卸作業が手作業で実施されている場合もあり、この作業が管理者への大きな負担となっています。電子化されていたとしても、システムやサービスごとにID情報が分かれていると、作業負担は情報システム部門に重くのしかかります。

● ヘルプデスク業務の運用負荷

ユーザの窓口であるヘルプデスクには、ログインに関する問い合わせも多く寄せられます。例えば、パスワードを忘れてしまった、パスワードを何度も間違えたことによりアカウントがロックされてしまった、そもそもログインに利用するアカウント情報がわからない、新しいパスワードが登録できないなど、システムやサービスが増えるのに比例して、問い合わせ数も増えていきます。これに伴い、ヘルプデスクの運用負荷が増大しがちで、ヘルプデスク業務の課題となる傾向があります。

こうした課題を解決するために、ID管理を支援する製品やサービスを導入します。一般にID管理製品には以下の機能があります。

● アクセス制御

複数の製品・サービスのIDをID管理製品で一元管理することにより、ユーザごとに各システム・サービスでの権限を一括して設定することができ

ます。また、ユーザや役割ごとに、参照、編集、新規ユーザの作成など、詳細な権限設定が可能となります。

● 権限申請のワークフローの構築

例えば、ユーザが新規に社内のシステムあるいはサービスを利用する場合は、システム管理者に対して申請し、承認を得て新規IDを発行してもらうといったワークフローがあります。

ID管理製品には、このようなワークフロー処理をサポートする機能が備わっています。事前に、システム・サービスの利用について、どのような申請手順とするか、誰の承認を必要とするかを設定しておきます。この設定をしておくと、ユーザが利用申請をした際に、承認依頼メールを管理者に送信し、設定が完了した際に、その旨を知らせるメールをユーザに送信するといった業務を自動化できます。このような機能を利用することで、申請処理の簡略化や申請処理の不備の防止が可能となります。

また、ID管理システムのワークフローを確認することにより、ユーザがどのようなステータスなのかも確認することができます。

● 職務分掌

職務分掌は職務の分離とも呼ばれ、1人の担当者が2つ以上の職務を兼務することで不正を行う機会が発生してしまうことを未然に防止します。例えば、「会社の口座の参照権限」と「会社の口座から送金を行う権限」という権限があったとします。この権限が1人のユーザに設定されてしまうと、口座を参照し、特定の人に、自分で勝手に決めた金額を送金できることがそのユーザだけで実行できることになり、不審な送金チェックができない状況を生み出してしまいます。職務の分離を設定することで、このような同一ユーザに与えてはいけない条件を設定することができます。

● 操作記録の管理

ユーザが行ったID操作をログとして記録することができます。例えば、ワークフローでは誰が、いつ、どのような権限を申請または承認したか、などを操作履歴で残すことができます。ログを残すことで、ログインしたユーザの不審な挙動の検出や監査業務の軽減に役立ちます。

▶ ワンタイムパスワード

ワンタイムパスワードとは、1回だけ使える使い捨て型のパスワードです。ワンタイムパスワード機能によって発行されたパスワード文字列は、60秒や30秒ごとの一定間隔で更新されます。また、1度認証されたパスワードは使えなくなるため、仮にパスワード情報が盗まれても悪用しにくい仕組みとなります。金融機関の送金操作など、高度なセキュリティを求められるシステムで利用され始めました。

図6-2　認証のたびに異なるパスワードを発行するワンタイムパスワード

ワンタイムパスワードの利用は、主として銀行口座や証券取引所などの金融機関系のシステムから始まりましたが、セキュリティ意識の高まりから、金融機関以外の様々な場面でワンタイムパスワードが用いられるようになりました。

現状、ワンタイムパスワードが用いられる場面の具体例を見てみましょう。自社での導入の参考になるはずです。

● SNSやWebメール

ワンタイムパスワードは、SNSやWebメールのログイン時によく利用されています。多くのSNSでは、ログイン時にワンタイムパスワードを利用することを、ユーザが選択できるようになっています。一般に、初期設定ではIDとパスワードによる認証のみになっています。そのままだと、IDとパスワードが漏れた場合に、攻撃者が容易に不正ログインできてしまいます。このような状

第6章　社内情報を守る

況に対して、ワンタイムパスワード機能を追加することで、IDとパスワードが流出してもなりすましや不正ログインを防止できます。

SNSのダイレクトメールやWebメールも記載された内容が漏れてしまうと、情報漏えい事故に発展してしまいます。また、本書で何度も触れてきたとおり、迷惑メールがセキュリティ侵害の最初の一手になっているということもあり、ワンタイムパスワードが実装されるようになっていると考えていいでしょう。

● 仮想通貨（暗号資産）

仮想通貨を扱うアプリやWebサイトでも、ワンタイムパスワードの導入が進んでいます。仮想通貨の取り引きにも、金融機関と同様の厳格なセキュリティ認証が必要と考えられるためでしょう。

それには2018年の事件が影響したと考えられます。この年、仮想通貨取引所のコインチェックが、不正アクセスによって580億円を流出させる事件が発生しました[*1]。この一件は、仮想通貨関連のシステムもサイバー攻撃の標的になったことがわかったことと、実際に大きな被害が出たという点で衝撃的な事件でした。この一件を受け、仮想通貨でもセキュリティ意識が高まり、仮想通貨取引でもワンタイムパスワードの利用が広まったと考えられます。

● リモートワーク

働き方改革や新型コロナウイルスの影響により、リモートワークを導入する企業が増えました。リモートワーク環境を整備するのに合わせ、自宅から社内ネットワークにログインする際に、ワンタイムパスワードを利用する企業も増えています。

このようにワンタイムパスワードは、通常のID／パスワード認証を強化する手段として採用が進んでいます。一方で、ワンタイムパスワード以外にも認証を強化する方法はあります。

例えば、アクセスログなど複数の情報から普段と異なるアクセスを検出し、そ

[*1] 「仮想通貨NEMの不正送金に関する質問」(https://coincheck.com/ja/info/faq_nem#id01)

のときにサーバ側でワンタイムパスワードによるログインを要求するような「リスクベース認証」。あるいは、事前登録した機器のみ認証する「デバイス認証」や、第3章で取り上げた生体情報を使う「バイオメトリクス認証」など、様々な認証方法が採用されています。

▶ 二要素認証

前項のワンタイムパスワードは、ID／パスワードに加えて、一時的なパスワードでユーザを認証する方式です。これに限らず、2種類の異なる認証方法を組み合わせることにより、システムやサービスへのログイン強度を高める認証方式を二要素認証と言います。組み合わせる要素は、全部で3種類（知識情報・所持情報・生体情報）あります。

図6-3　二要素認証に用いられる認証要素は3種類に分類できる

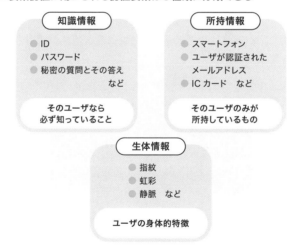

二要素認証で用いられる知識情報、所持情報、生体情報には、それぞれ次のようなものが使われています。

- 知識情報 …… ID／パスワードや秘密の質問とその答えなど、ユーザが必ず知っている情報
- 所持情報 …… ICカードやスマートホンなどのデバイス、もしくはユーザのスマートフォンにSMSやメールで通知されるワンタイムパスワードなど、ユーザのみが所持している、もしくは知り得る情報
- 生体情報 …… 顔や静脈など、ユーザ自身が物理的に持つ情報

　所持情報には、GmailやOutlookなどのメールアドレスも含まれることがあります。こうしたWebサービスでは登録時にスマートフォン（携帯電話番号）を使った認証を行っており、こうしたメールアドレスでは所持情報の確認が取れているという前提で利用することができるためです。

　上記の情報を2種類以上組み合わせたものを多要素認証（マルチファクタ認証）と言います。組み合わせたすべての要素が揃わないと認証が通らないため、なりすましや不正アクセスのリスクを低減し、セキュリティ対策を強化することができます。ただ、2種類を組み合わせた二要素認証が採用されるのが一般的でしょう。

　二要素認証の例としては、ID／パスワード（知識情報）でログインする操作をしたユーザに対して、静脈の情報（生体情報）を要求することで認証を行うといった組み合わせです。

　二要素認証によって守れるものは、攻撃者からの不正なログインです。IDとパスワードのログイン以外に他の情報による情報を加えることで、認証強度を向上させるという考え方です。

　ワンタイムパスワードや生体情報を使った認証が単体で使われることはまれで、IDとパスワードで組み合わせる認証方式として使われるのが一般的です。

▶ シングルサインオン

　第3章で取り上げたシングルサインオンも、認証を強化するのに有効な方法です。ここであらためて説明しておきましょう。

　シングルサインオンとは、1回のユーザ認証によって複数のシステム（業務ア

プリケーションや基幹アプリケーションなど）の利用が可能になる技術です。システムを利用する際、通常はユーザを特定するためにユーザ認証が行われますが、特定されたユーザが適切な権限を持っていれば、他のシステムであってもシステムの利用を許可するという認証方式です。

　その仕組みについては、第3章の「シングルサインオン」を参照してください。ここでは、シングルサインオンの導入にはメリットとデメリットについて掘り下げてみたいと思います。

　シングルサインオンのメリットとしては、まずセキュリティ面ではユーザによる脆弱なパスワード管理を解消できる点が挙げられるほか、利便性の向上、ID管理のリソースおよびコストの削減も図れます。

　まず、利便性から見てみましょう。シングルサインオンを導入する最大のメリットは、利便性の向上です。シングルサインオンを導入することで、ユーザの立場で見てみれば、複数のサービスやシステムを認証する際、一つの組み合わせのIDとパスワードでログインすることが可能となり、各システムでのログイン作業を省くことができます。また、ユーザもシステム管理者も、管理すべきIDとパスワードの組み合わせを減らすことができ、負担も大きく減少させることが可能です。

　通常、セキュリティ対策の強化はユーザの利便性を下げることになるものも少なくないため、ユーザが不満をためるといったことにもつながりかねません。しかしながらシングルサインオンについては、利便性の向上も訴求できるため、導入の後押しになるという面もあります。

　導入の促進につながるという点では、管理リソースやコストの削減も同様です。業務で管理しているシステムの多くは、多数の従業員が利用するものです。シングルサインオンを導入すると、本章の最初に取り上げた統合ID管理を必然的に導入することになります。これにより、個々のシステムごとに乱立していたID管理に求められていた管理リソースやコストを削減することができます。管理者が管理すべきIDとパスワードの数を大幅に削減できることと、従業員にとっても自分のIDとパスワードを管理する手間を減らすことができます。

　このユーザのID管理の手間を削減できることが、セキュリティリスクの削減

にも繋がります。これがシングルサインオンの導入がセキュリティ面でもメリットがある理由です。

社内のシステムごとにそれぞれIDやパスワードを使い分けている場合、利用するシステムの数だけIDとパスワードが存在するため、ユーザのID管理は複雑になります。いちいち控えたパスワードを参照するのは煩わしいでしょう。その結果、ユーザは簡単に各システムにログインできるよう、簡単なID、パスワードを設定したり、同じID／パスワードを使い回したりしてしまいがちです。あるいは、ID／パスワードを忘れないようにと付箋紙に書き込んでディスプレイの周囲に貼り付けるといった笑い話のような（実際には笑えませんが）ケースも出てきます。複雑なパスワード管理は、かえってパスワードの脆弱性を作りがちです。そうした管理の手間を避けるシングルサインオンにより、こうした人為的な脆弱性を回避しやすくなります。

シングルサインオンもメリットだけではありません。デメリットも存在します。万が一、このシングルサインオン用のIDとパスワードが漏えいしてしまった場合は深刻です。全てのサービスやシステムへの外部からの不正アクセスを許すことにもなりかねません。

メリットの裏返しにもなりますが、ID情報が流出したことによる影響範囲が大きくなるため、ログイン情報を管理する手間が減り、1パターンだけ覚えていればよくなったことにより、そのID／パスワードについては今まで以上に厳格に管理することを社内ユーザにも求めていく必要があります。

また、シングルサインオン機能を実装するシステムが停止してしまった場合、多数のシステムで認証処理が不可能となります。そうなると影響も大きく、全社的な業務停止にもつながりかねません。その結果、ヘルプデスクや各システムの担当部署などへの問い合わせなど余計な業務が発生してしまう、といったことが考えられます。

●重要情報の暗号化

▶ ファイル暗号システム

　ここでのファイル暗号化は、主としてクライアントパソコンでの暗号化に焦点を当てます。コンピュータに保存されているファイルを暗号化することにより、そのデータはパソコンの所有者だけが持つ暗号キーなどによって復号が可能となります。その結果、何らかの形で第三者がファイルを入手しても、その内容を盗み見られることを防げます。

図6-4　クライアントパソコン内のファイルを暗号化で守る

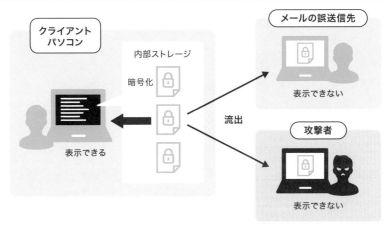

　ファイル暗号システムを導入するメリットとしては、パソコンの盗難や紛失に伴う情報漏洩を防げることです。もちろん、パソコン自体にログインする際の認証が十分に担保されていることが前提ですが、持ち主である社内ユーザが使う分には、パソコン内のファイルは復号されて読み書きが可能です。しかし、パソコンだけ入手した、あるいはハードディスクやSSDだけ抜き取った第三者がストレージからファイルを開こうとしても、正規のユーザではない場合にはファイルは開けません。USBメモリにファイルを保存するときにも暗号化するように

しておけば、USBメモリを紛失した場合にもファイルを保護できます。

　ファイル単体で流出するようなケースにも暗号化は有効です。公開鍵暗号方式で、メールの送信先の公開鍵で添付ファイルを暗号化するようにしておけば、メールを誤送信した場合でも受信したユーザは添付ファイルを復号することができません。また、ファイル以外にメールの内容も暗号化することができるため、誤操作による情報漏洩を未然に防ぐことが可能です。

▶ **データベース暗号システム**

　データベースには機密情報や顧客の個人情報などが大量に記録されています。データベースからの情報流出を防止するためには、アクセス制御などと合わせ、データベースの暗号化も有効に働きます。多層防御の一環として、重要性は今後も上がっていくでしょう。

図6-5　データベースを暗号化する3つの方法

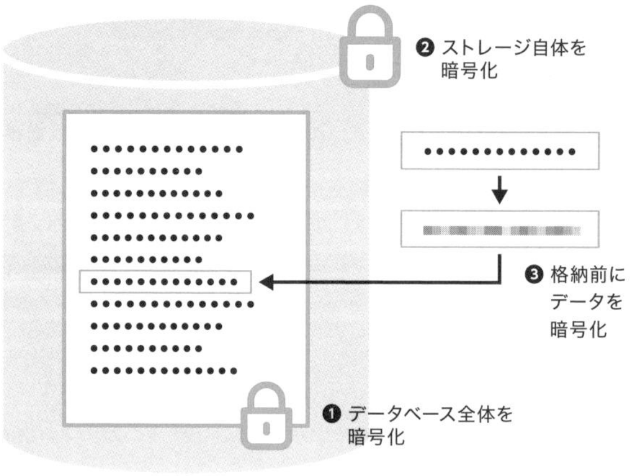

❷ ストレージ自体を暗号化

❸ 格納前にデータを暗号化

❶ データベース全体を暗号化

　データベースの暗号化の方法は、暗号化する対象や手順によって3種類に分けることができます。

①データベース機能による暗号化

　データベース全体に、データベース管理システムの持つ暗号化機能を適用する方法です。この機能はデータベースの機能として備わっているため、機能を有効にするだけで暗号化や復号のための特別な操作をしなくても、データが暗号化され、データの取り出し・保存も復号された状態となり、暗号化に伴う追加の操作はありません。

②ストレージ機能による暗号化

　これは、データベースだけでなく、その格納場所であるストレージそのものを暗号化する方法です。この方法では、OSやファイルシステム、ストレージ機器に搭載されている暗号化機能を利用することが多いです。そのため、データベース操作時にユーザが暗号化や復号にかかる操作をする必要はありません。

③データベース格納前の暗号化

　データベースに格納する前に、データそのものを暗号化する方法です。この方法は、データベースとは別のアプリケーションを使ってデータの暗号化を行います。そのため、どのような方法でデータにアクセスしても暗号化したデータしか取り出せず、データベースの権限を奪取されてレコードを抜き出されたとしても、データが流出されることはありません。

　データベースの暗号化は情報漏洩の観点から欠かせない技術です。ネットワークやアプリケーションなどのセキュリティ対策が突破されたとしても、重要な情報の格納庫であるデータベースの暗号化が最後の砦になります。例えば、従業員が機微情報を保存しているパソコンを通勤途中で紛失してしまったという場合に、悪い人に拾われ、その人がデータを盗み見ようといろいろ試したとします。パソコンにはログインできなくても、ハードディスクなどを抜き出して中身を探ろうとするかもしれません。そういう場合でも、データが暗号化されていれば機微情報は守ることができます。

　ここまではメリットを中心に解説しましたが、デメリットと注意点もあります。注意点と対策は以下となります。

① 暗号化処理により処理速度が落ちる

例えば、他のアプリケーションを用いてデータベース内のデータを暗号化する仕組みを導入した場合、データベース利用時に暗号化という処理が加わるため、データベースへのアクセスに関して処理速度が落ちる可能性があります。

そうした暗号化処理での影響が積み重なり、データベース全体のレスポンスが低下し、最悪の場合は業務効率に大きな影響を及ぼしてしまうこともあり得ます。極力、そのような業務影響を最小限に食い止めるため、暗号化する対象を明確にして限定的に運用し、レスポンスの低下などをユーザが意識しなくてもいい暗号化システムを構築することが重要となります。

② 暗号鍵の管理が必要

暗号鍵が外部に漏洩してしまうと、データが復号されてしまう危険があります。そのため、暗号鍵の管理も暗号化のシステム仕様に盛り込まなければなりません。暗号鍵の管理は厳重であることが求められるため、例外なく手間がかかります。あらかじめ効率的な管理方法を検討しておくことが求められます。また、暗号鍵が失われると、データを復号できなくなるため、確実な保管とバックアップも必要です。

このほかにも、データベースやストレージを暗号化しても、OSがメモリ上に展開した情報には暗号化されていないデータが残る場合があったり、ユーザがデータベースから取り出したデータについては無防備になってしまったりするといったリスクが残ります。こうした点をつぶしていくことも求められます。

暗号化は、不正アクセス自体を防ぐ対策ではありません。データの盗聴や盗難を防止できますが、攻撃者の侵入を止めることはできません。さらに、攻撃者に攻撃を仕掛けられた場合、暗号化している情報を強引に復号される危険性があり、暗号化をすれば安心というわけではありません。データベースのセキュリティ対策を行うためには、暗号化とアクセス制御の両方が必要です。

第**7**章

サーバと
クライアントを守る

現代において、企業が顧客にサービスを提供したり、企業内で様々な業務を遂行したりするためには、サーバとクライアントパソコンを何らかの形で用意することは不可欠です。企業が長期に渡って所有・利用するハードウェア機器は、サイバー攻撃の対象となりやすく、とりわけインターネット上に公開しているサーバであれば、日々攻撃者からスキャン攻撃を受けているサーバもあると思います。

　今後、サーバおよびクライアントパソコンをサイバー攻撃から守ることを目的としたセキュリティ対策は必須と言えるでしょう。

　第6章では社内情報にフォーカスしたセキュリティ対策について解説しました。本章では企業内のハードウェア、その中でもサーバとクライアントパソコンに焦点を当て、どのように守っていくのかをまとめます。

　企業内のサーバ、クライアントパソコンに導入されたセキュリティ対策がどういうものなかを理解し、将来的にセキュリティ対策製品を導入する際に適切に検討・判断する際の参考にしていただければと思います。

●ハードニング／堅牢化

　ハードニングとは、要塞化、堅牢化とも呼ばれ、サーバやクライアントパソコ
ン、ネットワーク機器におけるセキュリティ対策の中で最も基本的なものです。
サーバ、クライアントパソコンのいずれにも共通した対策です。サーバ、クライ
アントパソコンと分けずに、コンピュータであるととらえるとわかりやすいかも
しれません。

　ハードニングの最大のポイントは不要なソフトウェアをインストールしないこ
とです。業務に必要で、かつ安全であることが確認できているソフトウェアのみ
をインストールできるという環境を作ることで、悪意のある攻撃プログラムが入
り込む余地を大幅に減らすことができます。

図7-1　不要なソフトウェアをインストールしないことでコンピュータを守る

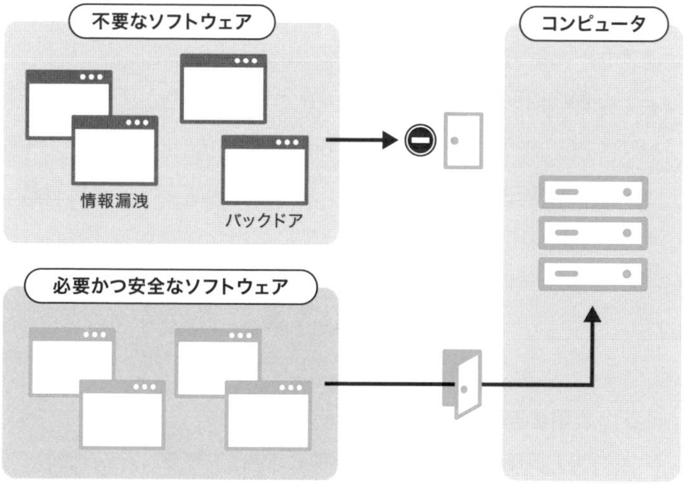

　サーバの場合は、不要なサービスを動かさないというのも原則になります。
このようにハードニングで不必要なソフトウェアやサービスを制限するのは、攻
撃者から見える攻撃面を減らすことが最大の目的です。結果として、情報システ

ム部門の脆弱性管理などのコストを下げることにもつながります。

　もちろん、不要なソフトウェアの導入・利用を禁止するに当たっては、それ以外にも基本的なセキュリティ対策が前提です。

①パスワードの強化

　パスワードは、アルファベットや数字、特殊文字を組み合わせた複雑なものを使用することで、ブルートフォース攻撃や辞書攻撃への対策にします。それに加え、定期的にパスワードを変更する運用にすることで、万が一、何らかの理由でログイン情報が流出してしまった場合でも、不正なログインによる被害を少しでも低減できるようにします。また、同じパスワードを複数のシステム・サービスで利用しないことも求められます。

②セキュリティソフトウェアの導入

　不意に入り込もうとするソフトウェアを制限するためにも有効です。パターンファイル、シグネチャが定期的にアップデートされることで、最新の脅威にも対応できるような仕組みとなります。

③ファイアウォールの設置

　ファイアウォールは、不正な送信元からのアクセスからシステムやネットワークを防ぐものとして受け止められていると思いますが、ハードニングの観点だと、ネットワーク内部のコンピュータが何らかの侵害を受けた場合は、内部から外、あるいは内部から内部に向けての不審な通信が要求されるケースが多発します。このため、外部からの不正なアクセスを遮断するだけでなく、内部からの不正なアクセスも検知することが求められます。

▶ Nmapは攻撃の予兆

　サーバを守るという点では、情報システム部門としてはNmapに特に気を配るといいでしょう。

　攻撃者は、サーバに本格的な攻撃を仕掛ける前に、サーバに対して脆弱性がないかを調査をします。この調査の際によく利用するソフトウェアの代表的なものがNmapです。Nmapは、第4章で取り上げたポートスキャンを目的と

したソフトウェアであり、ポートの開閉状態を調査することで、どのようなソフトウェアがサーバ上で動作しているのか確認することができます。

　攻撃者はNmapの結果により脆弱性のあるソフトウェアがインストールされていたり、起動していたりすることが確認できます。攻撃可能なソフトウェアを見つけたら、攻撃者はインターネット上からエクスプロイトコードを探し出す、あるいは自分で作成します。

　エクスプロイトコードがインターネット上に公開されていようものなら、そのサーバは攻撃者の格好の餌食となります。エクスプロイトコードを実行し、サーバへの侵入行為が開始されます。最悪の場合、企業内のネットワークに侵入され、情報漏洩などの重大な事故も引き起こされてしまいます。

　サーバに対してハードニングを実施しておくと、不必要なソフトウェアをインストールしていない環境に加え、ファイアウォールによりNmapの段階で接続を制限するなど、攻撃者に対して攻撃をしようとする情報を与えず、サイバー攻撃を回避できる確率を上げることができます。

　ちなみにですが、ハードニングについては「ハードニング競技会」というものがあります。これは、技術者と非技術者がチームを組み、サイバー攻撃を防ぐ能力をチーム同士で競うイベントです。

　技術の知識やテクニックのみならず、経営判断なども加味している競技となっており、効果的で素早い判断が求められるため、サイバー攻撃に対する総合的な防御能力の優劣が可視化できると言われています。総合的な防御能力の可視化という点がハードニング競技会の特徴として挙げられており、セキュリティ業界で注目されているイベントの一つです。

図7-2　サイバー攻撃を防ぐ能力を試せる「ハードニング競技会」のWebページ（https://wasforum.jp/hardening-project/）

●セキュアOS

セキュアOSとは、セキュリティに関する機能にフォーカスして開発されたOS のことです。一般的なOSでは、脆弱性が指摘されることがありますが、セキュア OSは脆弱性の発生を最小限に抑えるような設計になっているOSです。

セキュアOSは、高度なセキュリティ対策を求められる政府機関や金融機関、 軍事関連などの分野を中心に採用されていますが、近年では、企業や個人でも セキュアOSを利用することが増えているようです。

セキュアOSは、「従来OSの問題となりやすい特権ユーザを何とかしよう」と いう考えからスタートしました。この考え方をベースとして、セキュアOSは「強 制アクセス制御」と「最小特権」という2つの仕組みを実現しています。それぞ れについてくわしく見ていきましょう。

▶ 強制アクセス制御

強制アクセス制御は、どんなユーザやプロセスもアクセス制御される仕組み です。従来のOSでも、一般ユーザに対してはアクセス制御を行うことができま したが、管理者権限、特権ユーザや特権ユーザの権限を持つプロセスに対して はアクセスを制御するようにはなっていません。

例えば、UNIXやLinuxでは、chmodで設定するread (r)、write (w)、 execute (x) で示されるようなパーミッションチェックがありましたが、root権 限を持つユーザやプロセスはそのチェックを受けずに、どんなファイルに対して も読み書き実行ができました。

またWindowsでは、Administrator権限のユーザが自由にセキュリティポ リシーを変えることが可能であり、アクセス制限を受けていても、その制限を 解除することができました。

こうしたことから、管理者権限ユーザ、特権ユーザはアクセス制御の"抜け 道"になり得ます。システム管理やサーバアプリケーションの運用の際に便利 な権限として利用される一方、攻撃者の攻撃対象となっていました。強制アク

第7章　サーバとクライアントを守る

セス制御は、管理者権限や特権が抜け道になるのを防ぐために、管理者権限ユーザ、特権ユーザであっても必ずアクセス制御を受けるようにします。

この「強制アクセス制御」という仕組みを利用することで、実質的に特権ユーザの存在を無効化することが可能です。

図7-3　セキュアOSの強制アクセス制御

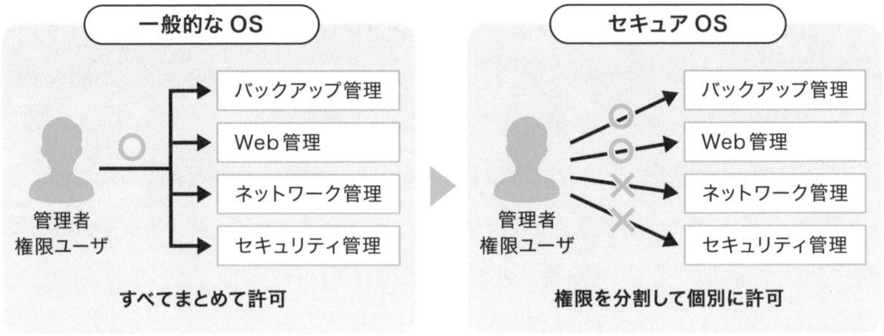

最小特権

最小特権は、ユーザやプロセスに必要最小限の権限のみを与えるようにする仕組みです。ユーザやプロセスに必要最小限の権限しか与えないことによって、仮に不正が行われたとしても、被害を最小限に抑えるという考え方です。

従来の一般的なOSでは、管理者権限ユーザや特権ユーザにしか持たせない権限があるため、システム管理者などに管理者権限、特権ユーザ権限を与える必要がありました。しかし、セキュアOSでは、「強制アクセス制御」によって管理者権限ユーザ、特権ユーザに対してもアクセス制御を設定することができます。アクセス制御ができるというのは、単にアクセスを遮断することだけではありません。アクセス制御によって特権ユーザの権限を分割し、管理者権限ユーザ、特権ユーザでも必要な権限のみを与えることができるようになります。

この「権限を分割し、必要なものだけを与える設定を行う仕組み」が「最小特権」です。セキュアOSは様々なメーカーで製品としてリリースされていますが、各製品の違いに表れているのが、「最小特権」における権限分割の粒度や設定の方法です。

強制アクセス制御と最小特権によって、管理者権限ユーザ、特権ユーザを実質的に排除し、ユーザやプロセスに必要最小限のアクセス権限を与えることができます。ただ、ここで「誰が権限を与えるのか＝誰がアクセス制御設定を行うのか」という問題が生じます。

　そこでセキュアOSでは、従来のシステム管理者に対してとは異なる「セキュリティ管理者」という概念を導入し、セキュリティ管理者がアクセス制御の設定を行います。

　「セキュリティ管理者がアクセス制御設定を行う」というところだけを見ると、Windowsで言えば、一般的なOSにも搭載されているAdministratorと同じようにも見えます。しかし、Windowsでは、Administrator権限でセキュリティポリシーを変更できました。つまり、「システム管理者＝セキュリティ管理者」という構成となっていました。

　一方、セキュアOSでは「システム管理者＝セキュリティ管理者」ではありません。あくまで、セキュリティ管理者とシステム管理者は独立しています。たとえ不正を企てる攻撃者がシステム管理者に与えられている管理者権限、特権ユーザ権限を奪ったとしても、セキュリティ管理者にはなれないような仕組みとなっています。一方、セキュリティ管理者は、他の権限については厳しく制限されているのが一般的で、主としてアクセス制御をはじめとするセキュリティ関連の権限に限られています。

●ウイルス対策

　ウイルス対策とは、第4章で取り上げたマルウェアを防ぐのが目的の対策です。くりかえしになりますが、マルウェアは大きく次の3種類に分類できます。

●コンピュータウイルス

　侵入したコンピュータ内のプログラムに寄生しつつ、ネットワークなどを介して他のコンピュータに感染するもの

●ワーム

　他のプログラムに寄生するのではなく単体で活動し、他のコンピュータに感染するもの

●トロイの木馬

　侵入するとそのコンピュータ上で活動はするものの、他のコンピュータには感染しないもの

　ウイルス対策は、こうしたマルウェアがインストールされるのを防いだり、マルウェアが不正に動作するのを防いだりといった、悪意のあるプログラムのあらゆる動作をすべて防ぎます。

　具体的なウイルス対策としては、ウイルス対策ソフトの利用です。ただ、それですべてのマルウェア被害を防げるというものでもなくなってきている点には注意が必要です。

　15年程度前であれば、ウイルス対策ソフトをインストールすれば、マルウェアの脅威からサーバやクライアントパソコンを守れると思われていましたが、マルウェアが進化してきたことで、今ではウイルス対策ソフトでは4割程度しか防げないと言われています。

　2010年代半ばに、ウイルス対策ソフトのベンダが「もはやウイルス対策ソフトではすべては防げない」と公式に発言して以降、それは常識になってしまいました。ウイルスが進化するスピードがあまりに速くなりすぎたためです。

とはいえ、ウイルスに対抗するための最大の手段はウイルス対策ソフトです。ここでは、どのようにウイルスに対策しているのかを見ることで、ウイルス対策ソフトの効用と限界について考えてみたいと思います。

▶ パターンマッチング方式

パターンマッチング方式とは、「新たにインストールされたプログラム」を「既知のマルウェアの特徴を記したデータベース」と比較し、既知のマルウェアの特徴と一致したものをマルウェアとして検出する方法です。このデータベースは、定義ファイル、ライブラリ、パターンファイルとも呼ばれています。

ウイルス対策ソフトの開発ベンダは新しいマルウェアが発見されたら、それを検出するための特徴を加えることでパターンファイルを更新します。このため、パターンマッチング方式で最新のマルウェアを検出するには、常にパターンファイルを最新にしておく必要があります。

図7-5　ウイルスを特定するための特徴 (パターン) を使うパターンマッチング方式

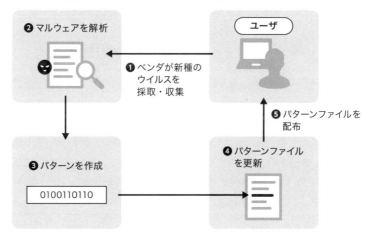

パターンマッチング方式では、ファイルと既知のマルウェアの特徴を比較してマルウェアを検知しますが、その際、ウイルス対策ソフトにはいくつかの検知手法があり、その一つがマルウェアを監視して検知するリアルタイム検知という手

法です。

　リアルタイム検知の場合、OS上でソフトウェアが利用するAPIを、ウイルス対策ソフトは常に監視しています。マルウェアは動作する際、何らかのAPIを利用します。そのときのふるまいに特徴（パターン）があり、ウイルス対策ソフトはマルウェア特有の特徴を検知したときにアラートを上げ、その動作をブロックします。このような監視をすることで、マルウェアが動作した瞬間に検知し、挙動を途中で防止することができるため、マルウェアが目的の動作を完了する前に処理を止めることができます。ウイルス対策ソフトによって名称は異なりますが、リアルタイムスキャン以外にも「オンアクセススキャン」や「アクティブスキャン」とも呼ばれることもある機能です。

　ウイルス対策ソフトはここ数年で性能も上がってきていますが、リアルタイム検知を実装することで、ウイルス対策ソフトが全てのソフトウェアの挙動を監視していることになります。

コラム

あってはならない、
パターンファイル・シグネチャの配布ミス

　少々込み入った話になることは重々承知しているのですが、パターンファイルやシグネチャの日々のアップデートについて注意すべきと私が個人的に思っていることをまとめておこうと思います。

　多くのセキュリティ対策製品は、パターンファイルやシグネチャを日々更新して、最新の脅威に対抗するような仕組みを取っていると思います。こうした製品のベンダも、最新の脅威に対策するためには、パターンファイルやシグネチャは常に最新の状態にしておくことを推奨しています。

　ただ、このパターンファイル、シグネチャにミスがあったとき、場合によっては、多大な影響を及ぼす「障害」に発展することがあります。

　昔あった有名なニュースですが、ウイルス対策ソフトのパターンファイルに定義ミスがあり、ウイルス対策製品がWindows XP SP3の起動ファイルを隔離してしまうといった事象が発生しました。これによりクライアントパソ

コンが再起動を延々と繰り返す状態となり、全世界に報道されるレベルの障害に発展しました。

　また、ネットワーク機器でシグネチャの定義ミスにより、通常の正規の通信を遮断してしまうといった事象も発生したことがあります。

　「脅威に対抗するためにはパターンファイル、シグネチャを最新にしてください」とメーカーが表明するのであれば、メーカーは絶対にミスがないような仕組みや運用を整備する必要があるでしょう。

　最新の脅威を防ぐためには、過剰検知が発生すること自体、多少は仕方のないことだと思います。ただ、それが行き過ぎて障害に発展するような状況を生み出したり、OSやアプリケーションの正常なファイルをかなり危険度の高いマルウェアとして過剰検知したりすることは、そのセキュリティ製品ユーザのシステム運用に直接大きな影響を与えます。これまでのパターンファイルの配信ミスの事例を見ていると、マルウェア感染に対抗するために仕方ないと割り切れるものではなく、製品の障害としてとらえ、対応すべき場合もあるのではないかと思うこともあります。

　メーカーとしては、単に毎日実施されるパターンファイルのアップデートと捉え、パターンファイルが間違っていたので最新のパターンファイルを適用すれば問題なく動作します、と言って締めくくるのではなく、トラブルを引き起こしているのはメーカー自身で、バグを仕込んでしまったと自覚して対応してもらえればと、日々運用している中では思ったりします

　ただ一方で、利用する側である我々情報システム部門も、パターンファイルやシグネチャのアップデートに起因した障害が起きることも想定し、障害発生時の運用を整備しておく必要があるかもしれません。

▶ 振る舞い検知方式

　パターンマッチング方式の弱点は、パターンがわかっている既知のマルウェアしか検出できないことにあります。マルウェアは日を追うごとに増えてきたことから、ウイルス対策ソフトとしては、未知のマルウェアであっても検知する仕組みを実装する必要が出てきました。

　そこで考案されたのが、振る舞い検知方式です。マルウェアのよくある動作

としては、コンピュータ内のプログラムファイルを検索して寄生先を探し、見つけたプログラムファイルに不審なコードを書き込むという挙動があります。振る舞い検知は、こうした特徴的な挙動に着目し、こうした挙動を検知した場合にマルウェアの疑いがあると検知します。

図7-6　挙動のパターンから未知のウイルスを検知する振る舞い検知方式

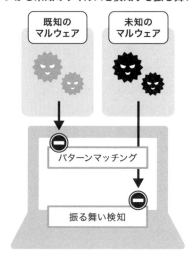

　振る舞い検知方式は、機器上のソフトウェアが実行される前にその実行コードを読み取って分析し、マルウェアの特徴的な挙動に当てはまるような動作をしそうな場合に、それがマルウェアだと判断する方式です。検知されたプログラムは、実行される前にマルウェアとして隔離したり、削除したりすることが可能です。

　ただし、振る舞い検知方式にも限界はあります。振る舞い検知でも、未知のマルウェアではその挙動が特徴的でも振る舞い検知ルールにない以上は、マルウェアとして検出することはできません。また、マルウェアのような振る舞いを見つけても、問題のないプログラムがたまたま同じような動作をしているだけという可能性も否定はできないため、この段階ではマルウェアと断定できないケースもあります。問題のないプログラムを軽はずみにマルウェアとして隔離・

削除してしまうと障害の可能性があります。そういうときには、もう少しくわしくそのプログラムが問題ないのか、マルウェアなのかを調べたいところです。それをするのがサンドボックスです。

▶ サンドボックス方式

怪しいと検出はできたものの、マルウェアとは言い切れないプログラムが見つかることは、運用の現場では実際にあることです。そういうときに最終判断するため、サンドボックスを使います。

振る舞い検知は、マルウェアの挙動を事前に確認することで未知のマルウェアかどうかを検知する仕組みでしたが、実際にマルウェアらしい挙動をするコードをウイルス対策ソフトがあらかじめ知っている必要がありました。しかし、マルウェアは進化し、Windowsに標準搭載されているツールを利用して悪意のある動作をするものや、まったく新しい挙動で攻撃するようなものも出てきています。

そこで開発されたサンドボックス方式です。この方式は、実際にプログラムを動かして、挙動を確認します。その結果によってマルウェアかどうかを判断します。

図7-7　隔離した環境で実際にプログラムを動作させてマルウェアかどうかを判定するサンドボックス方式

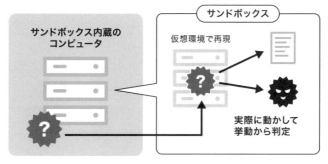

サンドボックス方式が振る舞い検知と違うのは、実際に対象のプログラムを

動かし、その挙動を観察して、不審なURLへ接続しようとしていないか、別の不審なプログラムをインストールしようとしていないか、OSの資格情報を不審に取得しようとしていないか、などについて観察する点です。

　実際にプログラムを動かすといっても、企業ネットワーク内のクライアントパソコン上でソフトウェアを実行することは許されません。そのため、通常のサンドボックス方式では、サンドボックスと呼ばれる仮想的な環境でソフトウェアを実行します。

　実際にソフトウェアを実行させてから検知する手法であるため、即時、というわけにはいきません。サンドボックス方式でマルウェアを検知した場合には、そのマルウェアはすでに社内のクライアントパソコン上に保存され、動作している可能性が非常に高いと考える必要があります。このため、検知した場合はそこから早急に対処する必要があります。

　このサンドボックス方式で新種のマルウェアを次々と検知するようになったのですが、攻撃者側も新たなマルウェアを作成し始めます。

　新たなマルウェアの特徴としては、Windowsの標準機能を呼び出し、Windowsの標準操作を装って不審なURLと接続させたり、ファイルをWindowsパソコン上に保存せずに実行させたり、サンドボックス環境を検知して、サンドボックス環境であったら動作しないような機能を入れ込んだり、様々な機能を追加してきました。

　こうなると、サンドボックス方式でもマルウェアが検知できないケースも出てきます。そこでEDRという方式が登場しました。

▶ EDR

　EDRは、Endpoint Detection and Responseの略で、サーバ、クライアントなどの機器の全てのログを採取し、そのログを分析することで不審な挙動を検知する機能です。現在のウイルス対策は、既存のウイルス対策ソフトの導入に加え、EDRを追加する動きが本格化してきました。ウイルス対策ソフトもウイルス対策機能に加えEDR機能も提供し始めており、多くの企業でEDRの導入が進んでいると想定されます。

EDRはこれまでのマルウェア検知の仕組みと異なり、マルウェアが動作するのを防ぐのではなく、他の検知方式をすり抜けて動作し始めるマルウェアはあるという前提で、動作し始めてからできるだけ早くそれを見つけて停止させるのを目的にしています。そのために機器の全てのログを採取・分析することで、マルウェアが働き始めたことをいち早く察知することを目指します。

図7-8　全ての機器のログからマルウェアが動作し始めたことをいち早く検出し、攻撃による被害を最小限に止めるEDR

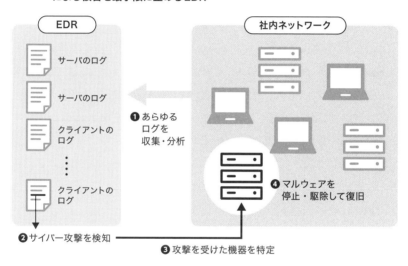

サイバー攻撃を検知するためには非常に有効な機能ですが、このEDRを使いこなすには、ログを確認できたり、ログから何が発生しているのかを把握できたりする技術が必要となります。そのために、第5章で取り上げたSOCと連携したり、ログ解析できる要員を自社に準備したり、EDRのログを解析するためのログ解析基盤を準備したりするなど、高度な解析技術やセキュリティ投資などが必要となります。

また、現状ではEDRは誤検知が多いという課題もあります。SOCでも触れましたが、有効に機能させるためには運用部署との密接な連携が必要で、EDRを導入する際には、検知、対処まで含めて、どのような運用フローとなるの

かも整えておく必要があります。

　なお、EDRのEがEndpointであることからわかる通り、EDRは本来クライアントパソコンやサーバを対象としています。ただ、ログを出力するのはEndpointだけではなくネットワーク機器のログも重要な情報を持っています。ネットワーク機器のログから不審な挙動を検知したり、一連の攻撃の流れを分析したりする機能をNDR（Network Detection and Response）ということもあります。また、EDRとNDRを組み合わせた機能をXDR（Extended Detection and Response）と呼ぶこともあります。

　このようなあらゆるログを集約・分析し、不審な挙動を見つけ出す流れとなった考え方として「ゼロトラスト」という考え方があります。第1章でも述べましたが、ゼロトラストとは、「誰も信じるな」という考え方で、この考え方に基づいて、全ての機器においてログから不審かどうかを検知するという流れとなり、EDRやNDR、XDRが生まれたとも言われています。

●コンテナにおけるセキュリティ対策

　昨今、クラウドサービスの普及により、「コンテナ」が広く使われるようになっています。コンテナとは、アプリケーションとそれを動かすために必要なOSや設定、ライブラリなどをひとまとめにしたものです。コンテナの実行環境にコンテナを持ち込むことで、コンテナを独立したシステムとして動作させることができます。コンテナは独立した環境として移動させることもでき、開発・運用上のメリットが多く、重宝される実行環境として注目を集めています。

　コンテナを利用するメリットの一つが、移行のしやすさです。検証環境で構築したアプリケーションを本番環境で立ち上げる際に、かつては本番環境のサーバでOSをインストールするところから整える必要がありました。そうした無駄を排除する仕組みはいろいろありましたが、コンテナの場合は一度コンテナを作っておくことにより、コンテナを動作させる環境基盤さえ整えれば、コンテナイメージをデプロイするだけで別の環境で動作させることができます。検証環境で動作確認が取れたコンテナであれば、それを簡単に本番環境に持っていくことができます。サーバを移行するといったときも、従来よりも容易にアプリケーションを移行させることができます。

▶ コンテナならではのリスクが存在

　ただ、セキュリティという観点から見れば、コンテナも企業システムの中で動作するアプリケーションの一つであり、コンテナ上のアプリケーションやOSに対するサイバー攻撃も考えられます。コンテナ自体やコンテナ環境も攻撃の対象になるかもしれません。このため、コンテナに対しても脆弱性がないか、不適切な設定がされていないかなど、セキュリティ対策を実装する必要があります。

　コンテナのセキュリティに関して、具体的には次のようなセキュリティリスクがあると言われています。

　まず、コンテナ内のアプリケーションに脆弱性がある可能性です。これは、コンテナではなく、サーバ上で展開するアプリケーションと同様のリスクです。コ

ンテナ内のアプリケーションも、脆弱性管理の対象にする必要があります。

　また、コンテナイメージの設定不備もあり得ます。例えば、root権限が必要でないにも関わらず、root権限での動作が設定されているなど、必要以上の権限が割り当てられていたり、コンテナ設定ファイルに不審な設定があり、不審な挙動を示すコンテナイメージが構築されてしまったりといった可能性があります。これも、サーバ上でシステムを稼働させているときと同様の対策が、コンテナに対しても必要になります。

　認証に関する情報もコンテナ内のシステムは持っています。こうした情報にアクセスされないような対策が必要です。

　コンテナ環境内でサプライチェーン攻撃が可能なこともあり、レジストリ*1上にマルウェアが埋め込まれているような不審なイメージが配備され、これが本番環境にインポートされることで他のコンテナに感染が広がるといった可能性もあります。

　コンテナ管理ソフトウェアを動作させるホストマシン自体が脆弱で、攻撃を受けやすいときには、その上で動作するコンテナにも危険が生じるでしょうし、コンテナを管理するソフトウェアに脆弱性があれば、コンテナの管理を奪取され、コンテナが不正に操作されてしまうリスクもあります。このあたりはコンテナならではのリスクと言えるでしょう。

　それ以外にも、コンテナ内でのネットワーク設定の不備で、暗号化されているべき通信が暗号化されていなかったりとか、コンテナを踏み台にホストマシンや他のコンテナに侵入されるようなセキュリティホールを作ってしまったりといったリスクも指摘されています。

▶ コンテナセキュリティの要点

　こうしたコンテナにかかわるセキュリティリスクに対しては、①コンテナイメージの構築、②コンテナレジストリ、③オーケストレーションツール、④コンテナに対する攻撃や侵入の検知、⑤ホストOS（コンテナホスト）、⑥ビルドパイプラインといった点に対策ポイントがあります。コンテナを使わず、サーバ上にアプリ

---

*1　コンテナのレジストリはコンテナイメージの格納庫を示します。

ケーションを展開するのと変わらない対策も含まれますが、コンテナは多数構築されることが多く、様々なセキュリティ対策が煩雑になる可能性があり、そうした対策を徹底することがより重要になります。コンテナを活用する場合には、参考にしてください。

まずは、安全なコンテナイメージを構築することです。コンテナイメージは、様々なライブラリや設定ファイルを組み合わせて構築されますが、不審な挙動を起こす設定や脆弱性のあるライブラリが紛れ込む可能性があります。これより、コンテナイメージに対して、構成するモジュールに脆弱性がないか、不審な設定がないか、マルウェアが存在しないか、確認しておく必要があります。

また、ライブラリに脆弱性が見つかれば更新版が公開されるため、構築時には脆弱性が存在しなくても時間が経過すると共に脆弱性が生まれる可能性があります。このため、脆弱性管理は個々のコンテナごとに求められます。

コンテナの保護という観点では、コンテナレジストリを守ることが重要になります。コンテナレジストリに不審な挙動をするコンテナイメージを置かれてしまうと、何らかの理由で不審なコンテナイメージをデプロイしてしまう可能性があります。これにより、不審な挙動を示すコンテナが本番環境上に実装されてしまいます。コンテナレジストリにあるコンテナイメージが不審なものではないか、常にチェックする必要があります。

オーケストレーションツールにもセキュリティ対策が必要です。オーケストレーションツールとは、どのコンテナイメージが本番環境にデプロイされているかを管理するツールです。このオーケストレーションツールに脆弱性があると、不審なコンテナイメージを本番環境へ勝手にインポートされたり、コンテナを削除されたりするリスクが発生します。オーケストレーションツールについてはとりわけ注意深く、脆弱性がないか、脆弱性が発覚したら更新プログラムを適用しているかといった脆弱性管理の対応が必要となります。

コンテナに対するセキュリティは、仮想的なサーバであるとも言えます。このため、コンテナイメージがひとたび本番環境にでデプロイされると、通常のサーバ同様、ネットワーク経由でのサイバー攻撃が発生する可能性があります。不審な通信を検知したりブロックしたりといった対策を、コンテナという観点から

第7章 サーバとクライアントを守る

進めていくことも必要となります。

　仮想環境を提供しているホストOS（コンテナの場合、これをコンテナホストといいます）の保護も重要です。ホストOSに脆弱性があり、脆弱性から不正ログインを許してしまった場合、コンテナ環境全体が乗っ取られる可能性があります。そうなると各コンテナに対しても自由にアクセスできる可能性があり、何らかの不審な行為が引き起こされるリスクが高まります。このため、ホストOSに対するマルウェア対策や脆弱性管理といった対策が必要となります

　コンテナイメージを構築してからレジストリにアップロードするまで手順および経路での保護も必要です。この一連の流れをビルドパイプラインといいます。ビルドパイプラインでは、コンテナイメージのアップデート時に不審なコードが組み込まれる脅威が存在します。具体的な対策としては、コンテナイメージのビルドやアップデート時に不審なものがないか、脆弱性診断ツールを使って確認することが求められます。また、ビルドパイプラインを管理するツールに脆弱性が存在した場合、ビルド時に不審な操作が実行され、意図しないライブラリが組み込まれることも考えられます。このため、ビルドパイプラインを管理するツールを対象に、脆弱性を管理する必要があります。

第 **8** 章

ネットワークを守る

多くの攻撃者は、インターネットを経由して企業に対してサイバー攻撃を仕掛けてきます。そして、システムや企業内への侵入を試み、クライアントパソコンやサーバに対して不正にログインし、権限を昇格して、最終的に情報漏洩を引き起こしたり、企業内にランサムウェアを仕込んだりします。つまり、サイバー攻撃の各攻撃フェーズにおいて、攻撃者はネットワークを経由して攻撃を繰り広げます。このため、ネットワークにセキュリティ対策を張り巡らせ、"自由にやらせない"ことで、サイバー攻撃を未然に防げるようになります。

　サイバー攻撃がネットワークを経由するものであることから、情報システム部門としては、一定のレベルでネットワークに関するスキルと知識を身に付ける必要があります。それをもとに、自社のネットワークにはどのようなネットワークセキュリティ製品が設置されているのか、その製品でどのようなサイバー攻撃をブロックするのか、導入しているネットワークセキュリティ製品でどの機能を有効化しているのか、把握しておく必要があります。

　第7章では、クライアントパソコンやサーバに対してのセキュリティ対策を述べていきましたが、本章ではネットワークに焦点を当て、ネットワーク上におけるサイバー攻撃対策を述べていきます。

　企業とインターネットとの境界、および企業内のネットワークにどのようなセキュリティ対策が実施されているか、今後どのようなネットワークセキュリティ対策製品を導入する必要があるのか、参考にしてください。

　ここまでで見てきたとおり、セキュリティ侵害ではメールがきっかけになっているものが少なくありません。そこで本章では特にメール関連のセキュリティにも焦点を当て、不審なメールの送受信を防ぐための対策と、ネットワークの不正な利用への対策とに分けて解説します。まずは、電子メールのセキュリティから見ていきましょう。

●不審メールの送受信を防ぐ

　電子メールは一般的なコミュニケーションの手段として現在も広く使われていますが、昨今はSlackやTeamsなどのコミュニケーションアプリの出現により、今後はメールの利用は徐々に減っていくと思われます。ただ、すぐに激減することはなく、メールの利用はまだしばらくの間は継続することが想定されます。

　電子メールは、実際に知っている相手かどうかを問わず不特定多数の相手に配信できることから、スパムメールやなりすましメールなどの不審メールの送信が多発しています。1日に利用されるメールが500億通を超えるとされる一方で、その大半が不審メールと言われています。

　多くのプロバイダがスパムメール・不審メールを遮断していますが、企業としては、電子メールに対して不審メールをブロックするメールフィルタ機能を導入していないと、多くの不審メールを受信してしまうため、電子メールセキュリティ対策は必須のものとなっています。

　メールにかかわる対策としては、①ウイルス対策、②脱PPAP、③迷惑メール対策、が重要なポイントです。順に見ていきましょう。

▶ 電子メールにおけるウイルス対策

　電子メールにおけるウイルス対策は、電子メールに添付された添付ファイルが対象です。添付ファイルに対し、パターンファイルベースのマルウェア検知機能を適用します。受信メール対策製品で本機能を有効にした場合、ウイルスが検知されたメールはユーザが受信する前に破棄されるため、ユーザには届きません。

図8-1 ウイルスメールや迷惑メールを阻止する対策の例

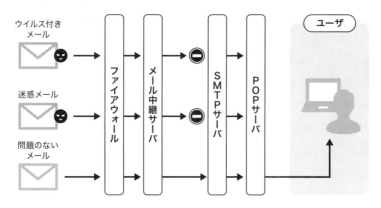

　このようなパターンマッチングで既知のマルウェアを防ぐのが受信メールの
ウイルス対策でも基本ですが、クライアント端末のウイルス対策と同様に、パ
ターンファイルでは検知できないマルウェアがここ数年で急増しているのも事
実です。このため、電子メールのウイルス対策は、ウイルス対策ソフトと同様の
進化を遂げ、サンドボックス機能が搭載されたメールフィルタリング対策製品
が登場しています。

　このサンドボックス機能により、標的型攻撃メールはかなりの数が検知さ
れ、パターンマッチング機能だけでは防ぐことができなかったと想定される情
報漏洩事故を未然に防いだ事例も多いのではないかと思われます。

　しかし、2023年夏、さらに先を行く巧妙な手口が出現しました。電子メール
セキュリティ対策機器のフィルタ機能の脆弱性を突き、メールフィルタリング機
器に不正ログインしメール情報を漏洩させる、という手法です。

　メールフィルタ機能が有効に働いていれば添付ファイルは必ずチェックされ
ます。もしメールフィルタリングを担当する機器に脆弱性がある場合、この脆弱
性を突く攻撃コードを添付ファイルに仕込むことで、対象の機器は無力化され
てしまいます。脆弱性を持つ機器は添付ファイルをチェックすることにより、自
分を攻撃するコードを必ず読み込んでしまうからです。

この攻撃については、米国政府機関が脆弱性情報を公開[1]したうえで注意喚起を出し[2]、メーカーとしても機器交換を推奨せざるを得ないという事態になりました[3]。

▶ 脱PPAP

電子メールにZIP形式で圧縮したファイルを添付して相手に送付する際に、ZIPファイルにパスワードをかけ、別メールでパスワードを送るという一連の流れを運用として確立している企業も多いかと思います。添付ファイルが流出しても、パスワードでロックすることでZIPファイルの中身は守れるというのがこの方式のメリットと考えられてきました。

ところが現在、この方式は決して安全でもなく、逆に避けるべきやり方と指摘されています。この方式には特に名前はありませんでしたが、こうした指摘がされると同時に、揶揄するような意味を込めてPPAP（「パ」スワード付ファイル、「パ」スワード送付、「あ」ん（暗）号化、「P」rotocol）と呼ばれています。

---

*1　NVD - CVE-2023-2868 (https://nvd.nist.gov/vuln/detail/CVE-2023-2868)

*2　Barracuda Networks Releases Update to Address ESG Vulnerability (https://www.cisa.gov/news-events/alerts/2023/06/15/barracuda-networks-releases-update-address-esg-vulnerability)

*3　Barracuda Email Security Gateway Appliance (ESG) Vulnerability (https://www.barracuda.com/company/legal/esg-vulnerability)

図8-2 添付ファイルを暗号化することにより、サーバでのウイルスチェックが無効化されてしまうのがPPAPの欠点

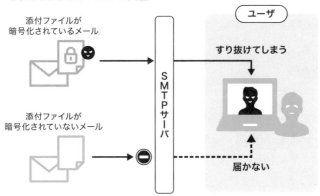

このPPAPは、添付ファイルが暗号化できるのがメリットでしたが、同時に大きなデメリットがありました。それは、添付ファイルが暗号化されているため、添付ファイルに対するウイルスチェック機能でファイルをウイルスチェックできない、という点です。

PPAP方式が悪い意味で注目されるようになったのは、とりわけ数年前に登場した「Emotet」というマルウェア以降です。Emotetは、Microsoft Officeのマクロで実装されることが多く、マルウェアとしての主な機能は基本的なダウンローダやマルウェアの拡散です。ただ、この拡散機能がかなり厄介なものでした。

拡散の手段が電子メールで、感染者のメールの宛先を取得し、それらしいタイトルで暗号化したEmotetを添付ファイルにして相手に送付するというやり方で拡散を図ります。これによりEmotetは世界中に拡散しました。読者の皆さんにもEmotet付きのメールを受信した方がいるのではないかと思います。

このような状況を防ぐため、「脱PPAP」が提唱されるようになりました[*4]。脱PPAPとは、その名の通り、PPAPをやめることです。いくつか方法はありますが、主流なのは脱メールとクラウドストレージの利用です。

---

*4　ファイルとパスワードを分けてメールを送信したとしても、中間者攻撃で盗み見られたり、メールボックスそのものに不正アクセスされてしまったりした場合には意味がないという指摘もあります。

PPAPの弱点は、メールの添付ファイルを暗号化することにより、メールセキュリティを突破されてしまう点です。このため、ファイルを送付する手段にメールを使わないようにすることが手っ取り早い対策になります。

メールの代わりになるのは、例えばSlackやChatworkといったコミュニケーションアプリです。メールが不特定多数に送ることができてしまうのに対し、こうしたコミュニケーションアプリはあらかじめ知っている人としかやり取りしないようにグループ設定ができます。資料ファイルを送付する際に流出を懸念して暗号化する必要がありません。このため、ファイルをパソコンで受信する段階でウイルスチェックが可能です。Emotet対策であれば、入り口も出口もふさぐことができます。

もう一つの対策は、クラウドストレージの利用です。相手に資料を送る際には、共有のクラウドストレージを準備し、そこに資料をアップロードし、資料のリンクを相手にメールで連絡するという方式です。

これにより、暗号化したファイルを添付してメールを送る必要がなくなります。クラウドストレージ側でファイルへのアクセス制限を設定することにより、万が一リンクだけが流出したとしても、ファイルをダウンロードされてしまうのは防げます。

メールのソリューションによっては、送信時にメール添付を検知したら、自動でクラウドストレージに分離し、相手にクラウドストレージのURLを送るという機能を備える製品もあります。これならユーザはPPAPに慣れた運用をそのまま踏襲しつつ、企業のメールシステムとしては脱PPAPを実現できます。自社の状況によっては、こうしたソリューションを導入することも有効でしょう。

なお、脱PPAPは政府からも通達が出て、各企業で今後取り組んでいく課題とされています*5。

---

*5 「平井内閣府特命担当大臣記者会見要旨 令和2年11月24日」(https://www.cao.go.jp/minister/2009_t_hirai/kaiken/20201124kaiken.html)

▶ **迷惑メールフィルタ、サイズフィルタ**

　不審メールを防ぐには、ウイルス対策フィルタのみでは不十分です。不審メールの中には、添付ファイルがなく、不審なURLが記載されているものもありますが、これをウイルス対策フィルタによって不審メールとして検知することはできません。このような不審メールを検知するため、メールの記載内容で不審かどうかを判定したり、メールサイズで不審かどうかを判定したりする対策が必要となります。また、大量に送られてくるスパムメールを防ぐ対策も準備しなければなりません。

　こうした対策のために用意されている機能を見てみましょう。多くの企業で求められるのは、迷惑メールのフィルタ機能、サイズでフィルタリングする機能といったところでしょう。一方、それ以外にも多くの機能が提供されています。メールソリューションあるいはメールセキュリティ対策製品を検討する際にこうした機能を要件とすることになります。

● **大量スパムメールブロックフィルタ**
　大量のスパムメールを配信する送信元のIPアドレスをブロックリストとして登録しておき、そこからの大量のスパムメールをブロックする

● **メールサイズフィルタ**
　メールサイズが異常に大きいメールをブロックする

● **送信ドメイン認証フィルタ**
　SPF、DKIM、DMARCの認証結果をもとに、メールをブロックする

● **キーワードフィルタ**
　メールの件名や本文に特定の文字列が入っていた場合に、メールをブロックする

● **添付ファイルフィルタ**
　添付ファイルにマクロファイルや実行ファイルが添付されていた場合に、メールをブロックする

● **不審メールアドレスフィルタ**
　特定のメールアドレスからメールを受信した場合に、メールをブロックする

● 不審URLチェックフィルタ

特定のURLが記載されたメールを受信した場合、メールをブロックする

● 不審メールスコアフィルタ

メールの本文、送信元アドレス、IPアドレス、メールヘッダなど、様々なメールの情報からメールの危険度を数値化し、ある一定以上の数値であった場合、メールをブロックする

上記以外にも、メールセキュリティサービスを提供する企業独自の機能があると思います。それも含め、導入の際には製品選択のポイントにしてください。

▶ 慎重に運用すればホワイトリストも有効

なお、上記のようなブロックを主目的としたフィルタ以外に、特定のキーワードが書かれているメールや、特定のアドレスから届くメールをあらかじめ指定しておき、そうした条件にマッチする場合は不審メールとは判定せずに配送する、ホワイトリスト形式のフィルタもあります。このホワイトリスト機能を利用することで、正規のメールが何かの理由で不審メールフィルタによりブロックされても、ブロックされた情報を参考にして、次回以降のメールを配信することができます。ただ、ホワイトリストに依存しすぎると、結果とした不審メールを許可することになりがちです。ホワイトリストは慎重に運用する必要があります。

また、ホワイトリストを管理しないまま利用し続けてしまうと、どこでどのような不審メールがブロックされるかが分からなくなってしまうので、ホワイトリストの登録項目は、定期的に棚卸する運用が求められます。

このように、受信メールフィルタは高機能になっている半面、かなり複雑にもなっています。各フィルタでどのような不審メールを防ぐことができるのか、把握することが必要かと思います。

▶ **送信メールのセキュリティ対策**

　ここまでに取り上げたメールのセキュリティ対策は、主として受信時に行うものでした。しかしながら、メールでは送信時にも対策が必要です。メール送信時にもウイルスチェックや不審URLチェックフィルタを設けることで、自社から外部に向けたマルウェアの拡散やスパムメールの拡散を防止するだけでなく、企業内でメールを媒介にした拡散（ラテラルムーブメントと言います）の防止にも役立ちます。ここでは、送信メールに特化したセキュリティを見てみましょう。

図8-3　自社の端末が攻撃に利用されないよう、社内から送信されるメールにも対策が必要

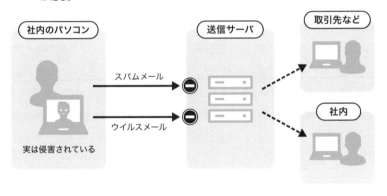

　送信メールに特化した独自の対策としては、以下のようなものがあります。

メール送信数制限

　企業内のクライアントパソコンが乗っ取られ、スパムメールがそのクライアントパソコンから配信される事象はまれにではあっても、どの企業でも発生する可能性があります。もしそうなっても、各ユーザに対して1日当たりのメール送信数に制限を設けておくことで、スパムメールの拡散を防止することができます。多数の顧客に一斉メール配信するといった使い方をしていないクライアントパソコンであれば、1日に1000通以上メールを送信する人はほぼいないと考えられます。このためこの機能を提供する製品ではメール送信制限のデフォルト値を1000に設定しているものが多いようです。

誤送信防止機能

　メールを送信する時に気を付けなければならない点に、メールの誤送信があります。ユーザのヒューマンエラーをゼロにするのは困難で、今でも送信先のメールアドレスを間違えてしまい、それにより情報が漏洩してしまったという事象はなくなりません。

　これを防止するためには、メール送信時に宛先確認画面を表示したり、メール送信ボタンを押しても、一定の時間はメールが送信を待つようにしたり、外部のドメインに対するメール送信時にはメール送信先を赤字にしたりするなど、誤送信を防止するための様々な機能が存在しています。ただ、どの対策も結局は各ユーザが「メールの送信先に間違いがないか確認する」「間違いにすぐ気が付けばメール送信を取り消せる」といった機能であり、メール誤送信そのものを止める仕組みではない点に注意が必要です。

上司による送信承認

　メールを送信する際に上司の必要とすることで、送信時のダブルチェックができるようにする機能も提供されています。上司の承認を必須とすることで誤送信防止にもつながるでしょう。メールによる情報漏洩を企てた攻撃者により、ユーザが意図しないメール送信が実行されたような場合でも、上司が承認する段階で検知、防止したりすることが可能となります。どういったメールに承認機

能を有効にするかは企業によると思いますが、かなり厳しく設定している企業だと、外部ドメインへのメール送信時には上司承認を有効にしているケースもあるようです。

　ただ、こうした仕組みや運用ルールは、セキュリティ面においてはメリットがあるものの、運用上の負荷は高く、現場の負担になる懸念があります。自社がセキュリティ対策を導入する際、何を重視するのか、それを明確にしながらどの機能を有効にしていくか、運用を鑑みながら検討することが求められます。

●ネットワーク経由の不正侵入を防ぐ

ここからはネットワークを守るための機能や機器について見ていきましょう。ここまで様々なセキュリティ対策で「こういう機器を導入して防ぐ」という説明をしてきました。そうした機器について、くわしく解説します。

▶ ファイアウォール

ファイアウォールとは、インターネット（外部）と企業ネットワーク（内部）のの出入り口に設置し、外部から内部への不正な通信を遮断する装置です。内部から外部への不正な通信にも有効で、ネットワーク利用の観点からサイバー攻撃を防御します。

図8-4　内部と外部の間に入り、不正な通信を遮断するファイアウォール

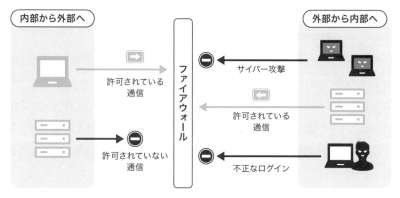

ファイアウォールには、社内LANとインターネットなど異なるネットワークの間に配置するファイアウォールと、クライアントパソコンにインストールしてパソコンをネットワーク経由の脅威から保護するファイアウォールがあります。ネットワークに配置するのは主として専用のファイアウォール機器になっていることが多く、専用ハードウェアを導入する形になることがほとんどです。

ネットワーク型のファイアウォールは内部と外部の境界に当たるところに配置し、通信経路を流れる通信パケットをすべてチェックします。ファイアウォールにはあらかじめルールが設定されており、どういう通信は許可する、どういう通信は遮断するというのが細かく決められています。このルールに合わせて、個々の通信を許可あるいは遮断します。

　ソフトウェア型のファイアウォールも基本的な動作は変わりません。この場合のファイアウォールはクライアントパソコンが受信したパケットの内容を確認し、ルールに従って受信を許可するか、拒否するかを判断します。Windowsであれば、あらかじめMicrosoftがOSの一部としてファイアウォールを提供しているほか、サードパーティのファイアウォール製品を購入することもできます。

　クライアントパソコンがマルウェアに感染した場合、即座にクライアントパソコンを社内LANから隔離しますが、かつてはLANケーブルを抜くのが一般的でした。最近ではウイルス対策ソフトに搭載されているファイアウォールにより、クライアントパソコンの全ての通信を遮断する機能が備わっているケースがあります。これを利用する企業も多いでしょう。感染を検出してから隔離するまで、最小限の時間で対応できるためです。

　ファイアウォールがパケットをチェックする方法にはいくつかありますが、最も基本的なのがIPアドレスやポート番号を基準にするフィルタリングです。指定したIPアドレスから送られてきたパケット、あるいは指定したIPアドレス宛てのパケットを遮断したり、指定のポート番号宛ての通信だけを通過させたりするといった動作をします。IPアドレスやポート番号の指定と通信の許可／遮断をセットにした設定が、パケット通信時に確認するルールです。

　なお、ポート番号とは通信相手のアプリケーションを指定するための仕組みであり、通信プロトコルと組み合わせて利用します。ただし、よく使われるプロトコルについては標準的なポート番号が決められており、Webサーバにアクセスする際に使うHTTPでは80番、HTTPSなら443番、メールを取得する際に使うPOPであれば110番を指定します。ユーザとしてWebサーバにアクセスするときにはあまりポート番号は意識しないかもしれませんが、Webサーバに要求を送る際のパケットには必ずWebサーバの何番ポートを利用するのかが指

定されています。

このポート番号をチェックすることで、プロトコルに応じた通信の許可・遮断を制御することができます。この方式の場合、通信内容が不審か不審でないかは監視せず、IPアドレスとポート番号の組み合わせを見て、ルールに合致するかどうかを調べます。そのため、マルウェアが不審なWebサイトに発信している通信を検知したり、フィッシングサイトへのアクセスを検知したりすることはファイアウォールの機能には含まれません。

第8章　ネットワークを守る

●IDS/IPS

IDSとは、Intrusion Detection Systemの略で、「不正侵入検知システム」と呼ばれています。ネットワーク上の通信を監視して、不正な通信、普段とは異なる通信の兆候を検知し、管理者などに通知する機能を持ちます。

IPSとは、Intrusion Prevention Systemの略で、「不正侵入防止システム」と呼ばれています。検知する仕組みはIDSと同じですが、ネットワーク上の通信を監視して不正なアクセスをブロックする機能を持ち合わせています。

いずれもサーバや社内ネットワークへの「侵入」に的を絞り、侵入後の攻撃的な動作をいち早く検出したり（IDS）、侵入しようとするアクセスを検出して遮断したり（IPS）することを目的に導入します。侵入されてしまった場合に、それをいち早く見つけるために使うのがIDSで、それに加えて侵入の試みを遮断するようにして防止する機能も持つのがIPSです。今は、IPS製品を導入するのが一般的です。

図8-5　侵入に絞って検出もしくは防止するのがIDSとIPS

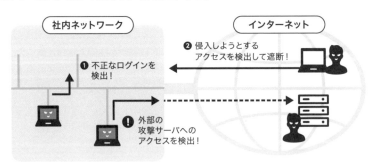

IDS／IPSでは、以下のような攻撃を防ぐことができます。

● OSやWebサーバの脆弱性を狙った攻撃

社内側にある端末のOSやWebサーバの脆弱性を突き、社内の端末に入り込んで社内システム上にあるファイルなどにアクセスする攻撃などを防ぐことができます。

● バッファオーバーフロー

Webサーバに存在するソフトウェアに対して許容量以上のデータを送りつけるような通信を検出・遮断します。

● SYNフラッド攻撃

DoS攻撃の一種でTCP接続を行う際に最初に送信されるSYNパケットを大量に送信するような動作を検出します。これによりシステムに想定以上の負荷を与え、サーバーのパンクやシステム停止を狙う「SYNフラッド攻撃」を防ぐことができます。

IDS/IPSで異常を検知するロジックには、大きく①シグネチャによる不正検出、②通常と違う状況を察する異常検知、があります。

シグネチャによる不正検出は、あらかじめわかっている攻撃と似たパターンの動作をするコンピュータがあったとき、それを異常すなわち攻撃プログラムに侵入されて攻撃を受けたとみなして、その要求をブロックしたりアラートを上げたりする方式です。シグネチャによる検知は、登録パターンを常に更新する必要がある、未知の攻撃は検出できない、といった弱点があります。

その弱点を補う方式が、通常とは違う状況や動作を察知して異常を検知する方式です。これはシグネチャのような登録パターンが不要で、未知の攻撃も検出することが可能です。しかし、クライアントパソコンやサーバが何らかの理由で普段とは異なる使い方や動作をした場合などに、それを異常と誤検知する可能性があります。実際の製品では、両方の検知方式を併用するものもあります。

このようにIDS／IPSでは幅広くサイバー攻撃を検知できる半面、誤検知が一定の割合で発生することが考えられます。そのため、誤検知のことも考慮し

た運用も整備しておく必要があるかと思います。

　なお、IDS／IPSにも限界があります。次のような攻撃は、IDS／IPSでは検知しにくいものといえます。

- SQLインジェクション
- クロスサイトスクリプティング（XSS)
- OSコマンドインジェクション

　これらの攻撃は次に取り上げるWAFでブロックします。このため、WAFとIDS／IPSは組み合わせることにより、攻撃者からの防御力を高めることができます。

●WAF

WAFとは、Web Application Firewallの略で、Webアプリケーションの脆弱性を突いた攻撃に対抗するためのセキュリティ対策製品です。

ネットショッピングやオンラインゲーム、インターネットバンキングなど、顧客情報や金銭にかかわる情報、クレジットカード情報などに関するデータのやり取りが発生するWebサービスにおいて、WAFの導入はキュリティ対策として重要です。

第4章では、攻撃側の手口として様々な種類のWebアプリケーションへの攻撃について解説しました。そのほとんどの攻撃を防ぐのがWAFです。

図8-6 ファイアウォールやIPSでは防げない、Webアプリケーションを狙い撃ちにした攻撃への対策がWAF（Web Application Firewall）

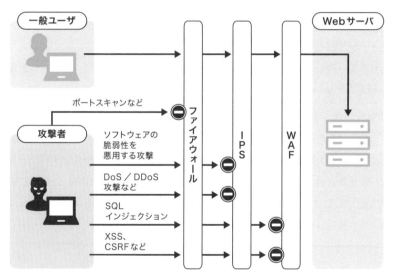

WAFはWebアプリケーション内にインストールするものではなく、Webアプリケーションよりも手前のネットワーク経路上に配置し、Webアプリケーション

特有の脆弱性を悪用した攻撃を検出したり、被害を低減させたりする対策として利用します。WAFを設置することでWebアプリケーションを直接改修したりせずにサイバー攻撃対策を実装できることから、何らかの理由でWebアプリケーションの脆弱性を修正することが難しいシステムなどにおいて、特にWAFの導入は非常に有効です。

WAFとファイアウォールの違いはわかりにくいと感じる人もいるかもしれません。

ファイアウォールは、通信において送信元情報と送信先情報（IPアドレス、ポート番号など）からアクセスを制限します。ファイアウォール自体は外部へ公開する必要がなく、社内のネットワーク内に配置して外部からの不審な通信を制限するのに有効です。

しかし、外部へ公開するWebアプリケーションに対しては、80もしくは443番ポートという通常アクセスと同様のポートをサイバー攻撃も利用するため、ファイアウォールではWebアプリケーションを直接狙う攻撃を制限することはできません。そのため、外部に公開するWebアプリケーションには、ファイアウォールではなくWAFが必要な対策となります。

IPSとの違いについても理解が必要です。IPSは、OSやミドルウェアの脆弱性を突く攻撃や、ファイル共有サービスへの攻撃など、様々な種類の攻撃への対策が可能です。あらゆる種類のサイバー攻撃を検査し、攻撃通信をブロックすることができます。ただし、IPSはどうしても高価になりがちで、導入時の負担が重くなります。WAFで検知できるサイバー攻撃とIDS/IPSで検知できるサイバー攻撃には重なるものもありますが、IPSは検知範囲が幅広いのに対して、WAFはWebアプリケーションへの攻撃に特化しています。そのため、Webアプリケーションに対する攻撃に限定すると、検知能力ではWAFのほうが高いと評価されています。

なお、WAFは、攻撃の検知にサイバー攻撃のパターンを記載したシグネチャを用い、シグネチャベースで検知します。次のような攻撃であれば、検知・ブロックが可能です。

- ・バッファオーバーフロー
- ・クロスサイトスクリプティング
- ・SQLインジェクション
- ・OSコマンドインジェクション
- ・DDoS攻撃
- ・ブルートフォースアタック
- ・ディレクトリトラバーサル

　ただ、実際に運用してみると、WAFでも過剰検知を引き起こすことはあります。WAFに限らず通信経路上のセキュリティ機器での過剰検知は、正常な通信をブロックすることになります。ユーザから見れば、直前まで表示できていたWebサイトが急に表示できなくなったり、画面が遷移しなくなったりするので、業務にすぐ影響が出がちです。

　これを防ぐために、WAFを導入する際には、アラートモードでテスト導入し、どのような検知があって、どのぐらいの危険度に対して、どういう処理になるよう設定するのか、検知した際にはどのような対処をするのか、といった運用までしっかり設計し、業務への影響を考慮してブロックモードに設定変更するといったように、慎重に段階的な導入を計る必要があるでしょう。

▶ プロキシサーバ

　プロキシは、「代理」という意味で、「プロキシサーバ」とは、クライアントパソコンやサーバのインターネットへのアクセスを代理で行うサーバのことを言います。企業内から外部へインターネットに接続する際の中継役を担うサーバで、ユーザからのデータリクエストやWebサイトのコンテンツ情報などのデータの受け渡しを行います。外部への通信は必ずプロキシサーバを経由することになり、クライアントパソコンが不審なURLに接続するといったようなアクセスを防ぐことができます。

図8-7　データの送受信をエンドポイントの端末に代理として代行するプロキシサーバ

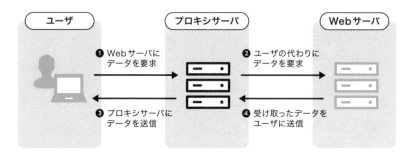

　プロキシサーバは動作によって、①フォワードプロキシ、②キャッシュサーバ、③透過型プロキシ、④リバースプロキシの4種類があります。

　フォワードプロキシとは、企業の内部ネットワークとインターネットの間に設置するプロキシサーバです。企業内ネットワークのクライアントパソコンの代理でインターネットと接続します。プロキシは、企業内のクライアントパソコンのインターネット通信を中継することで、悪意あるプログラムが含まれている可能性があるサイトへのアクセスをフィルタリングすることができ、マルウェアのダウンロードをブロックすることができます。これにより、セキュリティ対策レベルの向上に繋がります。また、キャッシュ機能も持っており、そのキャッシュ情報を利用することで、Webサイトへのアクセス時のレスポンス速度が向上することもできます。

　キャッシュサーバは、Webアクセスのキャッシュを利用してプロキシするサーバです。ユーザからWeb上の画像やHTMLデータなどのコンテンツにアクセスがあった場合、こうしたデータを複製し、一定期間、保存しておきます。別のアクセスで同じデータの要求があった場合、その複製したコンテンツを配信するサーバです。実装としては、フォワードプロキシにキャッシュ機能も備わっているという形で提供される製品が多く見られます。

　透過型プロキシとは、クライアントパソコンのWebブラウザにプロキシ設定を求めることなく、プロキシサーバ経由のWebアクセスを実現する方法です。インターネット経路上にプロキシサーバを配置し、透過プロキシの設定をする

ことで、強制的にプロキシ機能を実現することができます。

　リバースプロキシは、クライアントパソコンとサーバの通信の間に入り、サーバの応答を中継します。前述のフォワードプロキシと逆方向の通信のプロキシを実現するとイメージすると分かりやすいかと思います。リバースプロキシは、不正アクセスなどのセキュリティ対策や、サーバ負荷の分散などに利用されることが多いです。

　プロキシサーバを導入するメリットは、社内のクライアントを守ることができるという以外にも、通信のログを残せるという点があります。

　情報システム部門としてこの点は重要で、ログにより、ユーザがどのサイトに、いつアクセスしたのかなどのデータを記録できるため、不正アクセスやマルウェア感染があった際のクライアントパソコンの特定に非常に役立ちます。

　Webアクセス時のマルウェア感染を検知しやすくなるというメリットもあります。プロキシサーバがデータを中継する際にウイルスチェックすることにより、クライアントパソコンに届く前にマルウェアをブロックできます。プロキシサーバとウイルス対策を組み合わせた製品にはサンドボックス機能が搭載されたものもあり、パターンマッチングで検知するだけでなく、ユーザがダウンロードするファイルを全てチェックすることが可能となります。

　また、プロキシサーバのところでユーザが不審な、あるいは不適切なWebサイトにアクセスするのを制限することも可能です。日常の業務中に、業務の遂行とは無関係の不適切なWebサイトを開けないようにしたり、悪意を持って情報を外部に流そうとする内部犯が情報共有用のサイトにアクセスできないようにしたりするなど、インターネットアクセスを制限することが可能です。

　業務中もしくは休み時間中に、社内から業務とは関係ないWebサイトを企業のクライアントパソコンで閲覧している人もいるのではないかと思います。ただ、上記で説明したように、基本的にWebサイトへのアクセスログは全て情報システム部門によって記録に残されています。どんなWebサイトを閲覧しているのかとか、あるいは調べようと思えばGoogleの検索欄にどのような言葉を入力したのかも、プロキシサーバのログで確認することができます。

　プロキシは、他にも通信を集約したり、キャッシュ機能によってWebページ

の表示を高速化できたりするなど、メリットもあるので、多くの企業が導入していると思います。最近ではクラウドプロキシも登場しているため、より導入しやすくなってきていると言えるでしょう。

▶ SSLアクセラレータ

SSL通信におけるデータの暗号化および復号の処理を行う専用のハードウェアをSSLアクセラレータと呼びます。ここ数年、HTTPでWebサイトにアクセスすると盗聴される可能性が現実化してきたこともあり、SSL化されたページが当たり前になってきました。WebブラウザでHTTP通信しようとすると、セキュリティの警告が表示されるようになってきているなど、SSLで通信することが一般的となっています。

SSLアクセラレータには、PCIカードなどの形でWebサーバに増設することにより導入する内蔵型の製品と、Webサーバとは独立した専用機器として、ネットワーク経路上に設置するネットワークアプライアンス型の製品があります。

ハードウェアとしてのWebサーバ数が少ないサイトでは内蔵型を選択する場合もありますが、多くの場合、複数のWebサーバ上で、多数のサービスを提供している環境になっていることと思います。将来的にも規模を拡大しないことがわかっている小規模のサーバ構成のサイトでもなければ、複数のWebサイトを一括でSSL化することができるアプライアンス型を選ぶのが一般的でしょう。

SSL化されたサイトとの通信はデータが暗号化されているため、ネットワーク経路上での盗聴対策には有効です。しかしながら、Webサーバで通信をSSL対応にしてしまうと、ほとんどのネットワーク機器は暗号化された区間に配置することになります。こうすると盗聴しようとする攻撃者同様、通信データの内容を確認することができなくなり、盗聴以外の攻撃や侵入を検知できません。

このような問題を回避する上でも、SSLアクセラレータを導入することは必要です。SSLアクセラレータをWAFやIDS/IPSよりもインターネット側に配置することにより、IDS／IPSやWAFを非暗号化区間で利用できます。

最近は、クラウド上でサービスとして提供されるロードバランサにSSLアクセラレータをはじめ、WAFやIDS/IPSの機能も搭載されるようになってきまし

た。ただ、サービスが高度化することによりネットワーク環境は複雑化しています。適切にネットワークを設計し、適切に設定、運用しないと、実はWAFやIPSが十分に機能を発揮できていないということになりかねません。ネットワークセキュリティ製品を導入する際には、SSL通信がどこの区間で使われているのかについて明確にしておく必要があります。

第 **9** 章

攻撃の芽を摘む

第5章から第8章にかけて、組織、社内情報、クライアントパソコン、サーバ、ネットワークに焦点を当て、サイバー攻撃を未然に防ぐセキュリティ対策について述べてきました。

　セキュリティ対策を実施すると、セキュリティ対策製品がサイバー攻撃をブロックするとともに、サイバー攻撃を検知した内容をアラートとして発報します。これより、情報システム部門では、サイバー攻撃を早期に検知できるようになります。

　アラート、セキュリティイベントの検知があったら、それに続けて、実際にサイバー攻撃が来ているのか、サイバー攻撃は食い止められているのか、サイバー攻撃を許してしまっているのかといった点について、検知内容を早急に分析できます。これによりサイバー攻撃の芽を摘む、あるいはサイバー攻撃の被害をできる限り抑制するが可能となります。このため、企業としては、セキュリティ対策製品の導入に加え、検知以降のプロセスとしてサイバー攻撃を受けた際の対策や運用整備も必要となります。

　また、情報システム部門としては、企業のIT資産であるクライアントパソコンやサーバ、ネットワーク機器の管理も重要です。こうしたIT資産に脆弱性があると、自社資産が攻撃者に使われ、攻撃の起点になってしまいます。そのためには、IT資産のバージョン管理やパッチの適用の徹底といったところも重要なセキュリティ対策となります。

　さらに、実際に攻撃者の視点での脆弱性診断を実施することで、公開しているサーバに対して脆弱性を洗い出し、見つかった脆弱性については迅速に修正することも、サイバー攻撃の芽を摘むことにつながります。

　本章では、セキュリティイベントの検知・分析・対処から、サイバー攻撃を未然に防いだり、早期にサイバー攻撃を終息させたりするために、日ごろからどういうセキュリティ対策が必要なのか、具体的な対策と運用について取り上げます。それに当たっては、「統合的なログ管理」「IT資産のセキュリティ管理」「セキュリティ強度の確認」「被害を最小限に食い止める取り組み」という観点で、対策を紹介します。

　セキュリティイベントの分析やセキュリティインシデントを発生させないため

にどのような運用をしているのか、イメージすることに役立てればと思います。

　本章では、以下のように言葉を定義しています。

● **アラート**

　…… セキュリティ対策機器が検知した際に発報するアラート

● **セキュリティイベント**

　…… アラート情報からマルウェア検知を確認したが、危険性は低かったり、既に対処が完了したりしているもの

● **セキュリティインシデント／サイバー攻撃**

　…… セキュリティイベントの分析により、大規模な被害が生じるようなインシデント

●統合的なログ管理

▶ SIEM

　SIEM（シーム）とは、Security Information and Event Management の略で、サーバやネットワーク機器、セキュリティ製品のログを収集することで、リアルタイムでサイバー攻撃やセキュリティインシデントとなりうるものを検出、可視化することに役立つセキュリティログ管理システムです。SIEMを使用することで、幅広い機器からのログデータを収集、解析、分析を行うことが可能となり、脅威となりうるものを特定することが容易となるため、現在の情報システム部門にとってはセキュリティイベントやサイバー攻撃を検知するために必須になっています。

図9-1　各種ログを統合的に分析して、検知や予測の精度を上げるSIEMの仕組み

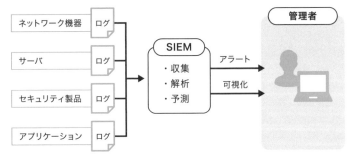

　SIEMは、社内システムを構成する様々な機器（サーバ、システム、デバイス、アプリケーションなど）からログデータを集約します。集められたログを分析することで、攻撃を示す挙動を見つけることに役立てるほか、機械学習などを用いた予測などにより、攻撃の兆候をより早く見つけることなどにも活用されます。こうしたSIEMによる自動的な攻撃検知以外にも、ユーザや資産などに関する情報と組み合わせて、システム内で何が起こっているかを可視化し、システム管理者が平時でも、緊急時でも状況を確認できるように表示します。これに

より、複数の機器の状況を一元的に分析・管理しやすくなり、サイバー攻撃や内部不正などの脅威を特定、あるいは予防につなげることができます。

SIEMが取り込むログの機器には主として

● **ネットワーク製品**

 …… ルータ、スイッチ、ワイヤレスアクセスポイントなど

● **サーバ**

 …… Webサーバ、プロキシサーバ、メールサーバ、FTPサーバなど

● **セキュリティ対策製品**

 …… IDP／IPS、ファイアウォール、ウイルス対策ソフトウェア、URLフィルタ装置など

● **アプリケーション**

 …… サーバやクライアントパソコンで使用されているソフトウェア

などがあります。

分析対象となるログの属性には、ユーザ、送受信IPアドレス、接続先URL、プロセスなどがあります。そのようなログを分析して検出されたセキュリティイベントは、システムへのログインの成功／失敗、アカウント情報の変更、マルウェア検知、不審なURLへの接続など、様々なカテゴリに分類されます。

SIEMを用いた分析でセキュリティイベントが検出されると、SOCにアラートが通知され、そこからSOCのアナリストがSIEMによる分析結果からセキュリティイベントが本当に脅威となるサイバー攻撃か、脅威のレベルとしては高くないセキュリティイベントなのかを分析・確認します。

SIEMが通知するアラートに対しては、CSIRTやSOCとでその後の対応を検討します。組織内にアラートを発する条件を決め、早急にセキュリティイベントを確認できるような運用を決めていきます。

なお、SIEMを用いた分析により、サイバー攻撃ではないような内部不正を実行する異常なユーザの挙動も検知できることがあります。特に企業に常駐している内部SOCのアナリストは、その挙動がセキュリティの観点だけではなく、

ユーザの操作や振る舞いとして正常な挙動かどうかを確認できるようにしておくことも必要になるでしょう。

SIEMで利用できる機能としては、基本的なログ管理やアラート機能から、ダッシュボードの作成、機械学習など、様々な機能を利用することができます。特にダッシュボードを作ることはセキュリティイベントの早期検知につながるため、ダッシュボードで何が実装できるのか、確認して運用を組み立てることが必要かと思います。

一般的に、SIEMのダッシュボードで確認できる項目には次のようなものがあります。

●注意が必要なイベント数
セキュリティイベントが発生した際にすぐSOCメンバーが検知できるよう、例えばセキュリティイベント数をメーター形式で表示する

●注意が必要なイベントの概要
セキュリティインシデントである可能性があるイベントの概要を表示する

また、セキュリティイベントの深堀調査として、以下のような情報も確認できることも、SIEMの要件になります。

●検知したセキュリティイベントの詳細
検知したセキュリティイベントに関係するような全てのイベントとその詳細の表示

●脅威インテリジェンス
セキュリティイベントの情報と脅威インテリジェンスの情報を照らし合わせた危険レベルの表示

●ユーザの挙動
検知したセキュリティイベントに関係する企業内のユーザとWebアクセスや、企業内のサーバやクライアントパソコンへのアクセスなどの挙動の表示

このようにSIEMの機能を使いながら、SOCのアナリストは検知されたセキュリティイベントが脅威となるようなサイバー攻撃なのかを判断していきます。様々なログデータを収集するため、使い方や機器ごとに、どういう挙動がどのようにログに表れるかという特性を把握しておくことも必要であり、幅広い製品知識と技術的な知識が運用上必要となります。

　また、SIEMの場合、ログから脅威を特定することになるため、対象の機器がどこに設置されているか、物理構成や論理構成を把握していることも必要となります。どこで何が発生しているのか、発生元を特定することがイベント解析では重要となるため、SIEMでのセキュリティイベント解析の準備として、機器がどこに位置しているのか、組織内の配置と構成は普段から整理しておくことが必要で、SIEMによるイベント解析を有効に生かせるかは、その点にかかっているといっても過言ではありません。

　なお、当然のこととなりますが、SIEMによるログ管理とは別に、各機器のログ管理も必要です。また、ログが正常にSIEMに送信されることや、ログが未受信の際にはアラートを上げるといった運用も整備する必要があります。

●IT 資産のセキュリティ管理

▶ 資産管理

　企業には多くのクライアントパソコン、サーバ、ネットワーク機器があり、最近ではモバイル端末やクラウド環境上の仮想サーバなども企業として導入が進んでいます。こういった機器を管理することを資産管理といいます。

　物理的な資産を管理するだけでなく、こうした機器に何のソフトウェアがインストールされているか、そのソフトウェアのバージョンは何か、といったことも管理対象となります。

　資産管理が必要なのは、セキュリティの観点からいうと脆弱性管理が最も大きな目的です。ハードウェア、OS、ソフトウェアを把握することで、特に深刻な脆弱性が見つかったときに、自社の中でそれがどのくらいの脅威になるのか、影響範囲はどのくらいなのかを予測するのに、そもそもどういう機器を自社が保有していて、どのようなソフトウェアを使用していて、どのように使われているのかがわかっていないと、脅威の度合いも影響範囲もわかりません。

　仮に何らかのセキュリティ侵害を受けた場合、機密情報や顧客の個人情報などが漏洩するなどの危険性を速やかに判断して、いち早く対応するには、各機器の用途なども把握している必要があります。

　こうした情報を資産として管理し、攻撃の予防や検知への対応などに役立てるベースとします。

　資産管理を行うことのメリットを整理しておきましょう。まず一つには、IT資産の運用コストの削減です。

　適切な資産の台帳管理はIT資産の運用を効率化することは、組織全体の運用コスト削減につながります。例えば、IT資産の利用状況を正確に把握しておくと、あるユーザのクライアントパソコンが故障した場合でも、利用されずに余剰になっているクライアントパソコンがどこに保管されているかがわかれば、すぐに代替機として手配することができます。そのユーザにとっては、速やかに業務を再開させることができるわけです。

また、余分なIT資産や購入した資産を可視化することができるため、クライアントパソコンの購入の必要性を即時に判断できます。いつまでも古いパソコンを使わされているために業務が効率化できていないユーザを放置したままにするといったことを避けられるため、適正な資産配分による業務効率化を支援できます。

　もちろん、セキュリティ面でもメリットがあります。資産管理を徹底しておくと、ソフトウェアの利用状況を把握する、利用しているソフトウェアのバージョンを確認するといったことが効率的にできます。最新バージョンではないソフトウェアが利用されていたり、脆弱性のある状態のバージョンのままソフトウェアが使われていたりすることが、情報漏えいにつながるセキュリティリスクとなります。このため、資産管理を徹底し、ソフトウェアのバージョンアップや脆弱性のあるソフトウェアの排除を促すのは脆弱性管理の重要なポイントです。資産管理が脆弱性管理を下支えすることにより、セキュリティ対策の強化につながります。

　資産管理の大きな課題は、更新管理です。特に企業規模が大きくなるほど、いつ、誰が、どの部署で新しい機器を購入したといった情報や、新しい端末による社内LANへの新規の接続、クライアントパソコンへの新たなソフトウェアのインストールなど、細かいところまで資産状況としてすべて管理するのはかなり大変な作業です。実際のところ一元的には管理できず、部署ごとの判断で機器を購入したり、個人で勝手にソフトウェアをインストールしたりすることが当たり前になってしまい、資産管理としては手が付けられない状態となっている企業も少なくないのではないでしょうか。

　また、コロナの流行以降、クラウドサービスの普及も加速しており、便利だからと言って許可なくクラウドサービスを利用している人もいるかもしれません。このような状況を正確に把握することは困難を極めます。

　このような課題を解決する方法として、資産管理ソフトウェアの導入があります。クライアントパソコンそれぞれに資産管理ソフトウェアをインストールしたり、クラウドサービスの管理サービスを利用したりすることで、クライアントが利用している製品やサービスの情報を把握し、一覧することができるようにな

ります。

　また、このようなソフトウェアは、資産管理ソフトウェアがインストールされて
いない機器を発見したり、新規に企業LANに接続した機器を検知したりする
ことも可能です。

　繰り返しますが、資産管理は脆弱性管理の土台になります。こうした資産管
理が未導入の場合は、資産の効率的な活用だけでなく、セキュリティにも寄与
することを訴え、情報システム部門から資産管理ソフトウェアの導入を経営層に
求めていくことも検討していくことも必要でしょう。

▶ パッチマネジメント

　前項の資産管理と密接に関連するのがパッチマネジメントです。ソフトウェ
アは導入後も機能追加があり、そのたびにバージョンアップされます。ただ、
バージョンアップは機能拡張だけではなく、バグの修正を目的とする場合もあ
ります。変更内容も、大きく機能が改修されることもあれば、わずかな修正に止
まるときもありますが、いずれにしても修正時には修正プログラムが配布され、
これを適用することでソフトウェアを更新します。このような修正プログラムを
「更新プログラム」や「修正パッチ」などと呼ぶこともあります。

　この修正パッチでよくあるのが、脆弱性の修正です。修正パッチの適用状況
を管理し、常に最新の状態となっているかどうかを確認し、ソフトウェアに対し
て脆弱性のない状態にしていくことをパッチマネジメントと呼びます。

　このパッチマネジメントには、前述の資産管理とも同じ課題が存在します。
主な課題としては、企業で管理している機器やソフトウェアが多すぎるため、全
てのソフトウェアのバージョン管理は困難なものとなります。

　修正パッチの適用には、運用への影響を検討する必要があります。該当する
ソフトウェアは修正パッチで更新できたものの、それにより挙動が変わり、別の
ソフトウェアに影響を与えてしまう可能性があります。クライアントパソコンに
もこうしたリスクはありますが、とりわけサーバのOSやミドルウェア、アプリケー
ションの場合には、修正パッチの適用には慎重さが要求されます。このため事
前にテスト環境で影響がないかを検証するのが一般的です。とはいえ、テスト

環境だけでは既存のシステムへの影響が確認し切れないケースもあり、本番環境で初めて不具合を確認するといったことも考えられます。そういうときは切り戻しを実施し、対応をあらためて検討しますが、サーバやサービスを停止できない場合は、一定期間、修正パッチを適用しないまま運用を継続することになります。このため、脆弱性によるリスクとサービス停止の影響、停止する期間などを秤にかけて、どう対応するかを判断する必要があります。セキュリティレベルの向上を考えれば、脆弱性に対応する修正パッチはできるだけ早く適用したいところですが、現実には修正パッチを当てずに、他のセキュリティ対策を強化するような形でカバーするといった対応を模索するケースもあるでしょう。

　ひと言でパッチマネジメントと言っても、そこにはテストだったり、脆弱性による影響の確認だったり、パッチ適用作業以外にも様々な知見が求められます。

　このような課題を解決するために、様々なパッチマネジメントを支援する製品が提供されています。前述の資産管理製品がパッチマネジメント機能も持っていることもあります。そうした製品には、修正パッチを社内の機器に配布する機能も用意していることが多く見られます。

　最近ではクラウド化が進み、本番環境と同等のテスト環境も準備しやすくなりました。実際にセキュリティに関する業務を主とする現場に立っていて、修正パッチの提供による影響確認も容易になってきたと感じています。ただ、それでも、修正パッチを適用しなかったことによる影響確認などの作業は今後も課題として残っていくでしょう。適用しないという判断をするとしても、企業のサービスの重要性や脆弱性の影響を考慮しつつ、実際にその脆弱性を放置したことで何が起こるか、把握しておかなければならないと思います。

　CSIRTのようなセキュリティに特化したチームが社内にあれば、脆弱性に関してそのチームに見解を尋ねたり、CSIRTからの情報提供を確認したりするなど、検討材料を集める手段はあります。そのようなチームがない場合は、外部の情報を参照して判断していくことになります。セキュリティの専門知識が一部必要になることと、脆弱性情報を理解し、社内の関係部署に説明するスキルも求められます。パッチマネジメントは一見大したことない作業に見えるかもしれませんが、かなり高度なスキルや作業量が必要となる場合があると覚えてお

てください。そのためには脆弱性の影響をわかりやすく説明してくれるWebサイトを、日常的に確認しておくことも対策になるかもしれません。

▶ クラウドサービスの利用管理

　ここ数年でクラウドサービスの利用は著しく増加しました。10年ほど前は、オンプレミスと呼ばれる形態が一般的で、社内やデータセンターに物理的にサーバを設置し、そこにシステムを構築するのが主流でしたが、今ではAWS（Amazon Web Services）やMicrosoft Azure、GCP（Google Cloud Platform）などのクラウドサービス上に仮想サーバを構築することが一般的になりつつあります。勤怠管理など、以前は社内システムと呼ばれたものも、今ではクラウドサービスとして提供されており、個人ばかりでなく企業でも利用できる便利なクラウドサービスが数多く登場しています。

　このような状況もあり、企業では従業員がどんなクラウドサービスを利用しているかを管理する必要が出てきました。

　クラウドサービスの利用を管理する目的は、まずコストの管理です。

　企業で導入されているクラウドサービスは多岐にわたり、多くの社員がさまざまなクラウドサービスを利用していることもあるでしょう。クラウドサービスはすぐ利用できるので便利なのですが、利用に関しては料金が発生するものもあります。クラウドサービスには従量課金になっているものも少なくありません。クラウドサービスの利用状況を確認していないと、利用料金を見積もることもできず、あるとき急にクラウドサービスの利用料が急増するといった場合もあり得ます。そうなると予算執行や次年度以降の予算計画に影響が出るため、クラウドサービスの利用については適切に確認できるようにしておく必要があります。

　当然ながら、クラウドサービスでも安全性への配慮が必要です。多くのクラウドサービスはIT技術にくわしくないエンドユーザでも容易にインターネット上の高機能なサービスを利用できるようになっています。その半面、セキュリティ対策への意識の薄さや操作が不慣れであることから、社内ユーザが安全性に問題のある使い方をしてしまう可能性もあります。具体例としては、アクセス権限の設定ミスやパスワードの使い回しによる不正ログインが考えられ、その果

てには情報漏洩まであり得ます。

　実際にあったクラウドサービスの使い方が原因で起きた情報漏洩事故も起きています[*1]。

　クラウドサービスを管理する方法として、クラウド管理ツールを利用するのが主流になりつつあります。一方で、専用ツールを使わず、手動で管理する方針で運用するケースもあります。

　クラウド管理ツールを利用する場合は、クラウド管理ツールと各クラウドサービスを連携させていきます。新たにクラウドサービスを導入することになった際は、その都度、クラウド管理ツールにクラウドサービスを連携させていきます。多くのクラウド管理ツールでは、ダッシュボード上でユーザやサービスごとの利用状況を一覧表示させることができます。企業規模が一定以上あり、クラウドサービスを多く利用している会社では、クラウド管理ツールを利用することで、複雑な利用料金の算出が素早くできたり、想定外のクラウドサービスの利用を検知できたりします。

　クラウド管理ツールを使わない場合は、Excelなどを用いてクラウドサービスの台帳管理をすることになるでしょう。このようなクラウド管理では自動化ができないため、管理者の作業負担を考えると、この方法で対応できるのは小規模な利用に止まる場合に限られます。

[*1]　「クラウド環境の誤設定によるお客様情報の漏洩可能性に関するお詫びとお知らせについて | コーポレート | グローバルニュースルーム | トヨタ自動車株式会社 公式企業サイト」(https://global.toyota/jp/newsroom/corporate/39174380.html)

運用設計、いつやるべき？

　本書では様々なところで「運用をあらかじめ決めておく」という設計を薦めています。そこで、ここでは私の経験をもとに「運用はいつ、どのように決めればいいのか」について考えてみようと思います。もちろん正解がある話ではないので、あくまで私が考えているところである点、ご理解ください

　ソフトウェアの開発ではアジャイル開発が結構メジャーとなってきたと思いますが、システム構築ではウォーターフォールモデルで行われるプロジェクトもまだまだ主流です。その中で、運用をどの時点で決めるのがいいでしょうか。

　運用を無視してシステム構築の観点だけで開発を進めると、後々「こんな使いづらいシステムになってしまうとは……」とか「これを今の運用には追加するのは無理がある」といった不満が現場から出てくる可能性があります。既存の運用を考慮しながら、現在の運用チームでも対応できるようなシステムを構築することが理想的ですが、そうなると、どの工程で運用設計をするのが良いかという話にもなります。

　私個人的な考えでは、運用設計は基本設計フェーズに入った直後から、基本設計と並行して進めていくのが良いと思っています。

　基本設計フェーズで画面遷移や使い方の大枠が見えてきたくらいで、一度運用チームにヒアリングすることが重要でしょう。その場合に基本設計の後戻りは多少あるかもしれません。しかしながら、この段階で運用チームからのフィードバックや合意を取り付けることができ、さらに工程が進んでからの手戻りを極力抑えることができると思います。

　このあたりでヒアリングをかけるなり、運用チームに基本設計に入ってもらったりすることで、運用チームとも良好な関係性が作りやすく、最終的に多少運用に負担がかかるシステムになってしまったとしても、運用チームがうまく引き取ってくれる場合があります。

●セキュリティ強度の確認

▶ 脆弱性診断

　脆弱性診断とは、ネットワーク、OS、ミドルウェアやWebアプリケーションなどに悪用できる脆弱性がないかを網羅的にチェックすることです。脆弱性とは、OSやソフトウェア、ハードウェアにおいて、システムの稼働停止や不正利用が実行できるような恐れのある欠陥のことを指します。外部機関による脆弱性診断を実施することで、自社システム内に脆弱性が存在するかどうか、存在する場合は脆弱性を突かれた場合にどのような影響があるのかについて確認することができます。

　多くの場合、脆弱性診断後に何も問題がなかったという結果にはなりにくいのが現実です。検出された脆弱性に応じた対策を実施することで、情報漏えいなどのリスクを軽減するのが、脆弱性診断の目的です。

図9-2　定期的な脆弱性診断による結果から、攻撃を未然に防ぐための対策を策定する

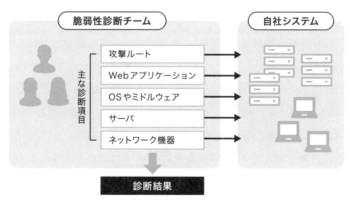

　脆弱性診断の目的は、脆弱性を悪用された場合に情報漏洩やシステムが使用不能となってしまうなどの現象につながる可能性のある既知の脆弱性を特定することです。発見された脆弱性に対しては、脆弱性の種類や危険性を「共

通脆弱性評価システム（CVSS）」などの指標を用いて評価し、必要な対策を決めます。

図9-3　情報処理推進機構（IPA）が提供する、脆弱性をどのように評価するかについての指針となる共通脆弱性評価システムCVCCの解説（https://www.ipa.go.jp/security/vuln/scap/cvss.html）

　昨今、インターネット上に公開されるWebアプリケーションが増加しています。生活の一部で利用するようなWebアプリケーションもあり、Webアプリケーションが使えなくなったり、攻撃者により情報漏えいが起こることは、日常生活においても大きな被害を生む事故となったりします。そのような事態を未然に防ぐため、脆弱性診断といったセキュリティ対策は、事業を継続し、サービス利用者の安心を守るために欠かせないものとなっています。

　脆弱性診断を実施せず、攻撃者が先にシステムに隠れた脆弱性を見つけてしまった場合、システムによっては個人情報やクレジットカード情報などの機密事項が漏洩する事故につながったり、システムが意図しない動作を起こしたりする事象が発生します。その結果、様々な事故対応や復旧費用、対策工数が発生してしまいます。

　脆弱性診断を定期的に実施しておくことで、事前に脆弱性を発見することが

でき、問題に対して対策を事前に実施することができるため、より強固なシステムを実装することができます。

　主な脆弱性診断として、アプリケーション診断とプラットフォーム診断の2種類があります。

　アプリケーション診断とは、開発されたアプリケーションに内在する脆弱性を発見する診断です。調査対象となるアプリケーションはECサイトやゲームアプリ、マッチングサイト、スマートフォンアプリなど、エンドユーザが利用する全てのアプリケーションが対象となります。このようなアプリケーションは、その顧客のニーズを満たすよう様々な機能が実装されており、脆弱性が発見される箇所は各アプリケーションによって異なります。

　こうしたアプリケーションに対して、既知の脆弱性であるSQLインジェクションやバッファオーバーフローなどはもちろん、システムの環境やユーザの利用状況、利用方法に合わせた診断を行い、システム停止や情報漏洩、データ改ざん、不正アクセス、認証回避といった大きな被害をもたらすサイバー攻撃につながる脆弱性を洗い出します。

　プラットフォーム診断は、ネットワーク機器やOS、サーバ上のソフトウェア、ミドルウェアを対象とした診断です。それぞれに既知の脆弱性が残されたままになっていないか、それぞれの設定項目に脆弱性につながるような問題のある設定がないかを検査します。

　新規のシステムをリリースする場合は当然ですが、過去に診断を受けたことがあっても、前回から1年以上経過しているような場合も脆弱性診断を実施した方がいいでしょう。診断を受けずにいる間にどこかに脆弱性が見つかり、修正用プログラムが提供されている可能性があります。

　実際の脆弱性診断には、手動診断とツール診断の2種類があります。

　手動診断は、セキュリティの専門知識を持つ脆弱性診断員が、対象のアプリケーションを自ら操作して診断します。手動診断では、設計上のミスに起因する脆弱性も見つけられるよう、診断員の経験や知識を駆使しながら診断を実施します。手動診断のメリットは、例えばWebアプリケーションの画面遷移の不備を見つけたり、見つかった脆弱性を正確に再現したりできる点です。

ECサイトやインターネット上の決済サービスといった、個人情報を扱うサイトなど、不正アクセスなどによる情報漏洩がビジネスに致命的な影響を及ぼすようなサイトでは特に、手動診断が有効です。

　ツール診断のほうは、その名の通りツールによる自動診断です。診断から結果まで最短5分程度で完了するものもあります。個人情報などの取り扱いはないWebサービスで、新規サービスのリリース前に脆弱性がないか確認したい場合に手軽に実施できる脆弱性診断です。

▶ ペネトレーションテスト

　ペネトレーションテストとは、想定されるサイバー攻撃のシナリオに基づき、攻撃者の代わりに実践的にシステムに侵入を試み、システムのサイバー攻撃耐性を確認するテストのことです。ペネトレーションテストでは実際にネットワークに接続してシステムに攻撃を仕掛け、侵入を試みることから「侵入テスト」と呼ばれることもあります。

　ペネトレーションテストは、検証対象のシステムの構成などに応じて想定されるサイバー攻撃のシナリオを作成するため、特定の範囲の脆弱性や問題点を発見するするのが目的です。決して、システム全体を網羅的にテストするものではありません。

図9-4　攻撃者に狙われたという想定で、実際の攻撃が成功してしまうかどうかを調べるペネトレーションテストの例

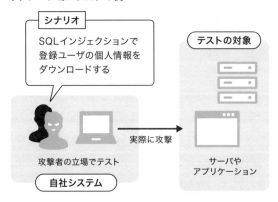

ペネトレーションテストは調査する対象によって、内部ペネトレーションテストと外部ペネトレーションテストに分けられます。

　内部ペネトレーションテストは、攻撃者がすでに企業内部へ侵入していることを想定し、外部からはアクセスできない社内環境でテストを実施します。内部ネットワーク限定の機密情報を扱うサーバなどを対象に、社内に悪意のある保守担当者がいることを想定し、サーバへの侵入、権限取得、情報の引き出しを狙うといったシナリオが一例として挙げられます。

　外部ペネトレーションテストは、攻撃者が外部から侵入することを想定したテストです。インターネット経由でアクセス可能なシステムに対するテストを実施します。よくあるテストの例として、標的型攻撃メールによるシナリオがあります。この場合、疑似マルウェアを添付したメールを社内に向けて送信し、社内ユーザが届いた添付メールを開いてからどこまで侵入できるのかをテストします。

　ペネトレーションテストを実施するメリットは、実際にシステムに侵入を試みるため、リアルな攻撃を受けた想定の状況を確認し、その際の弱点を検出できる点です。

　また、システム開発後のテストは開発者視点で行われますが、ペネトレーションテストでは、テスターは攻撃者視点で攻撃します。異なる視点でテストするため、開発時には想定もしていなかった脆弱性が明らかになったり、脆弱性診断などのシミュレーションでは見積もれない、リアルな被害を可視化できたりすることもメリットです。

　ただ、ペネトレーションテストには気を付ける点もあります。ペネトレーションテストの実施にあたっては、セキュリティやシステムに関する知識を十分に持った人がシナリオを作り、それに基づき様々なテクニックを駆使して攻撃や侵入を試みる必要があります。そのため、テスト実施者のスキルによって成果が異なってしまう可能性があります。仮に攻撃は成功しなかったという結果が得られても、もっとレベルの高い人がテストを担当したら簡単に侵入されてしまうかもしれません。

　ペネトレーションテストを依頼する側としては、テスト実施者がペネトレー

ションテストの豊富な実績や経験を持ち合わせているか、十分なスキルを持ち合わせているのか、確認しておくことが必要でしょう。

　また、システムの規模や難易度によってはテストに要する工数や期間がかかり、コストが膨大になることもあります。リリースのスケジュールは決まっているため、ペネトレーションテストに割ける時間にも限りがあります。ペネトレーションテストにどのくらいの時間を要するのか、どのくらいの時間をかけてもいいのか、時間と工数の見積もりも重要です。

　なお、前項で脆弱性診断を取り上げました。システムの脆弱性を診断するという点では共通していますが、狙いと手法が異なります。

　脆弱性診断はサイバー攻撃のきっかけとなる脆弱性を見つけることを目的に、システム全体に対して網羅的な検査を行い、できるだけ多くの脆弱性を見つけようとするものです。一方、ペネトレーションテストは対象のシステムやアプリケーションを定め、想定される攻撃シナリオに基づいて実際にシステムを攻撃し、その結果で脆弱性や、攻撃されたときの被害を検証します。シナリオに基づく攻撃については深く調査することができる半面、それ以外の脆弱性は検証できません。

●インシデント対応演習/訓練

第5章でも少し触れましたが、インシデント対応演習／訓練とは、組織のインシデント対応力の向上を目的に行うセキュリティ教育です。実際にサイバー攻撃に直面した際に、インシデント対応手順書通りに実施できることや、状況に応じてサイバー攻撃に対処できることを確認し、サイバー攻撃への対応力を向上させるための訓練となります。

火災や地震などに備えた訓練は、小学校のころから重ねてきたことと思います。インシデントについても同様に、それが起こったという想定でそこから組織としてどのように行動して、対応していくかをやってみるというのがインシデント対応演習／訓練です。

単にマニュアルを作るだけでなく、インシデント対応演習／訓練を実施することによって、具体的には次のような効果が得られます。

- 現在のサイバー攻撃に対する対応能力を確認できる
- サイバー攻撃に対するあるべき姿と現状のギャップを特定し、対応力の向上につながる今後の対策を洗い出すことができる
- サイバー攻撃への対応力を向上し、対応時間を早めることができる
- インシデント対応演習/訓練の参加者との相互理解を深め、今後もスムーズに連携できるような関係性を構築することができる

インシデント発生時にはCSIRTが主導的に動くことになりますが、CSIRTがインシデントに備えるだけでなく、訓練／演習の実施によりインシデント対応に関与する様々な部署に参加してもらうことで、組織全体としてのサイバー攻撃への対応能力を検証することができます。また訓練／演習を通じて、全社的な対応能力が向上することも見込めます。

組織全体での訓練／演習では、次のような点に着目して企画、検証するといいでしょう。

- 組織にとってのサイバー攻撃を受けた際の最重要リスクは何か、守るべき資産や情報は特定されているか
- 部署間をまたがったインシデント対応の手順、体制、能力は有効に機能するか
- インシデント対応について、組織内の関係者間での対応手順や優先順位に共通理解があるか
- 組織全体として、十分なサイバー攻撃への対応力を備えているか、サイバー攻撃がいつ発生しても対応できるよう準備が整っているか

　重要なのは、訓練／演習を実施して安心するのではなく、組織の対応力の改善サイクルを回していくことです。インシデント対応手順書に従い、訓練／演習を実施することで、インシデント対応計画における課題を洗い出しましょう。それによりインシデント対応を見直す部分を見つけて改善することができます。また、様々なセキュリティインシデントを想定したシナリオを用い、繰り返しインシデント対応訓練／演習を実施することで、実際のサイバー攻撃への対処をスムーズに遂行できるようにします。

●被害を最小限に食い止める取り組み

▶ バックアップ

　バックアップとは、定期的にシステムに関するデータを保存しておき、障害が発生した際に、バックアップデータの取得時の状態に戻してシステムを復旧することを言います。

　バックアップと聞くと、一昔前ではセキュリティに関する分野ではなく、障害復旧の分野に属するイメージがありました。しかし、昨今では、ランサムウェアが流行しており、ランサムウェアの感染によってあらゆるデータが暗号化されてしまい、システムをランサムウェア感染前の状態に戻す作業が必要となっています。これより、バックアップに関してもセキュリティ侵害からリカバリの一環として対応が求められるようになりました。

図9-5　セキュリティ侵害からの迅速な復旧にバックアップは不可欠

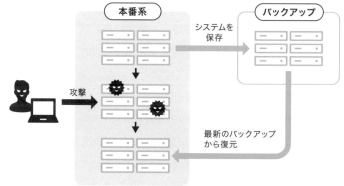

　バックアップに関して最も重要なことは、バックアップからエラーなく復旧できるか、です。ランサムウェアの場合、システム内で広範囲に被害が出るケースがあります。そのような規模でバックアップからランサムウェア感染前の状態に戻すといった復元は、情報システム部門としてもほとんど経験がないでしょう。

このため、ランサムウェアからの復旧時に、そうした大規模な復旧作業を初めてやることになります。無事に復旧できればいいですが、復旧できない場合もあるようです。

バックアップを使った復旧を成功させるためには、あらかじめバックアップデータからの復旧手順書を作成しておくことが必要です。

多くの企業ではおそらく、バックアップシステムを構築したときにベンダが作成した復旧手順書がシステムといっしょに納品されていると思います。この手順書通りに作業して、本当にバックアップデータから復旧できることを実際にテストされているか、ベンダにそこまで確認しておきましょう。

バックアップシステムをバージョンアップしていると、手順書を変更する必要も出てくるはずです。バージョンアップに伴う手順の変更はあるのか、これも確認していくことが必要です。

復旧手順書の用意とともに、バックアップデータからの復旧訓練を定期的に実施することも必要です。バックアップデータから復旧する機会はなかなかありません。そこで、定期的に復旧を訓練しておくことも考えましょう。目的はインシデント対応訓練／演習と同様ですが、万が一ランサムウェアに感染してしまって復旧する必要が出た場合に、早急に対応できるようにすることと、手順書通りの手順で復旧できることを確認することが大きな目的です。

▶ サイバー保険

サイバー保険とは、攻撃者からのサイバー攻撃によって発生した様々な損害に対応するための保険です。サイバー攻撃によって引き起こされた事故により、企業に生じた第三者に対する損害賠償責任のほか、事故発生時に必要となる費用や、サイバー攻撃によって損失した利益などへの補償が得られます。

**図9-6　損害保険各社が提供するようになったサイバーリスクにかかわる損害を補償
　　　　するサイバー保険。これは日本損保協会が提供するサイバー保険の概要を示
　　　　すページ（https://www.sonpo.or.jp/cyber-hoken/）**

　システム的な対策ではないのですが、サイバー攻撃やセキュリティインシデン
トが発生した際の対応の準備として、サイバー保険への加入についても触れて
おきましょう。昨今、サイバー攻撃による被害も拡大しており、事業が停止する
ことによる損失なども大きくなってきました。このような背景から、サイバー保
険へ加入する企業も増えてきているようです。

　サイバー保険に加入する場合、どのような被害に対してどの程度補償される
のか、が気になるところでしょう。これはサイバー保険を提供している企業や
サービス内容などによって変わってくるところでしょうし、保険金は保険料とも
関連するので詳細は一概には言えないところですが、一般には以下のような費
用が補償されると考えてよさそうです。

● 損害賠償責任

　被保険者が法律上負担する損害賠償金や、争訟費用などによる損害

● 事故対応費用

　サイバー攻撃による被害に起因して、一定期間内に生じた各種費用

● **事故原因調査**

● **コールセンター設置**

● **記者会見**

● **見舞金の支払**

● **法律相談**

● **再発防止策の策定**

● **利益損害・営業継続費用**

　ネットワークを構成するIT機器などが機能停止することによって生じた利益損害や営業継続費用

　エンドユーザ向けのサービスを提供しているような場合、コールセンターを臨時に設置することも必要でしょう。事案発生時に迅速に必要な手を打っていかなければならないときに、費用負担という点で保険は有効です。サイバー保険の加入は、情報システム部門として被害を最小限に食い止める取り組みとして検討してみてもいいのではないでしょうか。

第 10 章

攻撃されてしまったら

どれだけセキュリティ対策を強化してサイバー攻撃、セキュリティインシデントを防ごうとしても、ほどなく最新の攻撃技術が開発されたり、未公開の脆弱性が見つかったりする時代です。サイバー攻撃やセキュリティインシデントを完全に防ぐことはかなり難しいと考えられています。

第1章でも述べましたが、現在では、「ゼロトラスト」という言葉をよく耳にします。このような状況もあり、セキュリティ対策としても、サイバー攻撃、セキュリティインシデントを未然に防ぐこと以外にも、「被害が発生することを前提とした対策を実施する」という考えが浸透してきています。要は、早期にサイバー攻撃、セキュリティインシデントを検知し、被害を最小限に食い止める対策です。

情報システム部門にとって、それは必須で当たり前のこと。でも、そのための準備が必要です。平時に、セキュリティインシデントが発生した場合にどのような運用をするのか、対応手順をまとめておくことが重要です。

本章では、セキュリティインシデント対応を7つのフェーズに分け、各フェーズで何が必要なのかについて解説します。

自社のセキュリティインシデント対応手順を作成したり、更新したりする際に、参考にしていただければと思います。

被害を最小限に食い止めるステップとしては、以下のステップで実施するのを基本と考えるといいでしょう。

① 準備　　… セキュリティインシデントの予防、検知、対応時の準備
② 検知　　… セキュリティインシデントの兆候、発生の発見
③ 初動対応 … 検知したセキュリティインシデントの内容や影響範囲の調査
④ 封じ込め … セキュリティインシデントの原因調査、根絶前の被害拡大の一時防止
⑤ 根絶　　… 発生したセキュリティインシデントの根本原因に対する対処
⑥ リカバリ … 被害の回復とシステムの正常復旧
⑦ 事後対応 … セキュリティインシデント対応の振り返り、公表、再発防止策の実施

なお、本章では以下のように言葉を定義しています。

●アラート
セキュリティ対策機器が検知した際に発報するアラート

●セキュリティイベント
アラート情報からマルウェア検知を確認したが、危険性は低かったり、既に
対処が完了したりしているもの

●セキュリティインシデント／サイバー攻撃
セキュリティイベントの分析により大規模な被害が生じる可能性のあるとわ
かったインシデント

では、各フェーズについて順にくわしく見ていきましょう。

❶ 準備

準備は、前述で説明したような、サイバー攻撃やセキュリティインシデントを未然に防いだり、セキュリティイベントを早期に検知したりするセキュリティ対策機器や体制を整備することです。

図10-1　導入すべきセキュリティ機器やセキュリティソフトウェアでネットワークとサーバ、クライアントパソコンを防御する

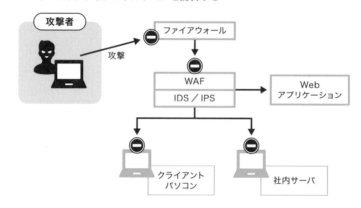

企業を守るセキュリティの現場では、サイバー攻撃を防ぐためにファイアウォールやWAFを導入した上で、それらの機器が発報するアラートを監視することで、セキュリティを確保しつつ、インシデントの発生に備えます。セキュリティ関連のアラートやログを監視したことがあるエンジニアならば経験のあるところかもしれませんが、インターネット上にサービスを公開すると、すぐさまサイバー攻撃（多くはポートスキャンもしくはDoS／DDoS攻撃）の標的になります。

攻撃者やサイバー犯罪グループは、特定の企業を狙い定める前に、攻撃のターゲットを探すためにインターネット上にあるサーバなどに対して、スキャン攻撃を無差別に実施します。攻撃者は、スキャン攻撃の結果により、公開されているサーバに脆弱性があるかないかを確認し、脆弱性が見つかった際に攻

撃対象にするというステップを踏んで攻撃を仕掛けてきます。これより、サイバー攻撃を未然に予防する対策装置を設置したり、脆弱性が露呈しないように脆弱性管理を実施したりすることがサイバー攻撃を防ぐうえで重要となります。

　また、並行してスキャン攻撃・サイバー攻撃を受けた際の対処方法・運用も準備しておく必要があります。特定のIPアドレスからスキャン攻撃が来た場合には、そのIPアドレスをファイアウォールのブラックリストに登録し、その次の攻撃からアクセスを遮断できるように備えます。

　ただ、むやみやたらにスキャン攻撃のあったIPアドレスを考えずに遮断するのではなく、IPアドレスを遮断したことによる影響も確認しなくてはなりません。例えば、Webアプリケーションが日本国内向けに対してサービスを提供しているとして、スキャン攻撃が日本国内から来た場合、そのIPアドレスからの通信を遮断してしまうと、他のお客様がWebアプリケーションにアクセスできなくなるといった可能性があります。海外からのIPアドレスからの通信だったら無条件で遮断する、国内のIPアドレスであったらとりあえずは静観しつつ、一定期間内に一定の基準を超えるスキャン攻撃が来るようになったら遮断する、といった判断も求められます。

　このような細かな部分まで運用ルールも定義できたり、常に運用を修正検討できるようなCSIRTがあったりすると、スキャン攻撃にあった際の対応がスムーズにできるでしょう。

❷ 検知

　検知は、準備フェーズにて導入したセキュリティ対策機器からのアラート情報やセキュリティイベントをもとに、サイバー攻撃・セキュリティインシデントを早期に検知することを言います。セキュリティ対策機器からのアラートだけではなく、通信トラフィック量の変化であったり、クライアントパソコンの利用者からの問い合わせだったり、あるいは外部組織からの連絡を受けたりと、様々な情報がインシデント検知のきっかけとなります。

　例えば、ウイルス対策ソフトを導入していると、標的型攻撃や大規模ウイルス感染、ランサムウェアなどのサイバー攻撃・セキュリティインシデントを検知できる可能性があります。

　クライアントパソコンの利用者からの問い合わせは多岐にわたりますが、例えば、「ファイルが暗号化されているようで閲覧することができない」といった問い合わせであれば、ランサムウェアによるサイバー攻撃を受けている可能性を真っ先に疑うことになります。

　また、社外のユーザからの問い合わせで「サイトを利用することができない」ということであれば、Webサイトの改ざんであったり、DDoS／DoS攻撃を受けている可能性があったりといったように、様々な検知のきっかけをつかむことができます。

　セキュリティ対策機器によって見つけられるイベントであったり、クライアントパソコンの利用者からの問い合わせであったりする場合は、大事に至らない場合もあります。ただ、サイバー攻撃の予告や脅迫が直接送られてきたり、サイバー攻撃のキャンペーンがあることを察知したりといった場合は、一定以上の規模のサイバー攻撃になる可能性が高く、手を打たないと被害が大きくなる危険があります。早急にサイバー攻撃への対策準備をする体制を敷くことになるでしょう。

　サイバー攻撃を事前に察知するには、外部組織と連携したり、自分たちでアンダーグラウンドな情報を収集したりすることで得られる場合もあります。特

に、セキュリティに特化しているような外部組織は、サイバー攻撃の予告を受けた場合などにも瞬時に情報提供を求められる場合が多く、逆に有益な情報を得られることもあるため、CSIRTのような組織は積極的に外部組織と連携しておくといいでしょう。

❸ 初動対応

　初動対応の段階は、サイバー攻撃やセキュリティインシデントの兆候と思われるイベントが発生した際に、そのイベントに対して、早期に事象を分析して、どのような対処を実施するか判断していくことです。具体的な作業内容としては、ログによるイベントの詳細調査や機器担当者・利用者へのヒアリング、複数のインシデントに対して取り組む順序の判断などがあります。

　この初動対応のポイントとしては、サイバー攻撃やセキュリティインシデントと特定されていないイベントに対して、早期に調査を始めることです。サイバー攻撃やセキュリティインシデントはすぐにわかる場合もありますが、そうではない場合もあります。気付くのが遅れた場合でも、いち早く調査に着手することにより、サイバー攻撃やセキュリティインシデントの被害をより小さく食い止めることができます。そのため、セキュリティイベントが発生したときに対応を開始するルールや、セキュリティイベント発見時にまず確認するログを運用ルールとして決めておくと迅速に初動対応を開始することができます。

　また、サイバー攻撃やセキュリティインシデントは、複数のセキュリティイベントから成り立つ場合もあります。さらに、他の運用業務と重なる場合もあり、どのセキュリティイベントや運用業務を確認していくのか、優先順位を決める必要があります。これを「トリアージ」と呼びます。優先度の決め方は、様々な観点がありますが、お客様からの問い合わせであれば、業務影響を考慮して最優先対応としたり、お客様と接している部門に関わるセキュリティイベントを優先したりと、自社内で検討して優先度を決めておくとよいでしょう。

　そして、セキュリティイベントを解析後、どのようなイベントだったのかをCSIRTメンバーに報告します。報告については、セキュリティイベントを解析するメンバーからCSIRTや上級のアナリストにまず共有したり、CSIRTメンバーからはより上位の管理職や経営層に向けて一次報告という形で状況を共有したりするなど、誰が誰に情報を伝達していくか、連絡系統を決めておく必要があります。

報告のしやすさ

　実際にセキュリティイベントが発生した場合、いい対応ができるかどうかは、報告しやすい組織になっているかどうかと密接に関係があります。経験上、部署の"雰囲気"のような要素も、緊急時の対応を左右するところがあります。

　報告しづらい雰囲気だと、報告の際に戸惑ったり、必要以上の証拠固めや論理武装をしたりするため、どうしても時間がかかりがちです。サイバー攻撃やセキュリティインシデントは一刻を争うことも多く、どんな情報でも早期に共有したほうが望ましいため、報告しやすい雰囲気や仕組みを日常的に作っておくことも重要でしょう。

　ただ、だからと言って報告する側もむやみやたらに報告を上げればいいというものではありません。報告を上げるからには、洗練された報告、情報量の多い報告が望まれますし、その後の対応に要する工数も短縮されます。報告を上げる側は、どのような情報が必要で、どのような形式で、どの程度の情報粒度が求められるのか、セキュリティ対応における報告のスキルを日々磨いていく必要があると思います。

❹ 封じ込め

　封じ込めとは、セキュリティイベントやサイバー攻撃の影響範囲を最小限に食い止めるため、初動対応の情報からサイバー攻撃の被害にあっている機器を隔離したり、サイバー攻撃の攻撃元からの通信をブロックしたりすることになります。

図10-2　問題が発生した端末の通信をブロックしたり、疑わしい端末の接続を検疫用ネットワークに切り替えたりすることで、封じ込める

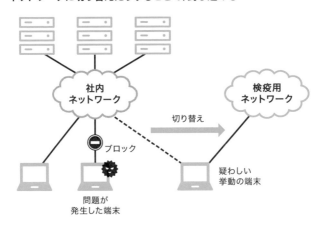

　封じ込めを実施する際には、初動対応で調査した結果と、封じ込めによって発生する業務への影響範囲について、時間をかけることなく確認することが必須です。

　ここでは、マルウェア感染の発生を例にして説明していきます。

　クライアントパソコンでマルウェア感染が発生した場合、まずLANケーブルを抜いたり、無線LAN機能をオフにしたりといった物理的な方法か、ウイルス対策ソフトの機能でネットワーク接続を無効化するといった方法で、クライアントパソコンを社内ネットワークから隔離します。これにより、まず感染したクライアントパソコンからマルウェアが拡大していくことを防ぎます。

クライアントパソコンのマルウェア感染であれば、マルウェア感染を検知したら早急にクライアントパソコンを隔離すればよいのですが、マルウェア感染がサーバだった場合、ネットワーク的に隔離をしてしまうと、そのサーバ上で動作していたサービスが利用できなくなります。仮に、そのサーバでECサイトが稼働していた場合、事業に大きな影響が出るでしょう。かといってマルウェアを放置しておくこともできません。

このような事態を想定し、サーバに対しては、予備機を用意しておくなど、何かあった際に事業継続できるような準備が必須になります。ここでは主として封じ込めについてのみ触れますが、実際のインシデント発生時には封じ込めと予備機への切り替えはセットで考える必要があり、訓練／演習時にもトラブルなく予備機に切り替えられるかの確認についても実施を検討する必要があるでしょう。

このように、マルウェア感染においては、感染する機器によっては必要な作業が多岐に渡ることが考えられます。マルウェア感染時にどのような対処をすればいいのか、状況に応じて様々な判断が求められがちですが、これに時間を要してしまうと、マルウェア感染拡大を引き起こしてしまう場合があります。こうした判断から封じ込めの実行は、時間との闘いになります。

マルウェア感染だけではなく、外部からの不正アクセスや情報漏洩の発生といった事象によって対応内容や判断内容が異なります。決断に時間を要してしまうと、致命的な事態を招きかねません。判断に迷うことなく、迅速に、的確に封じ込めを実施し、被害を最小限に食い止めるためには、事前に対応をマニュアル化しておくことを始め、平時から有事を想定した準備をしておくことが重要です。

なお、封じ込め時の確認事項には、次のようなものが考えられます。

- 封じ込めによる顧客への影響の有無、推定される被害の規模
- 証拠保全の必要性
- サービスの可用性（サービスを外部に提供するかの判断）
- 封じ込めの対応策を実施するために必要な時間とリソース

- 封じ込めの対応策の有効性（インシデントの部分的な処置か完全に対処できるかなど）
- 封じ込めを実施する期間（緊急回避策、恒久策など）

　封じ込め時には、少なからずお客様やクライアントパソコン利用者への影響があると考えられるため、社内であれば掲示板で状況を報告したり、社外であれば公式ホームページ上に状況を確認できるようなWebページを準備したりして、利用できないことが伝わるようにしておくことが必要となります。

❺ 根絶

　根絶とは、初動対応から封じ込めを実施した結果、ある時点でサイバー攻撃・セキュリティインシデントに対処し、根源となる原因を全て排除したことを確認し、安全宣言に向けて事象を終息させていくことを言います。

　根絶としては、封じ込めのような一次対応のみではなく、サイバー攻撃・セキュリティインシデントの原因の対処・現状の回復を見込んだ対策の実施が含まれます。根絶のプロセスでは、攻撃やインシデントの種類によって対処方法が異なります。

　マルウェアの場合は、社内ネットワークに接続する全端末でのウイルス対策ソフトでのフルスキャン、不正プログラムの削除が必須で、場合によってはOSのリカバリからの再構築などによる、ゼロからのシステム再構築、システムの設定変更が必要な場合もあります。

　不正ログインの場合は、悪用されたアカウントの破棄と再作成、パスワードの変更が必要です。

　脆弱性を悪用された場合は、攻撃された機器はもちろん、類似の環境（OSやミドルウェア）を採用した機器で、セキュリティパッチの適用、パターンファイルの最新化を確認しないと根絶したとはいえません。

　同じ攻撃からシステム全体を保護できるように、ファイアウォールのブラックリストへの登録による攻撃元の通信遮断も必要です。

　例えば、大規模なマルウェア感染が発生した場合、感染した機器の隔離が封じ込めの対応の第一歩となり、不正プログラムの削除、マルウェアを駆除できるパターンファイルの配布、全端末でのパターンファイルの最新化、最新のパターンファイルを用いてのウイルス対策ソフトでのフルスキャン、そして、経過観察期間でのウイルス検知がないことの確認、といった一連の作業が根絶の対応となり、全てが完了した時点で初めて根絶したと判断でき、安全宣言を出せることになります。

❻ リカバリ

　リカバリとは、サイバー攻撃・セキュリティインシデントの根絶が終わり、停止していたサービスを再開させることを言います。

図10-3　ハードウェア、データ、OSやアプリケーションなどを復元し、攻撃を受けて停止していたサービスを再開するのがリカバリ

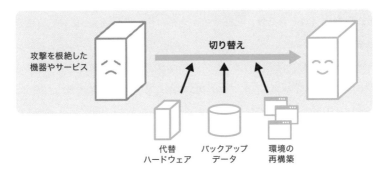

　リカバリのフェーズでは必要に応じて、ハードウェアを入れ替える必要があります。その際には、OSやソフトウェア、アプリケーションなどで環境を再構築する必要もあるでしょう。そうしたリカバリ作業の中でも重要なのは、バックアップからの復旧とサービス再開の判断です。

　まず、バックアップについて説明します。ランサムウェアが流行していることもあり、サービスを再開しようにもデータが暗号化されている場合があります。このとき、バックアップを利用して攻撃される前の状態に戻すことが必要となります。しかし、バックアップから復元するという運用は実施頻度が少なく、豊富な経験を持つ情報システム部門というのは極めて少ないでしょう。本格的な訓練／演習も実施は簡単ではありません。そのため、いざ復旧を図ろうとしてもできない場合が現実には起きています。

　できることが限られているだけに、バックアップの手順書を整備しておくこと、手順書をベースとした復旧訓練を事前に実施し、手順を確認しておくことが

重要となります。

　バックアップからサイバー攻撃を受ける前の状態に戻し、サービス再開の準備が整ったら、サービスを再開するかを判断します。システム障害と異なり、サイバー攻撃およびセキュリティインシデントの場合は完全にその原因を排除できたかの判断が難しい場合がほとんどです。それは、サイバー攻撃・セキュリティインシデントは外部が起因で発生する事象のためです。サーバのストレージが故障したり、ネットワークスイッチの電源が壊れたりした場合は、機器交換などで完全に復旧できる場合がほとんどですが、サイバー攻撃の場合は、事象が発生しなくなったとしても、しばらく時間をおいて攻撃が再開される場合があります。

　リカバリの判断で大事なポイントとしては、再度同じサイバー攻撃が発生しても、根絶の段階で実施した対策が機能し、同じサイバー攻撃を未然に防ぐことができるか、ということが挙げられます。

　サービスを再開しても問題ないと判断したら、サービスを再開する段取りを組みます。サービスが停止していることを社内や社外にアナウンスしていた場合は、社内や社外に対してサービスの再開時期など、再開に関する情報を公開します。

　サービス再開後は、特別態勢を敷いて一定期間サービスが正常に稼働しているかを入念に確認するなど、稼働後に問題が発生していないことを確認していき、一定期間が過ぎたら通常の運用に戻していきます。

❼ 事後対応

　事後対応とは、サイバー攻撃やセキュリティインシデントの対応経緯や原因など、一連の事象の中で実施したことを記録に残し、次回のサイバー攻撃に備え、ノウハウとして蓄積することです。

　この事後対応の目的は、再発防止です。ポイントとしては、事象の発生・検知からリカバリまでを資料として記録しておき、通常時の運用にはどういう問題があったのか、対応において何が問題だったのか、それをどのようにすれば解決できたのか、解決策をどのように実施したのか、サイバー攻撃を受けて浮かび上がった問題や改善点を記録に残します。詳細な記録を残すことにより、以後の運用に何を反映させればいいかが明らかになります。

　おそらく、多くの企業がサイバー攻撃やセキュリティインシデントを経験し、終息させたあとに、その対応に関して振り返り会を実施していることと思います。このとき、以下のようなポイントを明確にするよう議論するとよいでしょう。

- 事象の発生から対応終了までに起きたこと、対処内容を時系列でまとめる
- 事象について、何が起きていたかを理解していたか（全社、情報システム部門、各スタッフなど）
- 事象がインシデント対応手順に従って実施されたかの確認
- 事象への対処が適切だったか
- 事象への対処に必要もしくは有用な情報やツールは何だったか

　こうしたポイントを振り返りにより明らかにし、最後に報告書を作成してノウハウとします。場合によっては、管理層や経営層にまで報告書を提出することも求められるでしょう。このためわかりやすく、簡潔にまとめておくことも大事になります。

　そして、振り返りの結果をもとに、以降の運用を改善することも必要です。その際は、以下のポイントについて検討していくといいでしょう。

- マニュアルや社内規定の記述を変更・追加すべきところはないか
- サイバー攻撃やセキュリティインシデントの再発防止策が、攻撃を受けたシステムだけでなく他のシステムに対して共有されているか
- サイバー攻撃・セキュリティインシデントの再発防止策が、通常時の運用に反映されているか

第**11**章

代表的なサイバー攻撃

第4章で、サイバー攻撃に利用される技術について解説しました。その際は個別の攻撃技術に切り分けて説明しましたが、現代のサイバー攻撃は、そのうちの一つを単体で使うわけではありません。様々なサイバー攻撃を組み合わせて、手順に従って、あるいは手を変え品を変えしながら、最終的に情報漏洩事故やランサムウェアの展開などの成果に結びつけようとします。

　例えば、昨今のサイバー攻撃の典型的な例を見てみましょう。次のような流れで攻撃を仕掛けてきます。

① なりすましメールでフィッシングサイトに誘導する、Googleハッキングにより公開されてしまっている名簿を探すなどの方法で、アカウント情報を収集する

② 取得したアカウント情報で企業の公開サーバにログインしたり、脆弱性を突いてリモートログインをしたりといった方法で、ログインを試みる

③ ログイン成功後は、攻撃用のツールを侵入したサーバにダウンロードし、権限昇格を図りつつ、さらに他の端末へのログインを試みる

④ より権限の強い端末へログインを試し、求めていた情報を収集。集めた情報を攻撃者サイトへ送信する

　特徴的なのは、初めから特定の企業やWebサービスなどを標的にして、集中的に様々な攻撃を仕掛ける点です。このタイプの攻撃は一般的には「標的型攻撃」と呼ばれています。

　現状、あらゆる企業が標的型攻撃の対象となってきています。企業規模が小さいから狙われないという保証はありません。情報システム部門、あるいは中小企業などで同等の役割を持たされている身であれば、この標的型攻撃を想定してセキュリティ対策を実施していく必要があると思います。

　本章では、代表的なサイバー攻撃である標的型攻撃について述べていきます。今、最も“あり得る”攻撃は、どのような技術を駆使して、どのように攻めてくるのか、その概要をつかんでください。

●標的型攻撃の実際

　標的型攻撃は、主に企業に存在する機密情報の取得を目的に、特定のターゲット企業を絞って狙うサイバー攻撃のことです。

　どの会社もターゲットになり得るのは確かですが、特に利用価値の高い知的財産を保有している政府や公共サービス、製造業、IT企業などが攻撃者に狙われやすいとは言えるでしょう。攻撃者の主な目的は機密情報の取得です。それ以外にも、金融に関わる個人情報（クレジットカード情報や銀行口座情報）や、企業が展開するWebサービスの停止といった目的で標的型攻撃が実行されることもあります。最近目立ってきているのが、取得した機密情報を人質に企業を恐喝したり、身代金を要求したりするランサムウェアを展開するケースも発生しています。

▶ 4種類に分けられる最初の一手

　標的型攻撃の第一歩は、大きく分けて、標的型攻撃メール、不正アクセス、水飲み場攻撃、ネットワーク貫通型攻撃の4種類に分けられます。

　まず標的型攻撃メールから見ていきましょう。標的型攻撃の代表的な攻撃パターンが「メール」です。攻撃者は、標的とする企業がメールをやり取りする相手をあらかじめ調査しています。このため、実際に取り引きのある人物を名乗ったり、実際の業務内容と関連が高い件名やファイル名を付けたりするなどの工夫を施してきます。一見しただけでは"怪しいメール"には見えず、普通のメールに見えてしまいます。ユーザが気を付けたからといって見破れるとは限らない作りになっています。

　そのメールを偽装メールと気づかずに添付ファイルを開いてしまうと、マルウェアが動き出し、クライアントパソコンが感染してしまいます。ここから本格的な攻撃フェーズに移行します。そのまま攻撃を止められずにいると、やがてデバイスやシステムがリモート操作され、情報の取得や破壊活動が実行されます。

不正アクセスは、ここでは標的としている企業が公開しているWebアプリケーションに対して攻撃を仕掛け、不正にログインして企業内部のネットワークに入り込もうとするものです。攻撃者は、スキャン攻撃である程度の情報を採取しており、Webアプリケーションの脆弱性を突くことで攻撃を成功させようとします。

　Webアプリケーションに対する攻撃が成功し、内部への侵入を許すと、本格的な攻撃フェーズに移行します。

　水飲み場型攻撃とは、個人または企業の社員など、ターゲットのユーザが閲覧するWebサイトを改ざんして不正なプログラムを仕込んでおき、ターゲットが閲覧した際にマルウェアに感染させようとする攻撃手法です。

　Webサイトに仕込まれたプログラムは標的となる企業のIPアドレスを判別し、IPアドレスと合致した場合に攻撃を開始します。そのため、対象外のユーザが該当するWebサイトを閲覧しても攻撃は開始されません。この結果、広い範囲で攻撃が発生するわけではないため、このような攻撃があることが発覚しにくいことも、攻撃者にとっては有利に働きます。

　ネットワーク貫通型攻撃は、特にコロナ禍以降、リモートワークが当たり前になってきたのとともに目立つようになってきました。VPN機器の設置が急速に進んだ結果、そのVPN機器の脆弱性や設定の不備を突いて企業に入り込むという手法です。

　不正アクセスに近い攻撃と言えるかもしれませんが、ネットワーク機器を足がかりにしようとする場合に、ネットワーク貫通型ということがあります。病院などがランサムウェアによる被害を受けるケースでは、この攻撃手法によるものが多いとされています。

　なお、標的型攻撃は、ゼロデイの脆弱性を悪用する攻撃手法とも組み合わせた総合的なサイバー攻撃です。複数の種類の攻撃を繰り出したり、設定の不備を突いてきたりと攻撃が多岐にわたるため、防御の難易度が高いというやっかいな攻撃です。

▶ 標的型攻撃を防ぐ基本原則

標的型攻撃を防ぐためには、次のような対策が有効と言われています。といっても、本書でもここまで様々な文脈で取り上げてきたものばかりです。総合的な攻撃には、総合的な防御で守るのだと理解してください。

ざっと有効な対策を見てみましょう。

- OSやソフトウェアを最新にアップデートする
- セキュリティ対策機器を導入する
- 統合ログ管理製品を導入して攻撃を検知する
- 攻撃を受けた場合の体制を整備する
- 従業員を教育する

いずれも、本書を通じて何らかの形で詳細に説明してきた対策です。

繰り返しになりますが、攻撃を完全に防ぐのは困難です。侵入されることやマルウェアを展開されそうになることはあるものとする必要があります。実際に標的型攻撃の被害に直面すると、対応を入念に考える時間はなく、その間にも攻撃による被害は拡大していきます。このため、標的型攻撃を受けた場合の体制をあらかじめ整備しておくことが重要になります。

従業員教育については、ここまであまり触れてきませんでした。ここで少し説明しておきましょう。

標的型攻撃メールの被害は、従業員が添付ファイルを開いたり、不審なURLをクリックしたりするところからスタートします。そのため、標的型攻撃メールの事例や特徴を従業員に共有し、少しでも怪しい点が確認されれば「開かない」ことを徹底できれば、標的型攻撃による被害を防げる可能性を高めることができます。

標的型攻撃の被害を最小限に留めるには、普段から従業員のセキュリティに対するリテラシーを高めておくことが必要です。利用するデバイスの取り扱いはもちろん、セキュリティに関する知識、標的型攻撃メールを受信した際の対処法など、事例を用いて全体的に共有できる機会を設けることで、標的型攻撃に

よる被害を軽減する期待が持てます。

　標的型攻撃メールについては、「標的型攻撃訓練メール」といったサービスがあり、このサービスによって、従業員に向けて不審なメールを装ったメールを送り、従業員の何人が添付ファイルを開いたか、開いた人は誰なのか、開いた人に対して教育を実施する等の実施が可能となります。

　また、標的型攻撃への対策についての情報収集は、MITRE ATT&CKがお薦めです。MITRE ATT&CKは、CVE（Common Vulnerabilities and Exposures＝共通脆弱性識別子）と呼ばれる脆弱性情報をもとに、脆弱性を悪用した実際のサイバー攻撃を戦術と技術または手法の観点で分類したナレッジベースです。

図11-1　標的型攻撃への様々な対策を網羅的に集めたナレッジベースのMITRE ATT&CK（https://attack.mitre.org/matrices/enterprise/）

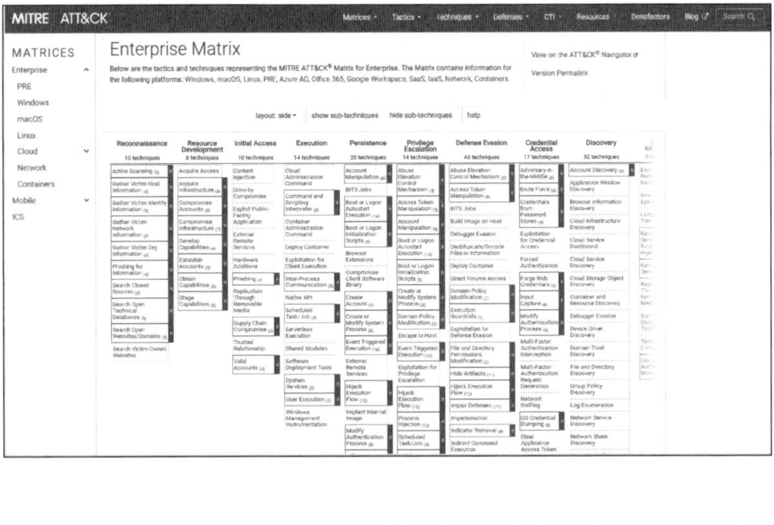

　MITRE ATT&CKでは、サイバー攻撃、標的型攻撃で実施されるフェーズと各フェーズで実施される攻撃の詳細情報が参照できます。サイバー攻撃は初期侵入、悪意あるプログラムの実行、永続性、特権昇格、防御回避、認証情報アクセス、探索、水平展開、情報収集、C&C、情報送信、影響、というフェーズに分類されています。

また、実際のサイバー攻撃の例、攻撃の緩和策、攻撃検知方法、セキュリティベンダーやホワイトハッカーのレポートのリンクなどがまとまっています。つまり、標的型攻撃がどのような手順で実施されるか、どのような具体的な攻撃が行われるかをMITRE ATT&CKで確認できるため、攻撃者視点で、何をどのように狙うのかを学ぶこともできます。その上で、攻撃を防ぐためには何の対策が必要か、そういった観点でセキュリティ対策も検討してみるものいいのではないでしょうか。

　MITRE ATT&CKは不定期もしくは四半期に一度、最新の脅威情報の追加が行われ、最新の脅威にも対応できるようにアップデートされています。

第**12**章

セキュリティ技術を
高めるために

ここまで、セキュリティ対策を担う技術やサイバー攻撃に関する技術、組織におけるセキュリティ対策やセキュリティ対策製品などについて述べてきました。本書で取り上げたセキュリティ技術や知識を自分のものにするには、業務を通じて培っていけるところもある半面、自分で時間を割いて勉強する必要もあると思います。

　何人も部員がいる情報システム部門でベンダーなどの外部業者に運用のサポートをしてもらえるようなチームであれば、そのサポートメンバーに技術的な質問をすることもできるでしょう。ただ、ベンダーは情報システム部門の全ての情報を知っているわけではなく、あくまで技術的観点で、自分たちの責任範囲で可能な回答に偏りがちです。ベンダーに的確に情報提供をしたり、ベンダーからの答えを通じて議論を深めたりするためには、ある程度、こちらも技術力や知識を身に着けておく必要があると思います。

　本章では、どうやってセキュリティにかかわるスキルや知識を高めていくかについてまとめてみました。主として私がセキュリティエンジニアとして重ねてきた経験、および現場に立っていてこういうことがこれからは必要なのではないかという実感をもとにまとめています。私の個人的な意見もかなり入っているとは思いますが、現場に立つエンジニアからの提案として読んでください。

●セキュリティ技術を高めるために

　セキュリティに関する技術を高めるためには、まずは、セキュリティに関する知識のみならず、IT技術全般的な、幅広い知識が必要です。セキュリティに関する技術はIT技術をベースとしています。IT技術やコンピュータについてくわしく知っている自信はないということであれば、まずはサーバやネットワークなどのITの基礎知識を見直すことから始めるといいでしょう。セキュリティに特化した学びは、ある程度IT全般の基礎知識が蓄積できてからのほうが、理解も早いと思います。

▶ ITの基礎技術

　ITの基礎技術について、本書なりにその範囲を定めておこうと思います。IT基礎技術としては、ネットワーク、サーバ、クライアント、アプリケーションの基礎技術は少なくとも知っていてほしいと思います。その基礎技術の理解が全体的に進んできたら、それがどのように企業のインフラで活かされていたり、どのようにセキュリティ対策製品に組み込まれていたりしているのかについて焦点を移していくといいと思います。とはいえ、私も全てを完璧に理解しているわけではありません。まだまだ勉強中の身ではありますが、業種や規模を聞いただけで、その企業にはどのようなシステムがあるのか、Webサービスを展開しているならこんな製品が設置されているはず、といったような想像ができるようになってきています。

　企業にどのようなITシステムやサービスがあるのかが想像できると、そこに対して、どのようなセキュリティ対策が必要か、イメージできるようになってきます。そうすると、セキュリティコンサルタントが話すことも理解できるようになっているでしょう。建設的な議論もできるかもしれません。そうなると、よりよいセキュリティ対策の実現が可能になると思います。

　また、情報システム部門ではなく、アプリケーション開発者の延長線上で脆弱性診断やペネトレーションテストをできるようになりたいと思うならば、個人

的にWebアプリケーションの開発を経験しておいたほうがいいと思います。決して大きなアプリケーションを作る必要はありません。小規模でも、実際に何らかのサーバ上で動作するアプリケーションを作る経験が重要です。

Webアプリケーションの開発者の立場が理解できると、どこに脆弱性が埋め込まれるか、どういうときにセキュリティの担保を見過ごしがちになるのか、経験としてわかるようになってくるでしょう。そうなると、脆弱性診断の観点や脆弱性情報や攻撃コードが公開されているといった情報を得たときに、アプリケーションのどの部分にそれが当てはまりそうか、目星を付けやすくなります。そうすれば自分の経験や強み、知識を生かした脆弱性診断やペネトレーションテストができるようになるでしょう。さらに、どのような改修をしなければならないのかを説明できるようになり、個人としての価値を高めることにつながると思います。私もそうなりたいと思って、日々勉強中です。

▶ 実際にやってみる

私が自分のスキルを向上させる上で非常に大事だと思っていることは、実際に動作させて確認してみる、ということです。昔と違って、今ではクラウドサービスがかなり普及しているので、自分でサーバを用意したり、検証環境を準備したりすることは、以前よりもハードルが下がっています。

企業のインフラ環境をそのまま再現することは難しいですが、検証環境を作り、そこでセキュリティ対策製品の挙動を確認したり、どのような攻撃でどのような動作が引き起こされるのかを確認したりすることは、IT技術を適切に組み合わせることにより、多くのことが実現可能だと思います。Webサイトや書籍などを通じてセキュリティ技術を学んだら、実際に検証環境で体感する。このサイクルが、自分のスキルアップに役立つ、有力な方法の一つだと思います。

ただ、ここで注意してほしいことがあります。

セキュリティ技術の習得の際、検証環境として構築したサーバに対して攻撃のような通信をしかけることもあるかと思います。そのとき、誤って検証環境以外にはアクセスしないように注意しましょう。攻撃を試すことは、攻撃することと同じです。公開サーバを攻撃してしまうと、実環境で稼働しているサービスを

攻撃してしまうことになります。必ず検証環境を準備し、そこで実際の動作を確認することを徹底していただきたいと思います。アクセス先を限定したり、クローズドな環境を用意したりといったときに、前述のIT全般の基礎知識がものを言うでしょう

　こういった状況もあり、セキュリティ技術を向上させるようなサービスが提供されています。無料で利用できるものもあるので、一度トライしてみてください。私自身もセキュリティ技術を向上させるべく、このようなサービスを利用しています。共に技術向上を志す同志として読者の皆さんとも切磋琢磨できればいいなと思っています。

　まず最初に紹介したいのが、Hack the boxです。

図12-1　セキュリティの学習プラットフォームであるHack The Box

　Hack The Boxは、サイバーセキュリティやペネトレーションテストに関するスキルを身に付けたい人のために用意された学習プラットフォームです。この

サービス上に脆弱性を持ったサーバが準備されており、そのサーバに対して攻撃を仕掛けることで、実際の攻撃を自分で体験することができます。攻撃できることを学ぶのではなく、攻撃者がどのように攻撃し、その結果、サーバ内で何が起きるのか、それを攻撃者はどのように見ているのかをリアルに経験することができます。

　文献では『体系的に学ぶ 安全なWebアプリケーションの作り方 第2版 脆弱性が生まれる原理と対策の実践』(徳丸 浩、SBクリエイティブ、2018年、ISBN9784797393163) を、手元に置いておくことをお薦めします。セキュリティ分野では有名な徳丸先生の著書です。Webアプリケーションに対する脆弱性にフォーカスが当てられています。書籍で取り上げた事例を確認できるようなテスト環境が準備されているので、本を見ながら実際に脆弱性がどのようなものか、そしてその対策を確認できる万能の1冊です。

▶ 勉強会への参加

　セキュリティに関する勉強会やイベントに参加するのもお薦めです。同じ目的を持つ人の話を聞いたり、交流したりするのを通じて、よい刺激を受けられるのではないかと思います。セキュリティに関するイベントには、高い技術力を持つ人や、セキュリティ技術を身に着けるために努力している人が参加しているので、セキュリティ技術を学びつつ、有益な議論や意見交換ができたり、自分が課題と思っている事象を解決するヒントを得られたりといったことを期待できます。

　最近では、気軽に参加できるセキュリティに関する勉強会もかなり多く開催されていますので、日程があったら参加してみましょう。コロナ禍以降、オンラインでの勉強会はすっかり一般的になりました。気軽に参加でいる環境は整っています。

　そうした勉強会やイベントは、登壇者も募集していることがあります。もしタイミングが合えば、参加した勉強会で日ごろ疑問に思っている課題や、自分で気がついたことなどを発表してみましょう。これがスキルアップにつながります。発表しようと思うと、事前に色々と調べたり、質問対策をしたりするので、効果

的にスキルアップを図れると思います。発表することはかなりハードルが高いと思っている人も多いと思いますし、私自身も勉強会の発表前はかなり緊張していますが、やってみると得られるものは多いと実感します。

　なお、勉強会は次のようなサイトで探すことができます。

・TECH PLAY (https://techplay.jp/)
・Connpass (https://connpass.com/)

　ITやアプリケーション開発に関する勉強会も数多く開催されており、セキュリティ以外にも利用しがいのある勉強会を見つけることができるはずです。

Index

おわりに

　ここまで、本書をお読みいただき、誠にありがとうございます。今まで多くの上司、先輩、後輩から教えていただいたセキュリティの技術、業務を通じて培ったセキュリティに関するノウハウ、いろいろな方々と情報交換して得た知識を参考に、本書を執筆いたしました。

　これからもデジタルトランスフォーメーションを推進する流れがあり、企業のさらなるIT技術の取り込みは促進していくと思います。これに伴い、サイバー攻撃を繰り広げる攻撃者の攻撃対象も増えていくため、セキュリティに関する技術を身に着けていくことは、これまで以上に企業を守り、個人を守るために重要性を増していくと考えています。そのような「守る」ということに対して、この本が何かの役に立てれば良いなと思います。

　本書はセキュリティに関する技術や製品などについて幅広く取り上げました。最初から通読して、セキュリティエンジニアとしての土台を固めるのに使っていただきたいと思いますが、一方で何かふと気になったセキュリティに関する単語や対策があったときに、事典的に利用していただくという使い方にもお役立ていただければ幸いです。

　本書で紹介した内容をより深く掘り下げて学んだり、この本には載せられなかったセキュリティ技術を学んだりといった形でさらに知識を深めていきたいと思われたなら、よりセキュリティ技術に特化した本もあります。テスト環境で挙動を確認してみるといった方法もあります。ぜひ本書を読んだあとでも、情報システム部門のセキュリティ担当者としてさらに上のセキュリティ技術や知識を高めていっていただければと思います。その入り口として本書が役立つことを願ってやみません。

せきや　まもる

謝 辞

　私は、24歳からセキュリティ関係の業務に携わり、セキュリティ
関連のソフトウェア開発、製品企画、セキュリティサービスの構築、
CSIRT/SOC運用、セキュリティコンサルタントなどなど、16年間で
様々な業務経験を積ませていただきました。

　新卒で入社してからはソフトウェア開発を主に経験していました。

　そのソフトウェア開発では、プロダクトの開発技術も多少学びまし
たが、プロジェクトマネジメントやIT技術を全般的に深く学べたと
思っています。当時の上司で非常にお世話になったGさん、今も社外
から活躍されている姿を拝見しています。これからも出世を続け、役
員クラスにまで上り詰めていかれるよう、陰ながら応援しています。K
さん、技術営業として動いていただく中、製品主幹として担当していた
私をかなりフォローしてくださったこと、本当に感謝しております。

　システム構築では、お客様に対してシステムを納めることの前提や
ソフトウェア開発との文化の違い、構築する上で大事にしなければな
らないこと、企業のシステム環境の基本、現場と社内の違いなど、数
多く学ばせていただきました。当時かなり迷惑をかけてしまったKさ
ん、Hさん、Mさん、Tさん、Yさん、かなり未熟だった私に対していろ
いろとご指摘いただいたこと、今では本当にありがたい経験となって
います。同期のH君、あのプロジェクトは我々がいなかったら確実に
頓挫していたと思います（笑）。あんなしんどいプロジェクトはもうこ
りごりですが、また何かの案件でご一緒できればと思っています。Sさ
ん、海外系のプロジェクトでは本当にいろいろと助けていただき、あり
がとうございました。そして今もありがとうございます。これからもサ
ウナ、ボルダリングなどなど、行きましょう！

　企画・マーケティング部門にいたときは、資料のクオリティや説明
スキル、企画から製品開発に至るまでの流れを学ばせていただきまし

た。Ｔさん、私の最後の上司を務めていただき、本当にありがとうございました。会社を辞めるときにも気を使っていただき、私が気にしないようにふるまっていただけたこと、本当に感謝しています。そして、当時理事だったＮさん、辞める際に呼び出された瞬間は超絶怒鳴られると思いました（笑）。いつでも迎え入れてくれると言われたときは、本当に嬉しかったです。今も活躍されていますが、これからのご活躍も心から応援しています。

　その他、新卒で就職した企業では、ここには書ききれないくらいの多くの人にお世話になりました。今の時代ではNGのような叱咤激励も多々ありましたが（笑）、当時の経験は今の私にとって非常に重要なものとなりました。新入社員時代の同期、プロジェクトをともに乗り切ったメンバーなど、一緒に飲みに行った方々、感謝を述べたい人たちが多すぎますが、機会があれば直接感謝の意を伝えさせてください。

　フリーランスとして独立してからは、本当に良いプロジェクトに恵まれ、また一段とセキュリティに関する知識や経験の幅を広げることができました。ユーザ企業の立場で、セキュリティ対策の提案から構築・運用まで一貫して経験させていただき、本当に私にとってはかけがえのない経験となりました。コロナ禍という前代未聞の状況でも、継続して発注してくださったＴさん、Ｏさん、Ａさん、Ｈさん、Ｎさん、御恩は一生忘れません。

　提案、構築フェーズをともに担当したＫさん、Ｏさん、また一緒に何か構築プロジェクトができたらと思います。そして、また飲みに行きましょう（笑）。

　現在、私が工数を主に投じている企業様では、最高レベルのセキュリティ対策を実現すべく、私自身も日々、今まで以上に学ぶことが多く、この現場に携われる状況が本当にありがたいです。ここで学ばせ

ていただいたことはとても貴重で、本当に自分の経験として重要なものになると確信しています。最高峰のセキュリティ対策の実現を推進しているTさん、Kさん、Hさんを始め、実務リーダーのOさん、サブリーダーであるOさん、この案件に携わるきっかけを作ってくれたYさん、Sさん、共に働いているメンバーの皆様、本当にありがとうございます。共に成長できていることについてはもちろん、他のイベントも毎度楽しみにしています！

　セキュリティコンサルタントとして業務に従事させていただいているクライアントの皆さま、本当に良い経験の場をご提供いただき、ありがとうございます。A社長、Hさん、Fさん、Sさん、Mさん、一歩ずつセキュリティ対策の実現が進んでいることを実感しつつ、これからもともにセキュリティレベルの向上に努めさせていただければと思います。

　プライベートでもお互いの近況を共有するT君、毎回良い刺激を本当にありがとうございます。あの秋葉原での出会いと唐揚げが懐かしいです（笑）。お互いこれからもセキュリティの技術を高め、描いたものを実現していきましょう。来年、再来年は飛躍の年ですね。

　地元のプロジェクトで様々関わりのあるAさん、I君、他にも様々な方々に、本当に感謝ばかりでございます。まだまだ至らないところはあるかと思いますが、私自身も成長してお役に立てるように努めていきます。引き続きよろしくお願いいたします。

　本当にありがたいことに、この他にも感謝を述べたい人が沢山いらっしゃるのですが、いったんここで区切らせていただきます。

　最後に、このような機会を与えて頂いた日経BP様、仙石様、本当に感謝しております。至らぬところが多々ある私ですが、1冊の本という形にできたのも日経BP様、仙石様のお力、サポートがあったおかげです。今後ともよろしくお願いいたします。

せきや まもる

　2007年にセキュリティ製品の開発職として就職。4年目まではセキュリティ製品の設計・開発に従事。5年目から「もの作ったから売ってこい」と言われ、開発から一転して技術営業的な業務を異動（このとき、転職活動を経験するも自社に留まる）。7年目に「やはり技術面を強化しよう」という会社の育成方針に従い、保守・問い合わせ部門に従事。保守業務を遂行する中で、現場で何が起こっているのかを体験したほうが良いと感じ、9年目にお客様先でのセキュリティ対策システムの設計・構築・運用を担う部署に自ら希望して異動し、CSIRT／SOCの構築やインシデントレスポンスの現場に立つ。その後、様々な部署・職場を転々とし、セキュリティ関係の営業や製品企画、教育、マーケティングなどを経験。

　2019年にフリーランスのセキュリティエンジニアとして独立。独立後は、標的型攻撃対策システムの設計・構築・運用に従事し、システムの構築から運用まで一気通貫での経験を積む。

　2021年にはセキュリティコンサルタントとして、企業のCSIRT構築プロジェクトに参画。その後、スマホアプリの設計業務などのいくつかのプロジェクトを経て、現在では金融系企業のCSIRT/SOC チームにて、セキュリティ対策強化の提案や日々発生するインシデント対応といったサイバー攻撃対応の前線に立ち、さまざまな攻撃に日々対応している。

まだまだ未熟の身ですが、よろしくお願いいたします。

参考文献

ハッシュ値

- ハッシュ関数の仕組みを図解で分かりやすく解説
  https://medium-company.com/ハッシュ関数/

共通鍵暗号方式

- Common key cryptosystem / Public key cryptosystem
  https://www.infraexpert.com/study/security4.html
- 暗号鍵【cipher key】暗号化キー
  https://e-words.jp/w/暗号鍵.html
- 20世紀を支えた【DES】とはどんな暗号なのか、その歴史を振り返る
  https://www.proactivedefense.jp/blog/blog-vulnerability-assessment/post-1683#index_id0
- さらばDES暗号、2023年終了へカウントダウン
  https://xtech.nikkei.com/atcl/nxt/column/18/00001/00986/
- AESとは？暗号化の仕組みや安全性、データ通信での利用方法を解説
  https://www.itscom.co.jp/forbiz/column/office-environment/10404/

公開鍵暗号方式

- 公開鍵暗号方式とは
  https://medium-company.com/公開鍵暗号方式/
- RC4とは【用語集詳細】
  https://www.sompocybersecurity.com/column/glossary/rc4
- 公開鍵・秘密鍵とは？暗号化の仕組みをわかりやすく解説
  https://it-trend.jp/encryption/article/64-0089
- RSA暗号とは？仕組みや応用事例を初心者にもわかりやすく解説！
  https://it-trend.jp/encryption/article/64-0056
- 基本情報でわかる 公開鍵暗号方式とディジタル署名「絵に書いてみればわかる」
  https://www.seplus.jp/dokushuzemi/ec/fe/fenavi/mastering_tech/pub_key_crypt/

デジタル署名

- Digital Signature
  https://www.infraexpert.com/study/security5.html

生体認証

- 生体認証
  https://xtech.nikkei.com/it/article/REVIEW/20070622/275618/
- バイオメトリクス
  http://www.aoki.ecei.tohoku.ac.jp/oc2020/biometrics/

FIDO

- FIDO認証とは？仕組みやメリット、安全性や利用シーンを解説
  https://www.pi-pe.co.jp/solution/article/member/430/
- FIDO認証とは？パスワードレスで本人認証できる仕組みを解説
  https://cybersecurity-jp.com/column/67064
- FIDO認証とは？
  https://www.dds.co.jp/ja/topics/9736/

シングルサインオン

- ID・パスワードに関する問題
  https://trustlogin.com/sso/
- OAuthとOpenID Connectについて 〜仕組みや特徴など解説〜
  https://solution.kamome-e.com/blog/archive/blog-auth-20221108/
- シングルサインオン（SSO）認証とは？仕組み、認証方式の種類、メリットや認証連携
  のパターン
  https://www.ogis-ri.co.jp/column/themistruct/c106480.html
- シングルサインオンとは？仕組みとメリット・デメリットなどを解説
  https://www.lrm.jp/security_magazine/sso_structure/

二要素認証

- 認証強化
  https://www.hitachi-solutions.co.jp/iam/sp/sol_kyouka.html
- 二要素認証と二段階認証の違いを理解していますか？
  https://eset-info.canon-its.jp/malware_info/special/detail/210311.html

電子署名

- 電子署名とは？仕組みやメリットをわかりやすく解説
  https://biz.moneyforward.com/contract/basic/711/

- 【第2回】よく聞く「電子サイン」「電子署名」って？
  https://ncsa.jp/gallery/signcierge2

デジタル証明書、認証局

- Digital Certificate
  https://www.infraexpert.com/study/security6.html
- デジタル証明書 / 公開鍵基盤
  https://shukapin.com/infographicIT/digital-certificate

セッションハイジャック

- セッションハイジャックはなぜ起こるのか？攻撃の仕組みと求められる対策
  https://eset-info.canon-its.jp/malware_info/special/detail/230110.html
- セッションハイジャックとは？その原因と対策を徹底解説
  https://cybersecurity-jp.com/security-measures/18583
- セッションハイジャック【Session Hijacking】とは｜図でわかる脆弱性の仕組み
  https://www.ubsecure.jp/blog/session_hijacking
- 第3回 犯罪者に代わって操作させられる「セッション・フィクセーション」
  https://xtech.nikkei.com/it/article/COLUMN/20080221/294389/zu01.jpg

SQLインジェクション

- 【初心者向け】SQLインジェクションの5つの対策と被害事例
  https://www.nttpc.co.jp/column/security/sql_injection.html
- SQLインジェクションとは？実例とその対策についてわかりやすく解説
  https://products.sint.co.jp/topsic/blog/sql-injection#toc-1

Webアプリケーションへの攻撃

- Webアプリケーションへの攻撃手法について
  https://www.secure-iv.co.jp/blog/6407
- Webサイトの攻撃の種類28選。最新の動向をキャッチしよう
  https://www.skyarch.net/column/attack-list/
- WAFで防御できるWebシステムを狙ったサイバー攻撃16選
  https://www.skyarch.net/column/protected-by-waf/

XSS

- クロスサイトスクリプティング（XSS）とは？わかりやすく解説
  https://www.shadan-kun.com/waf_websecurity/xss/
- クロスサイトスクリプティング（XSS）とは？攻撃の被害例や対策をわかりやすく解説
  https://cybersecurity-jp.com/column/18427

OSコマンドインジェクション

- OSコマンドインジェクションの仕組みとその対策
  https://www.shadan-kun.com/blog/measure/2873/

サーバサイドテンプレートインジェクション

- 実演動画あり！コード・インジェクションとは？
  https://www.securify.jp/blog/code-injection/
- SSTIという脆弱性に関する紹介
  https://staff.persol-xtech.co.jp/corporate/security/article.html?id=94
- サーバーサイド・テンプレート・インジェクション（SSTI）とは？
  https://www.securify.jp/blog/server-side-template-injection/

CSRF

- CSRF（クロスサイトリクエストフォージェリ）とは？被害と対策も
  https://www.shadan-kun.com/blog/measure/2640/
- クロスサイトリクエストフォージェリ（CSRF）
  https://www.trendmicro.com/ja_jp/security-intelligence/research-reports/threat-solution/
  csrf.html

CRLFインジェクション

- 改行コードインジェクション
  https://siteguard.jp-secure.com/glossary/line-feed-code-injection
- 改行コードに要注意！ HTTPヘッダインジェクションの概要と対策
  https://yamory.io/blog/about-http-header-injection/
- CRLFインジェクションとは？
  https://www.securify.jp/blog/carriage-return-line-feed-injection/#CRLF-5

ディレクトリトラバーサル

- ディレクトリトラバーサルとは | 分かりやすく図解で解説
  https://medium-company.com/ディレクトリトラバーサル/

クリックジャッキング

- クリックジャッキングとは？ 攻撃の仕組みと対策
  https://www.hitachi-solutions-create.co.jp/column/security/click-jacking.html
- クリックジャッキングとは？その攻撃の概要と対策方法を解説
  https://cybersecurity-jp.com/security-measures/6935

バッファオーバーフロー

- バッファオーバーフローとは？攻撃の方法や対策について解説
  https://www.nttpc.co.jp/column/security/bof.html

DoS/DDoS 攻撃

- DoS 攻撃・DDoS 攻撃とは？意味と対策方法をわかりやすく解説
  https://www.shadan-kun.com/waf_websecurity/dos_ddos_attack/

ポートスキャン

- 【図解】ポートスキャンとは？仕組みと対策方法をわかりやすく解説
  https://www.kagoya.jp/howto/engineer/infosecurity/port-scanning/

中間者攻撃

- 中間者攻撃（MitM 攻撃）とは？事例と対策
  https://www.proofpoint.com/jp/threat-reference/man-in-the-middle-attack-mitm
- ARP スプーフィング【ARP spoofing】
  https://e-words.jp/w/ARPスプーフィング.html
- 中間者攻撃（MiTM 攻撃）とは？わかりやすく仕組みや攻撃パターン・対策を解説
  https://www.lanscope.jp/trend/31858/

認証回避

- 認証回避
  https://www.seraku.co.jp/columns/glossary/authenticationbypass/
- FIDO 認証とは？
  https://www.dds.co.jp/ja/topics/9736/
- 神奈川県 HDD 転売事件、元社員に有罪判決　情報機器をネットオークションで転売
  https://www.itmedia.co.jp/news/articles/2006/09/news105.html

ブルートフォース攻撃

- ブルートフォース攻撃とは？５つの被害・影響と４つの有効対策を解説
  https://www.lrm.jp/security_magazine/brute-force/

リスト型攻撃

- リスト型攻撃とは？攻撃を受けた場合の被害の例や対策を解説！
  https://frauddetection.cacco.co.jp/media/fraud-access/5537/
- パスワードリスト型攻撃とは 〜類似攻撃の解説と対策方法について〜
  https://www.amiya.co.jp/column/4192/

キャッシュポイズニング

- キャッシュポイズニングとは
  https://www.designet.co.jp/faq/term/?id=44Kt44Oj44OD44K344OI44Od44Kk44K644OL44Oz44Kw
- DNSサーバーへの「キャッシュポイズニング攻撃」対策について
  https://www.ntt.com/business/services/network/internet-connect/ocn-business/ocn/customer/set_up/poison.html
- DNSキャッシュポイズニングとは？攻撃の仕組みと効果的な対策を5分解説
  https://office110.jp/security/knowledge/cyber-attack/dns-cache-poisoning

強制ブラウジング

- 強制ブラウジング
  https://www.f5.com/ja_jp/glossary/forced-browsing
- アプリケーションの攻撃パターン - 3) 強制ブラウズ
  http://www.techmatrix.co.jp/product/appscan/w_attackofappli/attack3_browse.html

URLパラメータ改ざん

- アプリケーションの攻撃パターン - 1) URLパラメータの改ざん
  http://www.techmatrix.co.jp/product/appscan/w_attackofappli/attack1.html

S/MIME

- S/MIMEとは？メールへの電子署名と暗号化の仕組み
  https://jp.globalsign.com/secure-email/about_smime.html
- S/MIMEの仕組みを図解で分かりやすく説明
  https://medium-company.com/s-mime-仕組み/
- メールセキュリティの暗号化とは？SSL・S/MIMEなど丁寧に解説
  https://it-trend.jp/mail_security/article/56-0011

XMLインジェクション

- 油断ならない脆弱性　XXE への対策
  https://yamory.io/blog/what-is-xxe/
- XML Injection Attacks: What to Know About XPath, XQuery, XXE & More
  https://www.thesslstore.com/blog/xml-injection-attacks-what-to-know-about-xpath-xquery-xxe-more/

ファイルインクルード

- ファイルインクルードの対策
  https://www.shadan-kun.com/blog/measure/2582/
- ファイルインクルード
  https://www.ooda-security.com/cyber-attack/file-include.html

IPスプーフィング

- IPスプーフィングの仕組みとは？　防止・対策方法を紹介します
  https://www.kaspersky.co.jp/resource-center/threats/ip-spoofing
- IPスプーフィング攻撃とは？攻撃の仕組み、被害事例、対策を徹底解説
  https://office110.jp/security/knowledge/cyber-attack/ip-spoofing-attack

送信ドメイン認証

- 4-2 送信ドメイン認証
  https://www.dekyo.or.jp/soudan/contents/taisaku/4-2.html
- DMARCとは？その仕組みと設定方法、SPFやDKIMとの関係
  https://www.proofpoint.com/jp/threat-reference/dmarc
- BIMIとは？ 導入のメリットや具体的な設定方法を解説
  https://baremail.jp/blog/2022/09/06/2752/
- 10分でわかる！SPFとは？ SPFレコードの仕組みや設定方法を解説
  https://am.arara.com/blog/06
- DKIMとは？送信ドメイン認証を理解して迷惑メールを回避しよう
  https://www.kreisel.bz/lab/dkim_avoid
- 送信ドメイン認証（SPF / DKIM / DMARC）の仕組みと、なりすましメール対策への活用法を徹底解説
  https://ent.iij.ad.jp/articles/172/
- BIMI 技術サービス
  https://www.twofive25.com/service/bimi.html

OP25B

- OP25B（メール送信規制）
  https://service.ocn.ne.jp/option/mail/ocnmail/meiwaku/op25b.html
- OP25B(Outbound Port 25 Blocking)とは
  https://www.nic.ad.jp/ja/basics/terms/OP25B.html

VPN

- VPNとは？その基本と無料Wi-Fiを安全に利用する方法
  https://jp.norton.com/blog/privacy/vpn
- VPNの仕組みを理解しよう！その種類から構築に必要な機能をわかりやすく解説
  https://www.ctcsp.co.jp/itspice/entry/087.html
- 【図解】https(SSL/TLS)の仕組みとシーケンス、パケット構造 ～暗号化の範囲、
  Encrypted Alert、ヘッダやレイヤについて～
  https://milestone-of-se.nesuke.com/nw-basic/tls/https-structure/

IPSEC

- IPsecとは
  https://www.ntt.com/bizon/glossary/e-i/ipsec.html
- IKE (Internet Key Exchange)
  https://docs.sophos.com/nsg/sophos-firewall/17.5/Help/ja-jp/webhelp/onlinehelp/nsg/sfos/
  concepts/InternetKeyExchange.html
- AH（Authentication Header）とは？ IPsecプロトコルにおける認証技術
  https://the-simple.jp/ah（authentication-header）とは？ ipsecプロトコルにおける認証技術
- IPsecの仕組みとSA、AH、ESP、IKEの関係を理解してみよう！
  https://itmanabi.com/ipsec/

SSH

- 用語集｜SSH
  https://www.idcf.jp/words/ssh.html
- 暗号化と認証でデータを守る、「SSH」の仕組みを徹底図解
  https://xtech.nikkei.com/atcl/nxt/column/18/01827/101900001/

PGP

- PGP
  https://e-words.jp/w/PGP.html
- 1分でわかるPGP
  http://we　-u.ac.jp/~takehiko/pgp.html
- 【図解】OpenPGPとS/MIMEの仕組みと違い 〜メール暗号化と署名,ssl/tlsとの違い〜
  https://milestone-of-se.nesuke.com/sv-advanced/digicert/openpgp-smime-tls/
- PGPの仕組み
  https://www.itmedia.co.jp/help/howto/security/04/02.html

ISMS

- ISMS(情報セキュリティマネジメントシステム)とは
  https://isms.jp/isms/
- ISMS内部監査の効率アップ│チェックリスト活用のすすめ
  https://www.lrm.jp/security_magazine/checklist_internal_audit/
- ISMS(ISMS認証)とISO/IEC 27001の違いは?初心者にも分かりやすく解説
  https://secure-navi.jp/blog/000008
- 【ISMS認証】取得しました
  https://www.axisjp.co.jp/news/3024

NIST SP800

- NIST SP800シリーズとは?情報セキュリティにおける重要性と役割について解説
  https://emgr.jp/nist-sp800-series/

NIST CSF

- NIST発行の情報セキュリティ関連文書
  https://www.manageengine.jp/solutions/nist_publications/
- 【解説】NIST サイバーセキュリティフレームワークの実践的な使い方
  https://www.nri-secure.co.jp/blog/nist-cybersecurity-framework
- NIST CSF(サイバーセキュリティフレームワーク)とは
  https://www.sailpoint.com/ja/identity-for/nist/

CIS

- セキュリティ対策、どこまでやる？ CIS Controls v8日本語訳をリリース
  https://www.lac.co.jp/lacwatch/people/20211025_002766.html
- CIS Controlsとは？ 解説と対策
  https://www.manageengine.jp/solutions/cis_controls/lp/
- NRIセキュア ブログ
  https://www.nri-secure.co.jp/blog/cis-controls-v8

セキュリティポリシー

- 大企業との取引には必須！情報セキュリティポリシーの概要とは
  https://www.lrm.jp/security_magazine/policy/
- 情報セキュリティポリシーの概要と目的
  https://www.soumu.go.jp/main_sosiki/joho_tsusin/security/business/executive/04-2.html

CSIRT

- CSIRT人材の定義と確保
  https://www.nca.gr.jp/imgs/recruit-hr20151116.pdf
- CSIRTの仕事一覧「FIRST CSIRT Services Framework v2.1 日本語版」公開
  https://scan.netsecurity.ne.jp/article/2021/03/15/45343.html
- 日本CSIRT協議会
  https://www.nca.gr.jp/
- 組織内における CSIRT の形態
  https://www.jpcert.or.jp/csirt_material/files/05_shape_of_csirt20151126.pdf
- FIRST CSIRT Services Framework v2.1 日本語版
  https://www.nca.gr.jp/ttc/first_framework2_1.html
- コレ1枚で分かる「CSIRT」
  https://www.itmedia.co.jp/enterprise/articles/1602/08/news016.html

SOC

- SOC (Security Operation Center)
  https://www.nec-solutioninnovators.co.jp/ss/insider/security-words/03.html
- SOC (Security Operation Center) とは
  https://www.ntt.com/bizon/glossary/e-s/soc.html

JPCERT

- 注意喚起
  https://www.jpcert.or.jp/at/2023.html

JVN

- JVNとは？
  https://jvn.jp/nav/jvn.html

ID管理

- クラウド全盛時代！ID管理の重要性とは？
  https://www.intec.co.jp/column/detail/10.html
- ID管理システムとは？
  https://www.sailpoint.com/ja/solutions/id-management/#feature
- 統合ID管理ツールの最新動向
  —— IDの作成/変更/削除を一括管理、目的を明確にしたシナリオが必須に
  https://it.impress.co.jp/articles/-/6613

認証認可

- 認証と認可の違いとは｜セキュリティの強化について説明
  https://solution.kamome-e.com/blog/archive/blog-security-20211021/
- 認証と認可の違い正しく理解できていますか？安全なリモートアクセスのポイントを解説
  https://sokowaku.com/blog/12086

パスワード

- AIによるパスワードの解析時間をセキュリティ会社が公開。8桁なら7時間以内に解析完了
  https://pc.watch.impress.co.jp/docs/news/1492292.html
- PassGAN
  https://github.com/brannondorsey/PassGAN
- ログイン時などに使用するパスワードの変更ができます。
  https://efriends.kinki.coop/userguide/guide/mypage/password.html

ワンタイムパスワード

- ワンタイムパスワードとは？仕組みやアプリ・トークンの使い方を解説
  https://cybersecurity-jp.com/column/26623
- ワンタイムパスワード
  https://www.cedyna.co.jp/certify/otp/
- 暗号資産NEMの不正送金に関する質問
  https://coincheck.com/ja/info/faq_nem#id01

ファイル暗号システム

- ファイル暗号化とは？仕組みや無料含むソフト10選を比較！
  https://cybersecurity-jp.com/column/49499
- ファイルの暗号化とは？手順やパスワード設定方法も紹介！
  https://corp.capy.me/blog/id-access-management/2023/02/fileencryption/

データベース暗号化システム

- データベースの暗号化とは？方法やメリット_・デメリットを解説
  https://it-trend.jp/database/article/89-0064
- データベース暗号化ガイドライン
  http://www.db-security.org/report/dbsc_cg_ver1.0.pdf
- 共有サーバーサービス パッケージ「楯（たて）」
  https://www.chiroro.co.jp/hosting/tate.html

ハードニング/堅牢化/要塞化

- 要塞化(ハードニング)とは？セキュリティ強化の基本概念を分かりやすく解説する
  https://the-simple.jp/what-is-fortification-hardening-explain-the-basic-concepts-of-security-
  enhancement-in-an-easy-to-understand-manner
- Hardening Project
  https://wasforum.jp/hardening-project/
- 第16回　サーバを要塞化する
  https://www.itmedia.co.jp/enterprise/articles/0508/09/news002.html

- セキュア OS とは？セキュリティを重視した OS であるセキュア OS について解説する。
  https://the-simple.jp/what-is-a-secure-os-i-will-explain-the-secure-os-which-is-an-os-that-emphasizes-security

- 個人情報保護法から見るセキュア OS の必要性
  https://thinkit.co.jp/cert/compare/7/2/2.htm

- 特権 ID 管理 / 特権ユーザーアクセス制御 / セキュア OS 製品を比較する
  https://it.impress.co.jp/articles/-/6704

ウイルス対策

- 今さら聞けないウイルス対策とは？ウイルスの種類から対策まで！
  https://it-trend.jp/anti_virus/article/explain

- ネットバンキングの不正送金が急増　被害を防ぐ具体策とは？
  https://techtarget.itmedia.co.jp/tt/news/1409/01/news02.html

- Windows API フックを用いた通信監視による不正な PDF ファイルの検知
  https://jglobal.jst.go.jp/detail?JGLOBAL_ID=201502249283018897&rel=1

- ウイルス対策でできること
  https://www.soumu.go.jp/use_the_internet_wisely/senior/taisaku/3/

- ウイルス対策ソフトは死んだ？
  https://www.newsweekjapan.jp/stories/business/2014/05/post-3271.php

振る舞い検知

- ウイルス対策の1種「ヒューリスティック検知」とは？概要を解説！
  https://it-trend.jp/anti_virus/article/58-0005

- 振る舞い検知とは？その仕組みやメリット、デメリットについて解説
  https://www.lrm.jp/security_magazine/behavior-detection/

- 未知のウィルスへの検知対策（マルウェア対策）に有効なセキュリティ対策
  https://www.esco.co.jp/business/list/behavior-detection

サンドボックス方式

- 振る舞い検知とは？未知のマルウェアを感知するセキュリティとはどういうもの？
  https://www.ctcsp.co.jp/itspice/entry/096.html

- サニタイザーサンドボックスオプション（SSBOP）とは
  https://www.sanitizer.jp/?page_id=3034

電子メールセキュリティ

- バラクーダ社の脆弱性
  https://www.barracuda.com/company/legal/esg-vulnerability
- Barracuda製メールセキュリティ製品に脆弱性 - すでに悪用も
  https://www.security-next.com/146475
- メール送信対策
  https://b3id.jp/portal/page/out/solution-finder/ca_09/detail.html?solutionNo=C1010

脱PPAP

- 「PPAP」は危険!その理由と代替案について
  https://www.ntt.com/bizon/ppap-caution.html
- 平井内閣府特命担当大臣記者会見要旨 令和2年11月24日
  https://www.cao.go.jp/minister/2009_t_hirai/kaiken/20201124kaiken.html
- これなら脱PPAPできる、正しいファイルの送り方
  https://active.nikkeibp.co.jp/atcl/act/19/00291/051200003/
- 平井内閣府特命担当大臣記者会見要旨 令和2年11月24日
  https://www.cao.go.jp/minister/2009_t_hirai/kaiken/20201124kaiken.html

ファイアウォール

- ファイアウォールとは?必要性や種類、仕組み、機能も解説
  https://www.itmanage.co.jp/column/firewall/
- ファイアウォールの基本知識を解説!
  https://it-trend.jp/firewall/article/explain

WAF

- WAFとは?今さら聞けないセキュリティ対策の仕組みを解説
  https://www.jbsvc.co.jp/useful/security/what-is-waf.html
- 専用サーバー/プライベートクラウド WAF(Webアプリケーションファイアウォール)
  https://www.wadax.ne.jp/service/private/op_security/waf.html

IDS/IPS

- IDS・IPSとは？攻撃を防ぐ仕組みや役割、導入の選定ポイントを紹介
  https://www.nttpc.co.jp/column/security/ids-ips.html
- Deep Securityの得意分野はどこ？
  https://blog.colorkrew.com/deepsecurity_04/

プロキシサーバ

- プロキシサーバーとは？その仕組みやメリット、注意点などを解説
  https://www.lrm.jp/security_magazine/proxy_server/
- プロキシとは？主なメリットやデメリット、注意点から種類まで徹底解説！
  https://it-trend.jp/cyber_attack/article/442-0042

SSLアクセラレータ

- SSLアクセラレーターとは
  https://pfs.nifcloud.com/navi/words/ssl_accelerator.htm
- SSLアクセラレーション
  https://www.f5.com/ja_jp/glossary/ssl-acceleration

SIEM

- SIEMとは？ SIEMの意味・メリットをわかりやすく解説
  https://www.splunk.com/ja_jp/data-insider/what-is-siem.html
- SIEMとは？読み方や導入する必要性・メリットをわかりやすく解説
  https://service.shiftinc.jp/column/7911/

機器管理

- インベントリとは
  https://www.freshworks.com/jp/freshservice/it-asset-management/inventory-management/

クラウドサービスの管理

- クラウド管理とは？クラウド管理のメリットと必要性
  https://info.securesamba.com/media/11791/

脆弱性診断

- 脆弱性診断（セキュリティ診断）とは｜その種類ややり方・サービスの選び方
  https://www.gmo.jp/security/cybersecurity/vulnerability-assessment/
- アプリケーションやプラットフォームに対する脆弱性や攻撃ルートを診断、対策案を提示
  https://jpn.nec.com/cybersecurity/professionalservice/vulnerability_diagnosis/index.html
- 共通脆弱性評価システムCVSS概説
  https://www.ipa.go.jp/security/vuln/scap/cvss.html
- セキュリティ専門家が解説「改善に向けて踏み出せる脆弱性診断の選び方」
  https://canon.jp/business/solution/it-sec/column/vulnerability-penetration/vulnerability-diagnosis

ペネトレーションテスト

- ペネトレーションテスト（侵入テスト）とは｜脆弱性診断との違いや種類・やり方
  https://www.gmo.jp/security/cybersecurity/penetration-testing/
- ペネトレーションテスト（侵入テスト）
  https://gmo-cybersecurity.com/service/pentest/

インシデント対応演習/訓練

- インシデント対応演習プログラム
  https://www.jpcert.or.jp/csirt_material/files/17_exercise_20211130.pdf
- サイバーも「防災訓練」の時代へ！企業が実施すべき演習のやり方
  https://www.nri-secure.co.jp/blog/security-incident-response-training

フィッシング

- フィッシング対策協議会
  https://www.antiphishing.jp/consumer/abt_phishing.html
- 巧妙な手口で「二要素認証」を突破、ネットバンキングの「ワンタイムパスワード」を狙う偽サイトに注意
  https://internet.watch.impress.co.jp/docs/column/security_basic/1240360.html
- 巧妙な手口で「二要素認証」を突破、ネットバンキングの「ワンタイムパスワード」を狙う偽サイトに注意(2/2)
  https://internet.watch.impress.co.jp/img/iw/docs/1240/360/html/10-02-02_o.png.html
- クレジットカード会社等に対するフィッシング対策の強化を要請しました
  https://www.meti.go.jp/press/2022/02/20230201001/20230201001.html

ランサムウェア

- ランサムウェアとは？感染手口や事例・対策をわかりやすく解説
  https://www.lanscope.jp/trend/19850/

サプライチェーン攻撃

- サプライチェーン攻撃とは？ 〜攻撃の起点別に手法と事例を解説〜
  https://www.trendmicro.com/ja_jp/jp-security/22/j/securitytrend-20221024-03.html
- サプライチェーン攻撃とは？事例、攻撃の手法、対策法について解説
  https://business.ntt-east.co.jp/content/cloudsolution/column-307.html

内部不正

- 内部不正とは？主な手口や原因、対策のポイントをご紹介
  https://www.jbsvc.co.jp/useful/security/internal-fraud.html
- 内部不正による情報漏洩の事例と３つの対策方法を解説
  https://www.nri-secure.co.jp/blog/improve-efficiency-of-internal-fraud-countermeasures
- 内部不正の実態と原因｜被害を予防するために知るべき具体的な対策
  https://blogs.trellix.jp/internal-fraud

テレワーク環境を狙った攻撃

- セキュリティ10大脅威2022年が発表されました（3）
  〜テレワーク等のニューノーマルな働き方を狙った攻撃に注意！
  https://ittools.smrj.go.jp/info/feature/eppl3m0000000e96.php

ビジネスメール詐欺

- ビジネスメール詐欺とは？手口と３つの対応策をご紹介
  https://www.jbsvc.co.jp/useful/security/Business-Email-Compromise.html
- ビジネスメール詐欺に気をつけましょう
  https://www.kbc3.co.jp/column_92/

ゼロデイの脆弱性を狙った攻撃

- ゼロデイ攻撃とは？仕組みや手段から被害、対策まで基本を広く解説
  https://www.nttpc.co.jp/column/security/whats_0day-attack.html
- 新たなサイバー攻撃のひとつ「ゼロデイ攻撃」とは？被害事例や対策も解説
  https://www.mdsol.co.jp/column/column_123_2334.html

サポート詐欺

- サポート詐欺とは？その警告画面は偽物です｜対策と対処法を専門業者が解説
  https://digitaldata-forensics.com/column/cyber_security/3083
- PC（パソコン）サポート詐欺にご注意ください
  https://www.resonabank.co.jp/kojin/gochui/detail_c/20230126_pcsupport.html

標的型攻撃

- 標的型攻撃とは？仕組みや手口、対策方法をわかりやすく解説
  https://www.fujifilm.com/fb/solution/dx_column/it_security/targeted_threat_01.html
- MITRE ATT&CK その1 〜概要〜
  https://www.intellilink.co.jp/column/security/2020/060200.aspx
- 標的型攻撃の典型的な流れ
  https://www.toshiba-sol.co.jp/sol/security/solution/attack.htm
- Enterprise Matrix
  https://attack.mitre.org/matrices/enterprise/
- 総務省　大手重工業
  https://www.soumu.go.jp/johotsusintokei/whitepaper/ja/h24/html/nc121330.html
- 年金機構　日本年金機構情報漏洩事件のすべて ＜彼らは本当に生まれ変わったのか＞
  https://cybersecurity-jp.com/column/9146
- ・事例2 日本年金機構のインシデント
  https://active.nikkeibp.co.jp/atclact/active/16/112800134/112800004/
- 中国を背景とするサイバー攻撃グループ BlackTech によるサイバー攻撃について
  https://www.npa.go.jp/bureau/cyber/koho/caution/caution20230927.html

迷惑メール

- 迷惑メールとは
  https://www.softbank.jp/mobile/support/mail/antispam/howto/

ドライブバイダウンロード

- ドライブバイダウンロード攻撃とは？仕組みや被害事例、効果的な対策を解説
  https://office110.jp/security/knowledge/cyber-attack/drive-by-download-attack

コンピュータウイルスの歴史

- ウイルスの歴史
  https://www.gdata.co.jp/labs/history
- コンピュータウイルスの特徴【0から楽しむパソコン講座】
  http://zeropaso.gozaru.jp/snetw2sec2.html
- コンピューターウイルスの歴史とサイバー犯罪が向かう先
  https://www.kaspersky.co.jp/resource-center/threats/a-brief-history-of-computer-viruses-and-what-the-future-holds
- ITをもっと身近に。新しい形のネットメディア
  https://www.hummingheads.co.jp/reports/series/ser02/120412.html
- Cascade（コンピュータウイルス）
  https://ja.wikipedia.org/wiki/Cascade_(コンピュータウイルス)
- マクロウイルス
  https://e-words.jp/w/マクロウイルス.html

I LOVE YOUウイルス

- ILOVEYOUウイルスを覚えていますか？
  https://blog.avast.com/jp/security-experts-give-thoughts-on-iloveyou-virus-20-years-later-avast
- Fortinetセキュリティブログ LOVE-LETTER-FOR-YOU.txt.vbs
  https://archives2011-2018.fortinet.co.jp/security_blog/160212-love-letter-for-you-txt-vbs.html

Blaster

- インターネットセキュリティの歴史 第17回「Blaster ワーム」
  https://www.jpcert.or.jp/tips/2008/wr082401.html

コンフィッカー

- 「コンフィッカー」ワームの脅威を振り返る
  https://eset-info.canon-its.jp/malware_info/trend/detail/170316.html
- コンフィッカー
  https://eset-info.canon-its.jp/malware_info/term/detail/00058.html

Stuxnet

- 高度なマルウェア対策をどう考えるか　イランの核施設を狙った「Stuxnet」を振り返る
  https://www.itmedia.co.jp/news/articles/2005/13/news013.html
- [1] 原子力発電所の設備を狙う「Stuxnet」
  https://xtech.nikkei.com/it/article/COLUMN/20120605/400482/

Notpetya

- NotPetyaとは【用語集詳細】
  https://www.sompocybersecurity.com/column/glossary/notpetya

WannaCry

- 改めて振り返る「WannaCry」の危険性とは？
  https://eset-info.canon-its.jp/malware_info/special/detail/201110.html

Emotet

- マルウェア「Emotet（エモテット）」の脅威を分かりやすく解説
  https://www.softbank.jp/biz/blog/business/articles/202202/emotet/

Killnet

- Killnetの動向に注意を
  https://www.cloudcoffer.jp/aris-sequlity/column20220913/

マルウェア

- トロイの木馬とは？ウイルスとの違いや被害事例・検出・駆除方法まで
  https://cybersecurity-jp.com/column/17899

サイバー保険

- サイバー保険とは
  https://www.sonpo.or.jp/cyber-hoken/about/

コンテナのセキュリティ

- 「コンテナセキュリティ」とは ──コンテナを活用する人が知っておくべき6つのポイント
  https://atmarkit.itmedia.co.jp/ait/articles/1910/16/news015.html
- コンテナセキュリティの脅威と対策方法。クラウド時代に必須の技術。
  https://www.jbcc.co.jp/blog/column/containersecurity.html
- コンテナセキュリティ リスクと対策
  https://www.trendmicro.com/ja_jp/business/capabilities/solutions-for/container-security/six-points-for-container-security-container-host-and-build-pipeline.html
- 新解釈・コンテナセキュリティ
  https://www.netone.co.jp/media/detail/20200611-1/
- AWSコンテナセキュリティ
  https://www.cresco.co.jp/blog/entry/21792.html

マクロウイルス

- OLE機能を悪用した文書ファイルの手口に関する注意点（第二版）
  https://www.ipa.go.jp/security/j-csip/ug65p9000000nkvm-att/000080134.pdf

ネットワーク貫通型攻撃

- 【注意喚起】インターネット境界に設置された装置に対するサイバー攻撃について
  〜ネットワーク貫通型攻撃に注意しましょう〜
  https://www.ipa.go.jp/security/security-alert/2023/alert20230801.html

WannaCry

- 世界を突然襲ったランサムウェア「WannaCry」
  https://www.lanscope.jp/trend/6265/

ガイドライン

- 総務省テレワークセキュリティガイドライン
  https://www.soumu.go.jp/main_content/000752925.pdf

インシデント対応手順書

- セキュリティハンドブック　〜中小企業IT担当者お助けeBookシリーズ
  https://www.asama-shoji.co.jp/download/doc4/
- 組織の現状と最新のセキュリティ動向を踏まえた強固なインシデント対応体制の実
  現を支えるCSIRT構築とプロセス整備を支援
  https://www.cybereason.co.jp/products/csirt-service/

外部組織との連携

- 「名ばかりCSIRT」にならないために
  ── IIJ、組織内CSIRTの構築／運営を支援するアドバイザリーサービスを開始

  https://atmarkit.itmedia.co.jp/ait/articles/1608/23/news075.html

パターンマッチング

- 第5回 パターン照合だけではダメ, 力を合わせてディフェンスを固める
  https://xtech.nikkei.com/it/article/COLUMN/20071005/283934/
- McAfeeにPCが再起動ループに陥る不具合、「svchost.exe」誤検知
  https://internet.watch.impress.co.jp/docs/news/362952.html

EDR

- EDRとは
  https://www.ntt.com/bizon/glossary/e-e/edr.html

電子メールにおけるウイルス対策

- ESET Mail Security for Linux
  https://eset-info.canon-its.jp/business/mail_security_linux/
- Barracuda Email Security Gateway Appliance (ESG) Vulnerability
  https://www.barracuda.com/company/legal/esg-vulnerability
- Barracuda製メールセキュリティ製品に脆弱性 - すでに悪用も
  https://www.security-next.com/146475

迷惑メールフィルタ、サイズフィルタでの対策

- SPAMフィルターサービス
  https://xtrans-cs.jp/option/spam.html

資産管理

- IT資産管理とは
  https://www.sei-info.co.jp/mcore/basics/it-asset-management/

パッチマネジメント

- 脆弱性にはパッチ適用 —— 分かっちゃいるけどうまくいかない時代の「脆弱性対策」を考える
  https://atmarkit.itmedia.co.jp/ait/articles/1705/18/news011.html

クラウドサービスの利用管理

- 社外のクラウドサービスを自由に利用されていませんか？
  https://www.fujitsu.com/jp/solutions/business-technology/security/secure/offering/spill-prevention/skyhigh/
- クラウド環境の誤設定によるお客様情報の漏洩可能性に関するお詫びとお知らせについて
  https://global.toyota/jp/newsroom/corporate/39174380.html

バックアップ

- 適切なバックアップが ランサムウェアの脅威からあなたを守る
  https://www.activeimage-re.com/news/ransomware-2.html

サイバー保険

- サイバーリスク保険とは？
  https://www.tmn-cyber.jp/insurance/

攻撃されてしまったら

- 日本企業に対するインシデント解説 インシデントに対する準備の重要性
  https://www.pwc.com/jp/ja/knowledge/column/awareness-cyber-security/incidents-to-companies03.html
- サイバー攻撃検知通報事業
  https://www.j-lis.go.jp/spd/security/cyber-attack/cms_123128684.html
- フォレンジック調査のアプローチ
  https://www.cyberdefense.jp/services/ir/
- NECがマルウエア感染端末をSDNで隔離、初動対応を自動化
  https://xtech.nikkei.com/it/atcl/news/15/033001118/
- サイバー攻撃の主役となっている「ランサムウェア」
  https://logmi.jp/business/articles/327694
- 事業継続をITで支えるIT-BCP
  https://www.hitachi.co.jp/about/it/contents/governance-security/contents3.html
- 被害者の教訓に学ぶ　攻撃者が狙う弱点
  https://xtech.nikkei.com/atcl/nxt/mag/nc/18/072400369/072400001/

ITの基礎技術

- 不足するセキュリティエンジニアの育成に王道はあるか
  https://xtech.nikkei.com/it/atcl/column/16/112500275/112500002/

実際にやってみる

- Net Learning
  https://www.netlearning.co.jp/cw/security/index.html
- Hack the box
  https://www.hackthebox.com/
- 体系的に学ぶ 安全なWebアプリケーションの作り方 第2版
  脆弱性が生まれる原理と対策の実践
  https://www.amazon.co.jp/dp/4797393165/

勉強会への参加

- TECH PLAY
  https://techplay.jp/
- Connpass
  https://connpass.com/

● 本書で取り上げた内容は、2023年11月現在の情報をもとに執筆したものです。

● 本書に基づき導入・操作した結果、直接的、間接的な被害が生じた場合でも、日経BP並びに著者はいかなる責任も負いません。ご自身の責任と判断でご利用ください。

● 本書についての最新情報、訂正、重要なお知らせについては、下記Webページを開き、書名もしくはISBNで検索してください。ISBNで検索する際は-（ハイフン）を抜いて入力してください。
https://bookplus.nikkei.com/

最前線に立つプロが教える
セキュリティの基礎

2023年12月11日　　第1版第1刷発行

著　者　せきや まもる
発行者　中川 ヒロミ
編　集　仙石 誠
発　行　株式会社日経BP
発　売　株式会社日経BPマーケティング
　　　　〒105-8308 東京都港区虎ノ門4-3-12

装　丁　山之口 正和（OKIKATA）
デザイン　株式会社ランタ・デザイン
印刷・製本　図書印刷株式会社

● 本書に記載している製品名および会社名は、各社の商品または登録商標です。なお、本文中にTM、®マークは明記しておりません。

● 本書籍に関するお問い合わせ、ご連絡は下記にて承ります。なお、本書の範囲を超えるご質問にはお答えできませんので、あらかじめご了承ください。
https://nkbp.jp/booksQA

© 2023 Mamoru Sekiya
ISBN978-4-296-07079-4
Printed in Japan